ISBN 978-3-7001-3911-9
Vertrieb: Verlag der Österreichischen Akademie der Wissenschaften Wien
Satz/Layout: JR-InTeReg
Druck und Bindung: 1a-Druck, A-8750 Judenburg
http://hw.oeaw.ac.at/3911-9
http://verlag.oeaw.ac.at

Franz Prettenthaler und Eric Kirschner (Hg.)

ZUKUNFTSSZENARIEN FÜR DEN VERDICHTUNGSRAUM GRAZ-MARIBOR (LEBMUR)

TEIL B:

RAHMENBEDINUNGEN UND METHODEN

AutorInnen:

Franz Prettenthaler
Eric Kirschner
Kristina Zumbusch
Nicole Höhenberger
Thomas Schinko

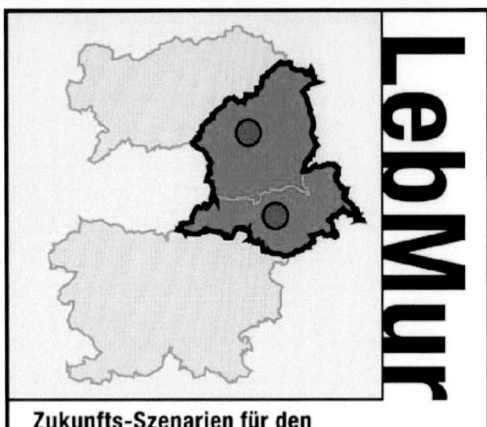

**Zukunfts-Szenarien für den
Verdichtungsraum Graz – Maribor**

Projektleitung: Franz Prettenthaler, JOANNEUM RESEARCH

ZUKUNFTS*fonds*
STEIERMARK

Das Projekt Lebensraum Mur (LebMur) entwickelt langfristige Zukunftsszenarien für den Verdichtungsraum Graz-Maribor – wobei je 3 steirische und 3 slowenische Regionen auf der Ebene NUTS 3 auch im Detail untersucht werden. Aufbauend auf eine regionalökonomische Betrachtung des Verdichtungsraumes, einer umfassenden Analyse der Rahmenbedingungen und Methoden zur Untersuchung der künftigen Entwicklung werden drei Hauptszenarien für diesen grenzüberschreitenden Raum erarbeitet. Langfristige Szenarien sind keinesfalls als Prognosen, vielmehr als Bilder einer möglichen Zukunft zu sehen: Nicht die Frage *„Wo genau stehen wir in 20 Jahren?"* ist von zentralem Interesse, vielmehr werden mögliche langfristige Entwicklungspfade – aber auch Visionen – der großräumigen Entfaltung aufgezeigt. In diesem Sinne sind *mögliche* Antworten auf die Frage: *„ Wo könnten wir in 20 Jahren sein, wenn ...?"* Gegenstand der vorliegenden Untersuchungen und Analysen.

Teil A: Zum Status quo der Region

Teil	Titel	AutorInnen
A1	Ein Portrait der Region	Kirschner, Prettenthaler (2006)
A2	Eine Region im europäischen Vergleich	Aumayr (2006a)
A3	Zum Strukturwandel der Region	Aumayr (2006b)
A4	Hypothesen zur künftigen Entwicklung	Aumayr, Kirschner (2006)

Teil B: Rahmenbedingungen & Methoden

Teil	Titel	AutorInnen
B1	Rahmenbedingungen der gemeinsamen Entwicklung	Kirschner, Prettenthaler (2007)
B2	Grundlagen und Methoden von „Regional-Foresight"	Prettenthaler, Höhenberger (2007)
B3	Grenzüberschreitende „Regional-Foresight"-Prozesse	Zumbusch, K. (2005)
B4	Europäische Rahmenszenarien	Prettenthaler, Schinko (2007)

Teil C: Die Zukunft denken

Teil	Titel	AutorInnen
C1	Die Synthese – drei Szenarien	Prettenthaler, Kirschner, Schinko, Höhenberger (2008)
C2	Die Szenarien – der Meinungsbildungsprozess	Höhenberger, Prettenthaler (2007)
C3	Die Szenarien – die Ergebnisse im Detail	Kirschner, Prettenthaler, Habsburg-Lothringen (2007)

Vorwort

Zentrales Anliegen von Raumplanung und Regionalentwicklung ist die bewusste, zukunftsorientierte Gestaltung unseres Lebensraumes. Voraussetzung hierfür ist sowohl die Kenntnis der künftigen Entwicklungspfade aufgrund externer Faktoren wie der zunehmenden Globalisierung als auch das Herausarbeiten der eigenen, regionalen Handlungsoptionen zur Erreichung gewünschter Entwicklungsziele. Für beides ist der nun vorliegende Synthesebericht des Projektes LebMur ein gelungenes Instrument. Die Beschäftigung mit dem entwicklungsstärksten Raum der Steiermark, der Achse Graz – Marburg, steigert das fachliche Interesse an diesem Synthesebericht noch zusätzlich.

Gerade die Anschaulichkeit und Bildhaftigkeit von Zukunftsszenarien, das bewusste Reduzieren und Zuspitzen von Ergebnissen erlaubt oft eine klarere Sicht auf die künftigen Auswirkungen heutiger Entscheidungen. Die Bilder, die sich aus der Zusammenschau aller Projektsergebnisse für den Verdichtungsraum Graz – Marburg ergeben, erleichtern das Ableiten von Handlungsoptionen und -empfehlungen in der Raumplanung und Regionalentwicklung. Die Auswirkungen heutiger Entscheidungen lassen sich plakativ in die Zukunft projizieren.

Szenarioprojekte leben aber vor allem von der intensiven Diskussion der Ergebnisse. Diese Diskussion ist das Schlüsselelement eines solchen Projektes. Das gemeinsame Nachdenken und Diskutieren über die mögliche Zukunft, der Austausch zwischen Politik, Verwaltung, Wissenschaft und Planung bringt ein derartiges Projekt erst zum Leben. Ich wünsche dem vorliegenden Bericht daher vor allem, dass er einen intensiven Diskussionsprozess der künftigen Entwicklung im Raum Graz – Marburg sowohl bei Entscheidungsträgern als auch bei einer interessierten Öffentlichkeit initiiert.

Hofrat DI Dietlinde Mlaker
(Leiterin der Abteilung 16, Landes- und Gemeindeenwicklung, Land Steiermark)

Einleitung

Ein Blick in die Vergangenheit hat nur Sinn, wenn er der Zukunft dient. (Konrad Adenauer)

Viel in diesem Buch genügt diesem Anspruch eines der Gründungsväter der Europäischen Union, denn es zeigt: Wir leben auf einer Baustelle, wo viele in der Vergangenheit bewährte nationalstaatliche Strukturen mittels europäischer Instrumente adaptiert und umgebaut werden, um Platz zu machen für das Europa der Zukunft. Nicht immer freilich geht dies mit der Geschwindigkeit, die notwendig ist, um ehemalige Grenzregionen auf einen neuen gemeinsamen Zukunftsraum hin zu öffnen.

Der Blick auf bestehende Strukturen, auch wenn sie der Vergangenheit mehr gedient haben, als sie der Zukunft auf die Sprünge helfen, lohnt daher allemal: Teil B1 der vorliegenden Arbeit nimmt eine sorgfältige Analyse der politischen, rechtlichen, wirtschaftlichen und strukturellen Rahmenbedingungen zur Entwicklung gemeinsamer Strategien für den grenzübergreifenden Verdichtungsraum Graz-Maribor (LebMur) vor. Diese waren im letzten Jahrzehnt enormen Veränderungen unterworfen. Diese Rahmenbedingungen werden anhand von Planungsdokumenten, Studien und politischen Absichtspapieren umfassend dargestellt. Der Einfluss der Europäischen Union hat insbesondere seit dem Beschluss des Europäischen Raumentwicklungskonzepts im Mai 1999 beständig zugenommen. Meilensteine dieser Entwicklung waren die Strategie von Lissabon 2000, ihre Erweiterungen in Stockholm und Göteborg 2001 sowie in Barcelona 2002 und schließlich der Neubeginn der Strategie mit der Partnerschaft für Wachstum und Beschäftigung 2005. Seither haben regionale Entwicklungspolitik und Raumplanung auf allen Ebenen – auf der einzelstaatlichen bis hin zur regionalen – die übergeordneten Ziele der Europäischen Union, die Lissabon-Strategie mit Erweiterungen, zu berücksichtigen. Die Regionen haben „ihren Beitrag" zur Erfüllung der europäischen Wachstums- und Beschäftigungsziele zu leisten, was einerseits verbunden ist mit einer Aufwertung der zentralräumlichen Perspektive und einer Konzentration auf Wirtschafts- und Technologieräume, andererseits gilt diese Aufwertung auch für die grenzüberschreitende Agglomerationsentwicklung und das Zusammenwachsen benachbarter Grenzregionen.

Dort, wo grenzübergreifende Strukturen der Raum- und Wirtschaftsentwicklung erst spärlich ausgebildet sind wie an der relativ „neuen" EU-Binnengrenze zu unseren Nachbarn und wo diese fehlenden Strukturen durch entsprechende Kooperationsprogramme der EU mühsam simuliert werden müssen, sind prozessorientierte Instrumente der Zukunftsgestaltung umso notwendiger. Der Aufgabe, solche Methoden zur Gestaltung von „Regional Foresight"-Prozessen" darzustellen, widmet sich Teil B2. Da die künftigen wirtschaftlichen, sozialen und ökologischen Entwicklungsmöglichkeiten der Region Graz-Maribor im Projekt LebMur unter Verwendung der Szenariotechnik analysiert werden, kommt der Darstellung dieses systemanalytischen Ansatzes eine besondere Bedeutung zu.

Teil B3 zeigt, wie Regional Foresight die Bildung von Netzwerken, die Vertiefung von Kooperationen sowie die Identifikation von Synergiepotentialen für die Entwicklung einer grenzüberschreitenden Vision vorantreiben kann. So wird auf die spezifischen Anforderungen grenzüberschreitender Foresight-Prozesse eingegangen und für eine Region an einer relativ „alten" EU-Binnengrenze, die Großregion SaarLorLuxRhein, werden die einzelnen Akteure sowie deren Entscheidungskompetenzen, die herrschenden Strukturen und die diversen Kooperationsformen vorgestellt.

Es folgt eine detaillierte Beschreibung der Entwicklung und der Ziele des „Zukunftsbilds 2020".

Der daran anschließende Teil B4 bereitet den Boden für die konkreten Zukunftsbilder, die für die Region Graz-Maribor in Band C der vorliegenden Buchreihe entwickelt werden: Mit einem Überblick über die rezente europäische Szenarioliteratur werden drei Szenarien für das Jahr 2030 als Rahmen für die regionalen Szenarien des Verdichtungsraumes Graz-Maribor herausdestilliert:

Im Szenario „Triumph der globalen Märkte" werden die Leistungen des Sozialstaates weitgehend reduziert und die Liberalisierung der Märkte weiter vorangetrieben. Europa weist aufgrund der hohen Wettbewerbsfähigkeit im Hochtechnologiebereich hohe Wirtschaftswachstumsraten auf, die Nachhaltigkeit in der Produktion wird jedoch sehr stark vernachlässigt, wodurch Umweltprobleme weiter zunehmen.

In „Kulturerbe Europa" liegt das Hauptaugenmerk der Wirtschaftspolitik auf dem Erhalt des Wohlfahrtsstaates und auf dem Vorantreiben der sozialen Kohäsion innerhalb Europas. Die Wirtschaft reagiert auf die veränderte Alters- und Nachfragestruktur durch die Spezialisierung auf Kultur-, Medizin- und Freizeitdienstleistungen. Weite Teile der Produktion wandern ab – insbesondere nach Asien, während die Beschäftigungszahlen im Dienstleistungssektor ansteigen.

Im „Zeitalter der Nachhaltigkeit" wird die Nutzung erneuerbarer Energieträger sowie biologischer Rohstoffe forciert, beispielsweise durch die starke Verteuerung fossiler Energie durch hohe Emissionssteuern. Durch eine stärkere Fokussierung der Forschungsausgaben auf den Umwelttechnologiebereich gelingt die Entwicklung von Technologien, mittels derer das Wirtschaftswachstum vom Energieverbrauch entkoppelt wird.

So spannt der vorliegende Band einen rechtlich-institutionellen, einen methodischen und einen konkret-anschaulichen Bogen an Rahmenbedingungen von der Vergangenheit in die Zukunft des Verdichtungsraumes Graz-Maribor: Handlungsrahmen 1: Ohne die Evolution und das intensive Ausnützen der bestehenden rechtlich-institutionellen Rahmenbedingungen wird die gemeinsame Zukunft dieses Raumes einfach nicht als eine gemeinsame Zukunft stattfinden. Handlungsrahmen 2: Auch die Methoden, wie wir die Zukunft des Raumes trotz vielleicht unzureichender grenzüberschreitender Institutionen gestalten können, grenzen den Raum des Möglichen ein, und sind weiter zu entwickeln um diesen Raum des Möglichen zu erweitern. Das Zurkenntnisnehmen der dritten einschränkenden Rahmenbedingungen schließlich hilft den regionalen Akteuren, sich von zu ehrgeizigen regionalen Machbarkeitsutopien zu befreien: Die durch internationale Studien abgesicherten konsistenten Zukunftsbilder von Europa zeigen, dass vieles durch weltweite und europäische Megatrends vorgegeben sein wird, welche vor Ort zu überwinden nicht gelingen wird, auf welche es aber gilt schlau und vorausschauend zu reagieren

Franz Prettenthaler

Inhalt:

RAHMENBEDINGUNGEN DER GEMEINSAMEN ENTWICKLUNG

EINE ANALYSE POLITISCHER, RECHTLICHER, WIRTSCHAFTLICHER UND STRUKTURELLER EINFLUSSGRÖßEN FÜR DEN GRENZÜBERGREIFENDEN VERDICHTUNGSRAUM GRAZ-MARIBOR (LEBMUR)

Eric Kirschner	Franz Prettenthaler
JOANNEUM RESEARCH, Institut für Technologie- und Regionalpolitik	JOANNEUM RESEARCH, Institut für Technologie- und Regionalpolitik
Elisabethstraße 20, 8010 Graz, Austria	Elisabethstraße 20, 8010 Graz
e-mail: eric.kirschner@joanneum.at,	e-mail: franz.prettenthaler@joanneum.at,
Tel: +43-316-876/1448	Tel: +43-316-876/1455

Abstract:

Die politischen, rechtlichen, wirtschaftlichen und strukturellen Rahmenbedingungen zur Entwicklung gemeinsamer Strategien für den grenzübergreifenden Verdichtungsraum Graz-Maribor (LebMur) waren im letzten Jahrzehnt enormen Veränderungen unterworfen. Diese Rahmenbedingungen werden im vorliegenden Kapitel anhand von Planungsdokumenten, Studien und politischen Absichtspapieren umfassend dargestellt. Der Einfluss der Europäischen Union hat insbesondere seit dem Beschluss des Europäischen Raumentwicklungskonzepts im Mai 1999 beständig zugenommen. Meilensteine dieser Entwicklung waren die Strategie von Lissabon (2000), ihre Erweiterungen in Stockholm, Göteborg (2001) und Barcelona (2002) und schließlich der Neubeginn der Strategie mit der Partnerschaft für Wachstum und Beschäftigung (2005). Regionale Entwicklungspolitik und Raumplanung auf allen Ebenen – auf der einzelstaatlichen bis hin zur regionalen – hat die übergeordneten Ziele der Europäischen Union, die Lissabon-Strategie und ihre Erweiterungen, zu berücksichtigen. Die Regionen haben „ihren Beitrag" zur Erfüllung der europäischen Wachstums- und Beschäftigungsziele zu leisten.

Dies ist einerseits verbunden mit einer Aufwertung der zentralräumlichen Perspektive und einer Konzentration auf Wirtschafts- und Technologieräume, andererseits gilt diese Aufwertung auch für Bereiche, die der grenzüberschreitenden Agglomerationsentwicklung dienlich sind und das Zusammenwachsen benachbarter Grenzregionen fördern.

Keywords: Raumentwicklung, Raumplanung, grenzübergreifende Rahmenbedingungen, die Regionen im Kontext von Lissabon

JEL Classification: H77, P21, P25, R52, R58

Inhaltsverzeichnis Teil B1

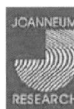

Abbildungs- und Tabellenverzeichnis Teil B1

1 Einleitung

Die Entwicklung eines Zukunftsszenarios ohne Blick auf die bereits bestehende „Furchung" des Raumes zukünftiger Möglichkeiten durch bestehende Pläne in den Köpfen der in einer Region entscheidenden und lebenden Menschen wäre ein fruchtloses Unterfangen. Der vorliegende Teil B1 des Projektes *Zukunftsszenarien für den Verdichtungsraum Graz-Maribor* hat daher zum Ziel, zur Systematisierung und Abgrenzung der auf die Zukunft ausgerichteten politischen, rechtlichen, wirtschaftlichen und strukturellen Rahmenbedingungen der Untersuchungsregion beizutragen, indem relevante Planungsdokumente (dies sind Studien, Strategiedokumente von Interessensvertretungen und Verbänden, politisch beschlossene Leitbilder etc., aber auch rechtsverbindliche Gesetzestexte) beschrieben werden und ihre Bedeutung aufgezeigt wird. Notwendigerweise muss ein solcher Versuch am Anspruch, einen vollständigen Überblick über derartige Dokumente zu geben, scheitern. Das ist auch gut so, denn nur in einer zentralistisch gelenkten Planwirtschaft besteht die Möglichkeit, *einen* verbindlichen, geplanten Pfad in die Zukunft zu legen. Im Rahmen jeder anderen, den Menschen gerechteren Gesellschaftsform kann immer nur versucht werden, in einem Kommunikationsprozess gemeinsame Prinzipien der Entwicklung zu definieren und grobe Festlegungen über jene langfristigen Investitionsvorhaben zu treffen, welche die gemeinsamen Interessen am stärksten betreffen. Inwieweit es dabei gelingt auch gemeinsame Zukunftsbilder zu zeichnen, hängt sehr stark auch vom Repertoire an gemeinsamen kulturellen Werten, historischen Erfahrungen, der Sprache und anderen „weichen" (deshalb aber keineswegs weniger bedeutenden) Faktoren ab. Ein Blick auf die Pläne einer Region ist daher in mehrerlei Hinsicht notwendigerweise unvollständig: Erstens weil nur ein Teil dieser Planungen in öffentlich zugänglichen Dokumenten – insbesondere von den öffentlichen Stellen der Gebietskörperschaften – nachvollziehbar ist, zweitens weil selbst diese aufgrund der Fülle der unterschiedlichen und in ihrem Detaillierungsgrad inhomogenen Ansätze des reichen öffentlichen Institutionenspektrums nur unvollständig wiedergegeben werden können.

Kapitel 2 versucht dennoch eine systematische Analyse einer Auswahl solcher Dokumente und beschreibt die Vorgehensweise zur Systematisierung relevanter Planungen, von Strategiedokumenten und Studien, von statistischen Quellen und politisch beschlossenen und rechtlich verbindlichen Dokumenten, um auch auf deren Inhalte einzugehen.

Kapitel 3 widmet sich dem wachsenden Einfluss europäischer Politiken auf Agenden der Raumplanung. Der Entstehungs- und Veränderungsprozess der Strategie von Lissabon wird – beginnend mit dem Europäischen Raumentwicklungskonzept von 1999 bis hin zum Neubeginn der Strategie 2005 – vorgestellt. Das nächste große europäische Vorhaben, die „*Partnerschaft für Wachstum und Beschäftigung*", wird anhand von deren Vorgaben und Leitlinien erläutert.

Es folgt in Kapitel 4 eine Darstellung der für die Projektregion relevanten, abgelaufenen europäischen Programmschienen der Strukturfondsperiode 2000-2006, ein Ausblick auf die Strukturfondsperiode 2007-2013 folgt in Kapitel 5.

Wesentliche Einflussfaktoren auf nationaler Ebene für Österreich und Slowenien sind Gegenstand des 6. Kapitels. Neben Leitbildern und rechtlichen Rahmenbedingungen werden insbesondere die nationalen Strukturprogramme zur Erreichung der Lissabon-Ziele und die einzelstaatlichen Rahmenpläne diskutiert.

Der letzte Abschnitt ist dem regionalen Kontext gewidmet, hier finden sich neben den regionalen Entwicklungsleitbildern und Programmen der Bezirke – mangels administrativen Pendants auf slowenischer Seite – insbesondere das Land Steiermark betreffende Dokumente. Die Auswirkungen europäischer Vorgaben auf die Regionen, deren Rolle im Kontext der Ziele von Lissabon sind dabei von hauptsächlichem Interesse.

Abbildung 1: Die Region LebMur

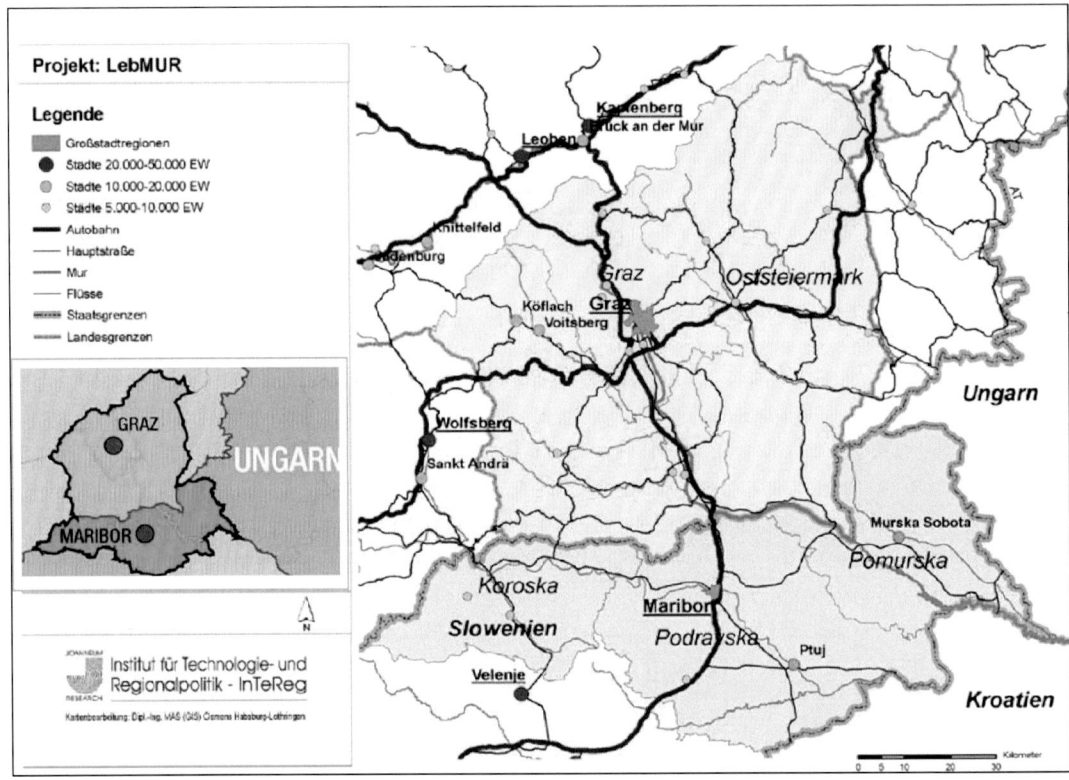

Quelle: GIS, eigene Darstellung JR-InTeReg.

2 Zur Analyse bestehender Planungsdokumente

Durch die Analyse bestehender Planungsdokumente sollen grob all jene Einflüsse auf die Region identifiziert werden, welche durch institutionalisierte Planungsprozesse in die Region hineinwirken. Ziel dieses Abschnittes ist es, von den für die Region relevanten Konzepten und Planungen die Maßnahmen und Handlungsvorschläge in kurzer Form darzustellen. Zentrale Bedeutung kommt hierbei Planungen zu – jenen Themenbereichen, die wie jede Region auch die Projektregion am stärksten zu prägen vermögen: *die Wirtschaftsstruktur, die Demographie und demographische Entwicklunge*n, *Mobilität (Erreichbarkeit und Verkehr), Umweltressourcen* sowie Agenden der *Flächennutzung* (siehe auch Kirschner, Prettenthaler, Habsburg-Lothringen, 2007) Systematisiert wurden die gesichteten Dokumente nach:

- ihrer (rechtlich-politischen) Verbindlichkeit. Unterschieden wird zwischen politisch beschlossenen und rechtsverbindlichen Planungsdokumenten, Studien und Strategiedokumenten von Interessensgruppen und Verbänden.

- dem jeweiligen räumlichen Bezug. Ausgehend von der europäischen Ebene werden die Dokumente der nationalen, der Landes- oder der regionalen Ebene zugeordnet.

Im Folgenden wird eine Übersicht über relevante Planungsdokumente beziehungsweise Projekte gegeben, allgemeine Zielvorstellungen, konkrete Ziele sowie Maßnahmen wie auch Handlungsvorschläge werden dargestellt und veranschaulicht. Auf europäischer Ebene kommen zudem die Programmschienen der Union hinzu, die Zuordnung der jeweiligen Programme (z.B.: INTERREG III, LEADER+, etc) erfolgt auf Basis ihrer Prioritäten.

2.1. STRATEGIEDOKUMENTE VON INTERESSENSGRUPPEN UND VERBÄNDEN

*Die Ziele von **Interessensgruppen** leiten sich von den Bedürfnissen ihrer jeweiligen (zahlenden) Mitglieder ab und sind diesen verpflichtet. Die Industriellenvereinigung, Vertreterin der größten Arbeitgeber der Region, will insbesondere die Rahmenbedingungen für Forschung und Entwicklung verbessern und es werden steuerliche Vergünstigungen für Industriebetriebe gefordert. Die Schaffung einer ausdrücklich für KMU und Gründungen günstigen Wirtschaftsförderung wird von der Wirtschaftskammer als wesentlich erachtet. Die Arbeiterkammer sieht in der Aufrechterhltung der Übergangsregelungen für die Freizügigkeit auf dem Arbeitsmarkt mit den neuen EU-Mitgliedern die erfolgreichsten Maßnahmen zur Sicherung heimischer Arbeitsplätze.*

Kernpositionen: *Steuerliche Erleichterungen, Schaffung eines günstigen Umfelds für F&E, Gründungen und KMU, eine moderne Infrastruktur sowie eine Ausweitung der Wirtschaftsförderung.*

Die Auswirkungen von *Strategiedokumenten von Interessensgruppen und Verbänden* auf den *Verdichtungsraum Graz-Maribor* lassen sich nur schwer abschätzen, da deren Realisierbarkeit auch stark vom politischen Prozess abhängt. Dennoch ist es wichtig diese „Positionslichter" wahrzunehmen, weil sie den Raum des zukünftig Möglichen bereits auf jene Entwicklungen einschränken, die von wesentlichen Akteuren bzw. Akteursgruppen gewünscht werden.

- Laut Industriellenvereinigung betrug der Anteil des industriellen Kernbereichs an der Bruttowertschöpfung im Jahre 2005 rund 27 % (Zukunft Industrie 2007). Die Industriellenvereinigung Steiermark sieht in der Stärkung der Industrie die größten Möglichkeiten und Chancen für die Zukunft des Landes (siehe *Industriellenvereinigung Steiermark* 2005), deren Bedeutung als Arbeitgeber sollte durch entsprechende Steuererleichterung gewürdigt werden. Zentrales Thema des Leitbildes der Industriellenvereinigung ist die Erhaltung und der Ausbau der internationalen Wettbewerbsfähigkeit der Region. Gleichzeitig werden eine nachhaltige Sicherung sozialer Einrichtungen wie auch eine positive Umsetzung des Lissabon-Prozesses zur erfolgreichen Bewältigung künftiger Herausforderungen angestrebt. Durch die Exposition in internationalen Märkten erfährt die Frage internationaler Wettbewerbsfähigkeit und damit die Frage der Standortqualität zentrale Bedeutung. Wettbewerbsfähigkeit, Wachstum und Beschäftigung stehen im Zentrum der strategischen Überlegungen. Die Kernfragen für die Region finden sich an der Nahtstelle zu „neuen" EU-Mitgliedern. Die sich daraus ergebenden Chancen sollen durch eine Stärkung des „Industrielandes Steiermark" genutzt werden. Die F&E-Quote soll erhöht und die industrielle Basis dahingehend gestaltet werden, „dass daraus geniale Produkte und Dienstleistungen entstehen, die der asiatischen und osteuropäischen Konkurrenz nachhaltig Paroli bieten" (*ibid.*).

- Die Interessen von rund 60.000 aktiven Mitgliedern (2006) werden von der *Wirtschaftskammer Steiermark* vertreten. Diese sieht ihre Aufgabe in der Stärkung des Wirtschaftsstandortes durch Förderung der Betriebe, insbesondere der kleinen und mittleren Unternehmen. Die Schaffung einer „modernen Wirtschaftsstruktur" (siehe Wirtschaftskammer Steiermark 2005a, b), ein neues Bild vom Unternehmer, zahlreiche steuerliche Erleichterungen wie auch die Sicherstellung einer modernen Infrastruktur sowie die Förderung von (Neu)Gründungen bilden die Eckpunkte des Programms. Zu großen wirtschaftspolitischen Themenfeldern werden konkrete Zielvorgaben definiert, die sich bis zum Jahr 2010 in messbare Erfolge übersetzen lassen. Die Entwicklung des Wirtschaftsstandortes Steiermark soll durch Maßnahmen in den Bereichen „Demographie und Standort, Förderpolitik, Innovation und Technologie, Energie und Verkehr, Bildung und Qualifikation, Lebensqualität und Standortmarketing" forciert werden. Wirtschaftspolitische Erfolge sind die Basis für die Zukunft der Steiermark.

- Ähnliches gilt für Slowenien, hier werden die Wirtschafts- und Industrieunternehmen durch die *Chamber of Commerce and Industry of Slovenia* vertreten. Ihre Kernaufgabe sieht die Kammer in der Bereitstellung von „[…] support and advice to companies as well as a full range of professional services aimed at strengthening competitiveness of its members. This blend of features and functions assists the economic growth of Slovenia" (Chamber of Commerce and Industry of Slovenia 2007).

- Hauptanliegen der *Arbeiterkammer Steiermark* ist die Sicherung der heimischen Arbeitsplätze, die Auswirkungen der EU-Erweiterung müssen sozial verträglich gestaltet werden, die Risiken dieses Prozessen müssen aus Arbeitnehmersicht minimiert werden: „Die AK hat im Zuge der Beitrittsverhandlungen vehement – und erfolgreich – Übergangsregelungen sowohl für die Freizügigkeit von Arbeitskräften als auch für den freien Dienstleistungsverkehr eingefordert". Illegale Beschäftigungsverhältnisse müssen wirksam bekämpft und die Unternehmenssteuern erhöht werden.

2.2. STRATEGIEDOKUMENTE VON POLITISCHEN PARTEIEN

*Die Programme sämtlicher **politischer Parteien** sind relativ weit gefasst, sie geben eher Anstöße, ohne selbst kohärente Strategien abzuleiten. Die Landespolitik kann vor allem über die Vergabe von Fördergeldern Einfluss nehmen.*

Kernpositionen: *Wachstum und sozialer Ausgleich, eine Stärkung der Region, Intensivierung der Anstrengungen im Bereich Forschung und Entwicklung, Bildung.*

Diese Dokumente von im steirischen Landtag vertretenen politischen Parteien[1] sind Willenserklärungen. Einerseits werden globale Themenkomplexe, wie die Stärkung des Standortes, die Senkung der Arbeitslosigkeit, Bildung und Soziales (etc.), aufgegriffen, andererseits versuchen alle untersuchten Parteikonzepte sich an die eigenen Kernwähler zu richten.

- Die SPÖ sieht ihre Ziele in der Schaffung von sozialer Gerechtigkeit, sozialer Sicherheit sowie Chancengleichheit. Im Power Plan der *SPÖ Steiermark (2005)* werden Chancen und Möglichkeiten der „Lebensbereiche: Bildung, Wissenschaft und Forschung, Kunst und Kultur, Gesundheit, Soziales und Lebensqualität, Gemeinden, Regionen, Demokratie und Verwaltung, Umwelt und Energie, Jugend und Sport, Tourismus, Verkehr [sowie] Landwirtschaft" aufgezeigt, diese sind künftig für das Land zu nutzen. Übergeordnete Ziele sind soziale Gerechtigkeit, soziale Sicherheit sowie Chancengleichheit. Angedacht werden zahlreiche Maßnahmen, so eine Reform des Bildungssystems, der Ausbau des Gesundheitswesens, eine umfassende Verwaltungsreform (die Neuregelung von Kompetenzen von Land und Gemeinden), ein neues regionsübergreifendes Regionalmanagement, der verstärkte Einsatz effizienter, erneuerbarer und nachhaltiger Energieträger und die verstärkte Förderung von innovativen und hochqualifizierten Wirtschafts- und Industriesektoren. In der Programmschrift „Politik der Erneuerung" nennt die *SPÖ Steiermark (2007)* als ihr Hauptziel „zufriedene Leute im Land haben" und daneben die Ziele „ein zukunftsorientiertes Land formen" sowie „intakte Lebensregionen bewahren" und diesen drei Themen wird eine recht heterogene Aufzählung an Einzelmaßnahmen und -projekten genannt, die nicht den systematischen Ansatz des Powerplans weiterführt.

- Die *Steirische Volkspartei (2005)* will in ihrem Zukunftsprogramm das Land „als lebens- und liebenswerte Heimat und dynamische Zukunftsregion, geistig-kulturelles, wissenschaftliches, wirtschaftliches, soziales und gesellschaftliches Herz und Zentrum im Südosten Europas [...]" positionieren. Im sogenannten „Weiß-grünen Weg" legt die *Steirische Volkspartei* mit den drei Aufforderungen „Klima schützen! Wirtschaft stärken! Heimat schätzen!" für jeden dieser drei Bereiche eine Strategie mit Problemwahrnehmung, Antworten auf die Problembereiche und konkreten Umsetzungsvorschlägen vor. Auf die Herausforderung des Klimawandels soll die Steiermark mit umfassendem Klimaschutz reagieren, der vor allem das Potential an Innovationen und Technologiefindung sowie Technologieexport ausschöpft, aber auch eine Anpassungsstrategie enthält. Der Herausforderung der Globalisierung wird als Antwort „Mutig Forschen und innovieren" entgegengestellt, wobei die Bereiche

---

[1] Die Reihenfolge folgt der Mandatsverteilung im Steiermärkischen Landtag in der XV. Gesetzgebungsperiode (ab 2005).

Erreichbarkeit der Region, Bildung, urbane Kultur und ressortübergreifende Verwaltungszusammenarbeit als zentrale Ziele genannt werden, um „den Standort Steiermark dynamisch zu entwickeln." Auf die Herausforderungen des demographischen und ökonomischen Wandels im ländlichen Raum soll die Steiermark mit einem „Aufbruch der Kleinregionen" reagieren. Zentrale Punkte sind: Eine flächendeckende Bildung von Kleinregionen, das Ausschöpfen der Potentiale in Richtung von mehr regionaler Energieunabhängigkeit, die Steigerung der regionalen Wertschöpfung, die Schaffung Arbeitsplätze sowie die Sicherung der Lebensqualität wie auch die Anpassung der Infrastruktur und eine neue „Standortpolitik ländlicher Raum".

- Im Mittelpunkt der strategischen Ausrichtung der *Kommunistischen Partei Steiermark* steht der Kampf gegen „transnationale Großkonzerne" welche die „Welt beherrschen" und gegen die „imperialistische Weltordnung" (siehe Kommunistische Partei Steiermark). Grenzüberschreitende Entwicklungsstrategien werden nicht angedacht, steht doch „Globalisierung [...] für imperialistische "Weltordnung", in der alle Kapitalinteressen mit Gewalt durchgesetzt werden" (*ibid.*).

- Die Grünen konzentrierten sich im Rahmen der Landtagswahl 2005 auf Kernthemen: Neben der Stärkung von Menschenrechten, sozialer Gerechtigkeit und Frauenrechten werden eine nachhaltige Wirtschaftspolitik wie auch der verstärkte Einsatz von erneuerbaren Ressourcen gefordert. Eine regionale Außenpolitik, die verstärkte Integration von ausländischen Mitbürgern und internationale Kooperationen mit den Nachbarregionen sollen zur Internationalisierung und Stärkung der Steiermark führen (vgl. *Die Grünen Steiermark 2005*).

2.3. STUDIEN

> *Unter der Vielzahl von **Studien**, die sich mit Entwicklungsperspektiven, Möglichkeiten und Chancen der österreichischen und slowenischen Grenzregionen befassen, sind diejenigen hervorzuheben, deren Schwerpunkt in einer grenzübergreifenden Betrachtungsweise liegt.*
>
> ***Kernthemen** dieser Arbeiten sind die Schaffung gemeinsamer Rahmenbedingungen und grenzüberschreitender regionaler Strategien und die Implementierung integrierter regionaler Entwicklungsstrategien unter Einbeziehung weicher wie auch harter Standortfaktoren. Des Weiteren finden sich grenzüberschreitender Wissenstransfer, der Abbau von Hemmnissen (entlang der gemeinsamen Grenze), verbesserte Anbindungen an das hochrangige europäische Verkehrsnetz, grenzüberschreitende Kooperationen.*

In diesem Zusammenhang sind insbesondere Arbeiten, die im Rahmen der europäischen Gemeinschaftsinitiativen finanziert wurden, erwähnenswert:

- Das Projekt PREPARITY (2001a, b) widmete sich im Rahmen von INTERREG II C[2] der Strukturpolitik und der Raumplanung an der mitteleuropäischen EU-Außengrenze zur Vorbereitung auf die EU-Osterweiterung. Insbesondere Teilprojekt 11 *Strategische Grundsätze einer vorbereitenden Regionalpolitik* (PREPARITY 2001a) beschäftigt sich mit den geänderten Rahmenbedingungen eines erweiterten Europas. Die Grundsätze grenzüberschreitender regionaler Strategien und langfristige Perspektiven werden erläutert. Eine neue Regionalpolitik muss einerseits vorhandene „grenzüberschreitende Potentiale nutzen", andererseits die „naturräumlichen – agrarischen – Elemente und die Dominanz von Klein- und Mittelunternehmen berücksichtigen" (*ibid.*). Ein strategisches Grobkonzept zur wirtschaftlichen Raumentwicklung und -planung für die Grenzregionen findet sich in den *Hauptergebnissen von PREPARITY* (2001b).

- Ebenfalls durch INTERREG II C kofinanziert wurde TECNOMAN (2001), *Standortentwicklung in Mittel- und Südosteuropa auf der Grundlage der Transeuropäischen Verkehrsnetzwerke.* Hier werden die Kernpunkte einer integrierten, regionalen Entwicklungsstrategie unter Einbeziehung sowohl weicher als auch harter Standortfaktoren – unter Berücksichtigung der vorhandenen, extern gegebenen Rahmenbedingungen – analysiert. Eine Entwicklungsstrategie, die „neue Infrastrukturen in das System der bestehenden einfügt" (TECNOMAN, 2001, S.V), soll geschaffen werden, Visionen werden diskutiert; empirische Analysen wie auch Fragen der (politischen) Umsetzbarkeit bleiben außen vor.

- Horvat *et al.* (1999) unternehmen den Versuch einer grenzüberschreitenden Regionaluntersuchung für den Raum Südsteiermark und Nordslowenien (kofinanziert über INTERREG II a/b). Die Studie gibt die wirtschaftliche Situation der Grenzregionen zum Untersuchungszeitraum sehr eindrücklich wieder. Neben statistischen Daten und einer ausführlichen Analyse des Arbeitsmarktes (siehe auch Moro 2000) findet sich eine Beschreibung der Problemfelder der Regionen. Notwendige Entwicklungsschritte werden als Ausgangspunkt für künftige Kooperationen abgeleitet: Grenzüberschreitender Wissenstransfer, der Abbau von Informations- und Sprachbarrieren, die Förderung bzw. Intensivierung der wirtschaftlichen Zusammenarbeit, die Implementierung eines interregionalen Netzwerks, landwirtschaftliche, kulturelle, wirtschaftliche und touristische Kooperationen sowie begleitende spezielle Ausbildungsmaßnahmen für Landwirte sind hier von wesentlicher Bedeutung für die Entwicklung des Grenzlandes. Zentrale Bedeutung wird dem Informationstransfer auf fachlicher Ebene beigemessen, ein kontinuierlicher konstruktiver Diskurs soll grenzüberschreitende Kooperationen auf allen Ebenen ermöglichen.

- Die Einflüsse der Osterweiterung auf die österreichischen Grenzregionen wie auch die Auswirkungen der Leitlinie der Europäischen Union zu Transeuropäischen Netzen (TEN) werden ausführlich in der Schriftenreihe der Österreichischen

---

[2] Der Schwerpunkt von INTERREG II C: CADSES (Strukturfondsperiode 1993-1999) lag in der Erarbeitung von investitionsvorbereitenden Konzepten zur Intensivierung der Zusammenarbeit bei transnationalen Kooperationen (siehe Portal INTERREG in Österreich, 2006b).

Raumordnungskonferenz erörtert (siehe ÖROK, 1999a, b). Schlüsselprojekte sollen die Einbindung Österreichs in den europäischen Wirtschaftsraum anhaltend verbessern.

- Zedlachers (2003) Arbeit, *Der Weg der Steiermark in eine erweiterte Europäische Union,* versucht eine Dokumentation der Auswirkungen, welche der Beitritt zur Union für das Bundesland mit sich gebracht hat. Zentrale Forschungsfrage ist, „wie sich die Steiermark als regionaler Akteur auf die bevorstehende EU-Osterweiterung vorbereitet und wie sie ihre Interessen sowohl als Mitglied der Europäischen Union als auch als eigenständiger politischer Akteur einbringen kann" (*ibid.*). Es folgt ein Überblick an geleisteten Initiativen, Kooperationen und Maßnahmen im Hinblick auf die EU-Erweiterung. Den Hauptteil bilden die INTERREG Programme. Beispielhaft für die Zusammenarbeit zwischen der Steiermark und Slowenien werden vier Projekte näher betrachtet. Die europäische Dimension der Rahmenvorgaben des Programms wird herausgearbeitet, die operationale sowie die landespolitische Ebene werden besprochen. Ein Kapitel ist dem Projekt PREPARITY und dem Erweiterungsdialog gewidmet.

- Eine räumliche Klassifizierung in Regionstypen in Hinblick auf einheitliche ökonomische Kriterien von 77 zentral- und südosteuropäischen Regionen findet sich in Prettenthaler (2003). Diese Arbeit folgt einer Studie über die österreichischen Strukturregionen von Palme (1995) auf Bezirksebene. Von Barriedl und Winkler (2004) wurde eine Typisierung europäischer Nachhaltigkeitsregionen vorgenommen. Diese Studien diskutieren die ökonomische Situation der Regionen und deren Entwicklungstrends. Im Rahmen dieses Projektes wurde von Aumayr eine vergleichende Clusteranalyse von strukturell und räumlich ähnlichen Regionen in ganz Europa unternommen (siehe Aumayr 2007).

- Unmittelbarer Anlass der Studie *EU-Erweiterung – Monitoring der Marktentwicklung in der Steiermark, Slowenien und Westungarn* (2004) der KMU Forschung Austria war die am 1. Mai 2004 vollzogene EU-Erweiterung, insbesondere die weitere Öffnung der Grenze zwischen der Steiermark, Slowenien und Westungarn (West-Transdanubien). Ausgangspunkt ist die Tatsache, dass viele steirische Klein- und Mittelbetriebe auf die dadurch entstehenden Chancen und Risken unzureichend vorbereitet waren. Die „objektiven Auswirkungen der Erweiterung" auf das Gewerbe und Handwerk werden abgeschätzt. Die im Rahmen einer empirischen Erhebung erfasste subjektive Betroffenheit und der damalige Stand der strategischen Planungen der Betriebe wurden erhoben. Der Informationsstand der Betriebe – insbesondere die eigene relative Wettbewerbsstärke betreffend – wird als für die Entwicklung adäquater Strategien unzureichend erkannt. Potentiale können dadurch nicht genutzt, Gefahren kann nicht adäquat entgegengewirkt werden. Informationen, Daten und Fakten über Märkte und relative Wettbewerbsposition der Betriebe, gerade für Klein- und Mittelunternehmen, werden daher dringend benötigt. Das übergeordnete Ziel des Projekts ist es, fundierte Informationen und umfassende Daten über den Wirtschaftsraum – und zwar im Hinblick auf den Beitritt Sloweniens zur Europäischen Union – zu erheben und zu systematisieren. Diese sollen sich nicht in gesamtwirtschaftlichen Kennzahlen erschöpfen, sondern sektor- beziehungsweise branchenspezifische Rückschlüsse zulassen und die Entwicklung auf spezifischen Teilmärkten darstellen. Auch will das Projekt durch eine Bereitstellung „rationaler" Informationen zum Abbau von

Befürchtungen der Bevölkerung und der Unternehmen betreffend die EU-Erweiterung beitragen.

Weiters befasst sich ein nicht unwesentlicher Teil von Studien mit den Auswirkungen der europäischen Strukturpolitik auf die Länder beziehungsweise Regionen. Hervorzuheben sind die Arbeiten des *Centrums für Politikforschung* der Ludwig-Maximilians-Universität zu München (u.a.: Elsen, 2003, Kusar und Janez, 2006), und die Studien der *National Agency for Regional Development* in Slowenien (*Regionalizem v Republiki Sloveniji/Regionalism in Republic of Slovenia*, 2006, *Regional development in Slovenia*).

2.4. STATISTISCHE QUELLEN

Hauptproblematik der **statistischen Daten** *ist deren Vergleichbarkeit, die nationalen Daten werden unterschiedlich erhoben, auch die Methoden zur Aggregation variieren zum Teil erheblich. Dies gilt beispielsweise für die Berechnungen der nationalen und regionalen Arbeitsmarkt- und Beschäftigungszahlen. Auch der Bildungsbereich lässt sich, aufgrund der Unterschiede im Schulwesen, nur schwer vergleichen. Zudem sind regionalisierte Daten, vor allem für die jüngste Vergangenheit, nur schwer verfügbar.*

Kernproblematik*: Mangelnde Vergleichbarkeit und Verfügbarkeit nationaler Daten, unterschiedliche Erhebungsmethoden, oft erheblicher „Informationsverlust durch Regionalisierung".*

Für die Projektregion finden sich zahlreiche statistische Quellen (siehe nachstehende Tabelle 1), insbesondere die standardisierten *Europäischen Regionalstatistiken* (EUROSTAT) ermöglichen einen grenzübergreifenden Vergleich relevanter Kennzahlen der Gebietseinheiten NUTS 1-3 betreffend Demographie, Tourismus, regionale Wirtschaftsleistung, Wertschöpfung und Arbeitslosigkeit. Eine ausführliche Dokumentation der statistischen Quellen und deren Relevanz in Bezug auf die Regionen im *Verdichtungsraum Graz-Maribor* findet sich in Kirschner, Prettenthaler (2007).

Tabelle 1: Statistische Quellen

AJPES (Agency of the Republic of Slovenia for Public Legal Records and Related Services), JOLP –Public posting of annual reports, http://www.ajpes.si/JOLP/podjetje.as

EUROSTAT (2006), Regionalstatistiken, Europäische Kommission, http://epp.eurostat.cec.eu.int

European Peripherality Index (2000), Schürmann und Talaat, Institut für Raumplanung, Universität Dortmund

European Topic Centre on Air and Climate Change (2006), http://bettie.rivm.nl/ etctest/appletstart.html.

Industriellenvereinigung (iv) Steiermark (2006), http://www.iv-steiermark.at

Landesstatistik Steiermark (2006), http://www.verwaltung.steiermark.at/cms/ziel/97595/DE/

RegDatInfo 0.5, JOANNEUM RESEARCH /OeNB, Regionales Dateninformationssystem

Steiermark – Westungarn – Nordslowenien, http://www.regdat.info/website/deutsch/index.html

Regionalstatistik Steiermark 2005, Kammer für Arbeiter und Angestellte (AK) (2005), Arbeiterkammer Steiermark: Abteilung Wirtschaftspolitik

SI-Stat Data Portal, Statistical Office of the Republic of Slovenia (2006), http://www.stat.si/pxweb/Dialog/statfile1.asp

Slovene Regions in Figures (2006), Statistical Office of the Republic of Slovenia, Ljubljana

Slovenia in Figures 2005, Statistical Office of the Republic of Slovenia (2005 a), http://www.stat.si/eng/pub_slovenija.asp

Statistical yearbook of the Republic of Slovenia (2005 b), Statistical Office of the Republic of Slovenia, 2005, http://www.stat.si/letopis/index_letopis_en.asp

STATISTIK AUSTRIA (2006), http://www.statistik.at/

Umweltbundesamt (2006), Luftgüteberichte, http://www.umweltbundesamt.at/umweltschutz/luft/luftguete_aktuell/tgl_bericht/

WIBIS Steiermark (2005), Land Steiermark, http://www.wibissteiermark.at

Wirtschaftskammer Steiermark (2006), http://portal.wko.at/

Quelle: Eigene Darstellung JR-InTeReg.

2.5. POLITISCH BESCHLOSSENE UND RECHTSVERBINDLICHE DOKUMENTE

Diese Kategorie umfasst Gesetze, Verordnungen und Richtlinien der europäischen, nationalen und Landes-Ebene, politisch beschlossene Leitbilder, Konzepte und Programme. Hauptsächlich sind dies Dokumente, die direkten Einfluss auf die Entwicklung der Projektregion haben und deren Vorgaben auf jeden Fall zu berücksichtigen sind. Politisch beschlossene und rechtsverbindliche Dokumente bilden – wie in *Abbildung 2* angedeutet – jene Rahmenbedingungen im *Verdichtungsraum Graz-Maribor* die als am wesentlichsten erachtet werden, sie werden daher in den nachfolgenden Kapiteln dieser Arbeit behandelt.

Abbildung 2: Systematik Planungsdokumente

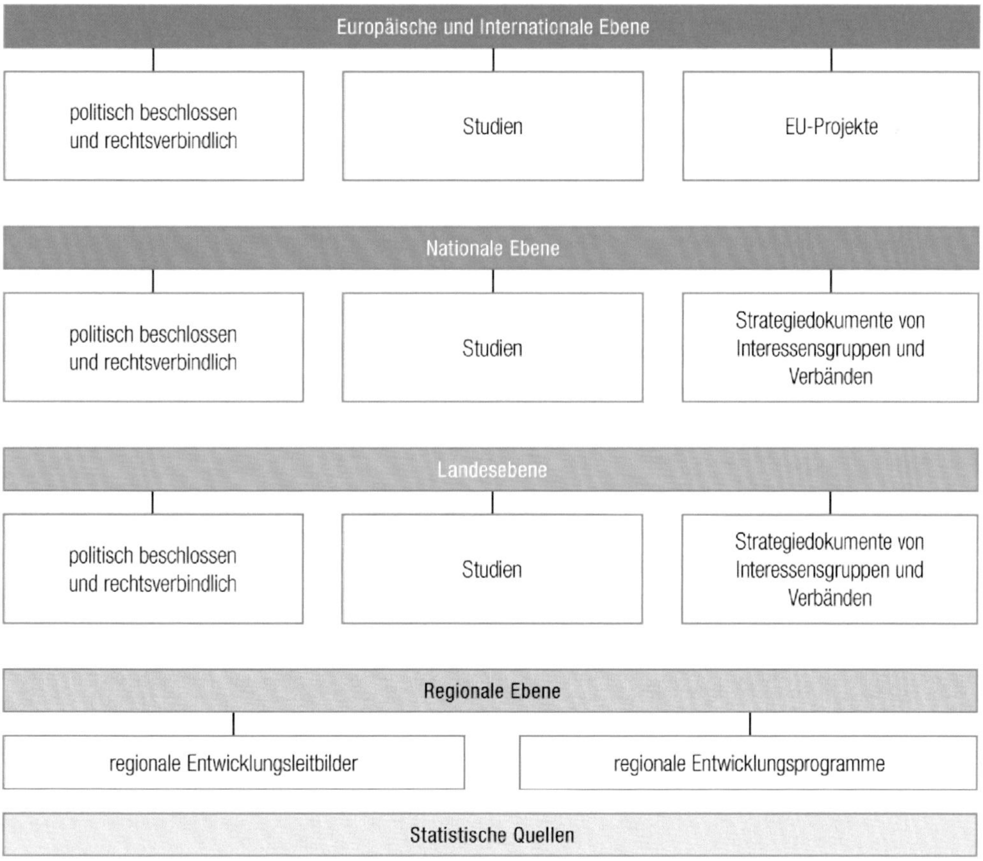

Europäische und Internationale Ebene		
politisch beschlossen und rechtsverbindlich	Studien	EU-Projekte

Nationale Ebene		
politisch beschlossen und rechtsverbindlich	Studien	Strategiedokumente von Interessensgruppen und Verbänden

Landesebene		
politisch beschlossen und rechtsverbindlich	Studien	Strategiedokumente von Interessensgruppen und Verbänden

Regionale Ebene	
regionale Entwicklungsleitbilder	regionale Entwicklungsprogramme

Statistische Quellen

Quelle: Eigene Darstellung JR-InTeReg.

3 Europäische Rahmenbedingungen

> *Der Einfluss der Europäischen Union auf wirtschaftliche, soziale wie auch umweltpolitische Bereiche hat in den letzten Jahren beständig zugenommen – Vorgaben seitens der Union bestimmen maßgeblich die Rahmenbedingungen grenzübergreifender Entwicklungsstrategien.*
>
> ***Kernthemen****: das Europäische Raumentwicklungskonzept, der Lissabon-Prozess, die Partnerschaft für Wachstum und Beschäftigung, die Europäische Kohäsionspolitik, Ziele der Strukturfondsperiode 2007-2013.*

Im Zuge der politischen Integration und der zunehmenden Vervollständigung des Binnenmarktes konnte Brüssel maßgeblichen Einfluss gewinnen – zu Lasten der nationalen Entscheidungsträger. Einen vorläufigen Höhepunkt fand diese Entwicklung im März 2000; der Europäische Rat verständigte sich in Lissabon auf ein neues strategisches Ziel für die gesamte Union: „[…] bis 2010 soll die Europäische Union zum wettbewerbsfähigsten und dynamischsten, wissensbasierten Wirtschaftsraum der Welt werden" (Europäischer Rat, 2000).

Die Beschlüsse des Rates in Lissabon können dabei nicht isoliert betrachtet werden, vielmehr sind sie Resultate des Prozesses der fortschreitenden europäischen Integration auf allen Ebenen: Dessen politische Meilensteine waren die Verträge von Maastricht (1991), der gemeinsame Binnenmarkt (1992) und der Vertrag von Amsterdam (1997). Die institutionellen Rahmenbedingungen waren entscheidend verbessert worden. Auch wurde in Amsterdam das Ziel „Schaffung von Arbeitsplätzen" erstmals in die Verträge aufgenommen.[3] Mit Inkrafttreten des *Schengen-Protokolls* (1999) und der Einführung des Euros in der Mehrheit der EU-Staaten war es innerhalb kürzester Zeit gelungen bedeutende Schritte in Richtung des einheitlichen europäischen Binnenmarktes zu setzen.

3.1. DAS EUROPÄISCHE RAUMENTWICKLUNGSKONZEPT (EUREK)

> *Im **EUREK** werden erstmals langfristige räumliche Entwicklungsstrategien in einem Leitbild für die gesamte Union definiert – die wirtschaftliche und soziale Entwicklung der Union ist an einer gemeinsamen und einheitlichen Strategie auszurichten.*
>
> ***Kernforderungen****: Ein polyzentrisches Modell mit einem ausgewogenen Städtesystem und einer neuen Beziehung von Stadt und Land soll eine für ländliche wie auch urbane Regionen gleichermaßen förderliche Partnerschaft ermöglichen. Das endogene Potential der jeweiligen Region muss genutzt werden. Kooperationen sind zu schaffen und zu intensivieren.*

Auf Grundlage der Leitbilder für die räumliche und siedlungsstrukturelle Entwicklung der Europäischen Union (1994) wurde im Mai 1999 das *Europäische Raumentwicklungskonzept* (EUREK)

---

[3]   Der Vertrag weitete die Befugnisse des Europäischen Parlaments erheblich aus. Mit dem Vertrag von Amsterdam gilt das Mitentscheidungsverfahren nun in allen Bereichen, in denen der Ministerrat mit qualifizierter Mehrheit entscheidet. Auch bei der Ernennung der Kommission wurden die Rechte des Europäischen Parlaments erweitert.

beschlossen. Klare, räumlich übergreifende Leitbilder und Ziele, die in allen Regionen der EU gleichzeitig zu verfolgen und in ihren Wechselwirkungen zu berücksichtigen sind, wurden beschlossen. Eine Vereinheitlichung der Leitbilder für die räumliche und siedlungsstrukturelle Entwicklung war gelungen. Mit dem *EUREK* entstand ein Orientierungsrahmen für die Raumentwicklungspolitiken zur „Erreichung einer ausgewogenen und nachhaltigen Entwicklung des europäischen Territoriums" (EUREK, 1999, Abs. 1). Drei grundlegende Ziele, die gleichermaßen zu erreichen sind, wurden definiert:

1. der **wirtschaftliche** und **soziale Zusammenhalt** innerhalb der Europäischen Union,

2. die **Erhaltung der natürlichen Lebensgrundlagen** und des *kulturellen Erbes* sowie

3. die **ausgeglichene Wettbewerbsfähigkeit** des europäischen Raumes (*ibid.*, S. 11).

Raumentwicklung – die räumliche Dimension – wurde erstmals als Instrument – als Dimension – der europäischen Entwicklungspolitik definiert. Kernpunkt bildet die Erkenntnis, dass Wirtschaftswachstum nicht allein genügt, um die regionalen wirtschaftlichen Disparitäten, aber auch die Arbeitslosigkeit innerhalb der Union und ihrer Mitgliedstaaten wirksam zu bekämpfen:

„Räumliche Entwicklungsprobleme in der EU können künftig nur durch das Zusammenwirken unterschiedlicher Regierungs- und Verwaltungsebenen gelöst werden, da sich im Zuge der Europäischen Union auf allen Ebenen Beziehungen entwickeln: zwischen den Regionen untereinander sowie zwischen Regionen und nationalen und europäischen Organen. (*ibid.* S. 7)

Die Auswirkungen des *EUREK* auf den europäischen Integrationsprozess, im Speziellen die „Einigung auf gemeinsame räumliche Ziele bzw. Leitbilder für die zukünftige Entwicklung des Territoriums der Europäischen Union" (*ibid.*), dürfen, auch wenn diese nicht rechtsverbindlich sind, keinesfalls unterschätzt werden. Langfristige räumliche Entwicklungstendenzen, die fortschreitende Integration, zunehmende Kooperation zwischen den Mitgliedstaaten und die wachsende Bedeutung der lokalen und regionalen Gebietskörperschaften werden nunmehr verstärkt berücksichtigt.

Dem zugrunde liegt ein **polyzentrisches Modell**, welches auf einem **ausgewogenen Städtesystem**, einer **neuen Beziehung von Stadt und Land**, einer Partnerschaft zwischen dem ländlichen und urbanen Raum basiert. Maßnahmen haben nicht nur eine Verbesserung der Anbindung der Peripherie an zentrale Räume zu bewirken, vielmehr ist ein räumlicher Ausgleich anzustreben, der die Entwicklungschancen von Stadt und Land gleichermaßen berücksichtigt. Durch eine Weiterentwicklung der vergleichsweise dezentralen Siedlungsstruktur, durch Förderung und verstärkte Nutzung regionaler Potentiale sollen sich Städte und Regionen ergänzen und miteinander kooperieren. Gegensätze sind keinesfalls zu überwinden, vielmehr sind Stärken, positive Effekte und Synergien zu fördern. „Dynamische Zonen weltwirtschaftlicher Integration", die in der gesamten Union verteilt sind und „aus miteinander vernetzten, international gut erreichbaren Metropolregionen und daran gebundenen Städten und ländlichen Gebieten bestehen", spielen „eine Schlüsselrolle bei der Verbesserung des räumlichen Ausgleichs" (*ibid.*, S. 22).

- Diversifizierte Entwicklungsstrategien – angepasst an die jeweiligen Potentiale und Möglichkeiten der ländlichen Räume – haben eine eigenständige Entwicklung dieser Räume zu ermöglichen. Besondere Aufmerksamkeit gilt den strukturschwachen Regionen.

- Durch Stärkung kleiner und mittlerer Städte – gerade in benachteiligten Gebieten – werden weitere Anknüpfungspunkte für verstärkte Kooperationen und intensiveren Wissenstransfer ausgemacht.

- Zusätzliche Chancen werden im intensiven Einsatz erneuerbarer Energien und der Sicherung einer nachhaltigen Landwirtschaft gesehen. Der Erhalt ökologischer Systeme, die Berücksichtigung der biologischen Vielfalt werden, wie auch eine effiziente und schonende Nutzung natürlicher Ressourcen angestrebt.

Direkt anzuwenden ist das EUREK (1999) auf die grenzübergreifenden Entwicklungsprogramme der Europäischen Union (z.B.: INTERREG). Explizit gefordert und gefördert wird eine Vertiefung der interregionalen und grenzübergreifenden Zusammenarbeit. **Benachbarte Regionen müssen sich zu einem gemeinsamen Wirtschaftsraum entwickeln,** die Förderungen der Europäischen Union aus den Strukturfonds haben die Ziele des Europäischen Raumentwicklungskonzepts **direkt** zu berücksichtigen. Zudem wurde durch die Einsetzung von Leitzielen ein „effizientes Mittel zur Gestaltung und Umsetzung der Kohäsion geschaffen" (*ibid.*).

3.2. VON LISSABON BIS BARCELONA

*Die Strategie von **Lissabon** (2000) muss – wie die europäische Integration insgesamt – als ein sich ständig verändernder Prozess betrachtet werden. Ausgehend von dem in Lissabon beschlossenen Ziel der Union – binnen eines Jahrzehnts der wettbewerbsfähigste und dynamischste, wissensbasierte Wirtschaftsraum der Welt zu werden – wurden in **Göteborg** (2001) die Umweltdimension und in **Stockholm** (2001) die soziale Dimension gestärkt.*

*Mit der Erweiterung der Strategie um die Beschlüsse von **Barcelona** (2002) sollten „radikale Verbesserungen im europäischen System der Forschung und technologischen Investition" umgesetzt werden.*

Die Weiterentwicklung und Vereinheitlichung der europäischen Verträge hat der Europäischen Union verstärkt Einfluss und Gestaltungsmöglichkeiten in sämtlichen Bereichen der Raumentwicklung verschafft. Entwicklungsmaßnahmen auf europäischer Ebene können einen wesentlich größeren Wirkungsradius entfalten. Im Jahr 2000 konnte die Union, neben den „besten makroökonomischen Perspektiven seit einer ganzen Generation" (Europäischer Rat, 2000, Abs.1) auf einige beachtliche Erfolge zurückblicken:

- Der Euro war erfolgreich eingeführt worden und „bringt den erwarteten Nutzen für die europäische Wirtschaft mit sich" (*ibid.*),

- der Binnenmarkt konnte (mit Ausnahme der Dienstleistungsrichtlinie) weitgehend vollendet werden „und bietet sowohl Verbrauchern als auch Unternehmen spürbare Vorteile" (*ibid.*). Mit dem Schengen-Protokoll (01.05.1999) war der Abbau der meisten innereuropäischen Grenzen gelungen,

- die nationalen öffentlichen Defizite waren erheblich abgebaut worden, mehrere Staaten verzeichneten Budgetüberschüsse; zudem waren die Inflations- und Zinsraten auf anhaltend niedrigem Niveau,

- die gute Wirtschaftslage brachte spürbare Entlastungen am Arbeitsmarkt, die Erwerbsquote stieg beständig,

- neuen Technologien, wie auch der Förderung von Wissen und Innovation wurde enormes Potential zugemessen; so „dürfte die durchschnittliche Wachstumsrate von etwa 3 % eine realistische Aussicht für die kommenden Jahre darstellen" [!] (*ibid.*, Abs. 6).

Die Lissabon-Strategie – wie auch der Prozess der Veränderung beziehungsweise der Konkretisierung der Zielsetzungen – ist der Versuch der Union, erstmals mittels eines Kataloges einheitliche wirtschaftliche, soziale und umweltpolitische Ziele zu definieren. In *Abbildung 3* wird die Entwicklung der Lissabon-Ziele (bis 2002) in Bezug zu den jeweiligen Dimensionen veranschaulicht.

Abbildung 3: Der Weg nach Lissabon

	Wirtschaftliche Dimension	**Soziale Dimension**	**Umweltdimension**
199x	Binnenmarkt		
	Maastricht/ Amsterdam/Schengen		
1999		EUREK	
2000		Lissabon	
2001	Stockholm		Göteborg
2002	Barcelona		
	Der Lissabon-Prozess		

Quelle: Eigene Darstellung JR-InTeReg.

3.2.1 Die Strategie von Lissabon (März 2000)

> *Mit der Strategie von **Lissabon** wollte sich die Europäische Union „den neuen Herausforderungen" – im Wesentlichen den Auswirkungen der Globalisierung – stellen und notwendige, tief greifende Umgestaltungen der europäischen Wirtschaft umsetzen.*
>
> ***Kernforderungen****: Bildung von Humankapital, ein dauerhaftes Wirtschaftswachstum mit mehr und besseren Arbeitsplätzen, der Aufbau der Wissensgesellschaft, ein größerer regionaler Zusammenhalt sowie eine Anhebung der allgemeinen Beschäftigungsquote von 61 % auf 70 % (Frauen von 51 % auf über 60 %).*

„Die Europäische Union ist mit einem Quantensprung konfrontiert, der aus der Globalisierung und den Herausforderungen einer neuen wissensbasierten Wirtschaft resultiert." (Europäischer Rat, 2000, Abs.1). In diesem Kontext wurde im März 2000 vom Europäischen Rat in Lissabon ein neues strategisches Ziel beschlossen: „die Union zum wettbewerbsfähigsten, dynamischsten und wissensbasierten Wirtschaftsraum der Welt, mit mehr und besseren Arbeitsplätzen zu machen" (*ibid.*). Binnen eines Jahrzehnts sollte die EU zu einem Wirtschaftsraum werden …

- mit einem dauerhaften Wirtschaftswachstum,
- mit mehr und besseren Arbeitsplätzen,
- mit einem größeren Zusammenhalt unter den Regionen und Mitgliedstaaten,
- bei gleichzeitiger Verpflichtung zum Umweltschutz.

Die Voraussetzungen für Vollbeschäftigung sollten, unter besonderer Berücksichtigung von benachteiligten Gruppen, z.B. Frauen und älteren Arbeitslosen, geschaffen werden. Grundlage hierfür war eine globale Strategie, welche einerseits den europäischen Wertvorstellungen entspricht, andererseits den „Aufbau der Wissensgesellschaft", die Förderung von Innovation und Wirtschafsreform und eine Modernisierung der Sozialschutz- und Bildungssysteme gleichermaßen beinhaltet.

Den Kernpunkt der Strategie bildet die Schaffung eines Europäischen Raumes der Forschung und Innovation (nur eine wettbewerbsfähige, dynamische und wissensbasierte Gesellschaft vermag die Lebensqualität der Bürger und der Umwelt gleichermaßen zu verbessern). Letztlich stand die Schaffung einer ganz im Zeichen des *dot.com-Booms* stehenden „neuen Informationsgesellschaft" (*ibid.* Abs.14) auf der Agenda. Von den Mitgliedstaaten selbst wurde gefordert,

- dass diese weit reichende Liberalisierungen, speziell in den Märkten für Telekommunikation, Strom und Gas in Angriff nehmen.
- dass die verstärkte Bildung von Humankapital – als hauptsächliche Voraussetzung für den Strukturwandel hin zur Wissensgesellschaft – als zentrale Aufgabe in den nationalen Politiken implementiert wird.
- dass die dringendsten Reformen zur Vollendung des „funktionierenden" europäischen Binnenmarktes auf den Weg gebracht werden. Nationale Reglements, die dem entgegenwirken, sollten umgehend beseitigt werden.
- dass der Dienstleistungsschwäche der Europäischen Union entgegengewirkt wird.

- dass ein neuer Koordinierungsprozess zur besseren Zusammenarbeit zwischen den Akteuren der Europäischen Union (insbesondere der Kommission), den Nationen und den Regionen umgesetzt wird. Leitlinien für die gesamt Union sind mit einem jeweils genauen Zeitplan zu entwickeln, gleiches gilt für die nationale, aber auch für die regionale Ebene.

Die Grundlage für alle oben genannten Maßnahmen bildet das polyzentrische Modell, welches schon im *EUREK* (1999) Anwendung findet. Neben einer Partnerschaft zwischen den Regionen, Städten und ländlichen Gebieten, sind vor allem intensivierte Kooperationen zwischen dem öffentlichen und dem privaten Sektor anzustreben. Die Umsetzung der in Lissabon beschlossenen europäischen Leitlinien in nationale und regionale Politik hat durch Vorgabe konkreter Ziele und den Erlass entsprechender Maßnahmen **unter Berücksichtigung der nationalen und regionalen Unterschiede** zu erfolgen.

„Ausgehend von den verfügbaren Statistiken ist die Beschäftigungsquote von heute durchschnittlich 61 % bis 2010 möglichst nah an 70 % heranzuführen und die Beschäftigung der Frauen von heute durchschnittlich 51 % bis 2010 auf über 60 % anzuheben" (Europäischer Rat 2000). Die Mitgliedstaaten sollten, jeweils unter Berücksichtigung ihrer Ausgangslage, die Festlegung nationaler Ziele prüfen" (*ibid.*, Abs. 30.). Anhand qualitativer Indikatoren und Benchmarks zum „Vergleich der besten der Welt" müssen Vortschritte messbar gemacht und regelmäßige bewertet werden.

Zur Unterstützung der Beschäftigungsziele wurden Steuerreduktionen in niedrigqualifizierten Tätigkeiten in den Maßnahmenkatalog aufgenommen. Hauptziel im Bildungsbereich war die konsequente Fortführung des *Bologna-Prozesses* (siehe *Bologna Secretariat Website* 2006) zur Vereinheitlichung der Bildungssysteme und zur Gewährleistung größerer Transparenz für berufliche Qualifikationen und Studienabschlüsse. Im Kontext sich verändernder Rahmenbedingungen und erweiterter Prioritäten erfuhren die Ziele von Lissabon mehrfache Abwandlungen, Erweiterungen wie auch Neujustierungen.

3.2.2   Stockholm (März 2001)

*In **Stockholm** wird die soziale Dimension von Lissabon gestärkt, auch demographische Aspekte sind zu berücksichtigen. Zudem wird eine Halbzeitevaluierung der Lissabon-Strategie vereinbart.*

***Kernforderungen**: Beschäftigungsquoten sind bis Jänner 2005 auf 67 %, bei der weiblichen Bevölkerung auf 57 % zu steigern, eine Beschäftigungsquote von älteren Arbeitskräften von 50 % (bis 2010) wird in den Zielkatalog aufgenommen.*

Im März 2001 erfuhr das in Lissabon beschlossene strategische Ziel der Union seine erste Erweiterung, seine erste Konkretisierung. Die demographische Herausforderung einer alternden Bevölkerung wie auch die Verringerung des Anteils der Erwerbstätigen innerhalb der Union waren, neben einer Bekräftigung der Lissabon-Beschlüsse, hauptsächliche Diskussionspunkte des Rates.

„Gut konzipierte und funktionierende soziale Sicherungssysteme sollten als produktive Faktoren angesehen werden, indem sie Sicherheit inmitten des Wandels bieten." (*ibid.*, Abs. 24)

Die soziale Dimension erfuhr ausdrücklich eine Aufwertung: „Uneingeschränktes Einvernehmen bestand darüber, dass Wirtschaftsreform wie auch Beschäftigungs- und Sozialpolitik sich gegenseitig unterstützen" (Europäischer Rat 2001a, Abs. 2). Im Kontext (immer noch) hoher Wirtschaftswachstumsraten von bis zu 3,5 % und der niedrigsten Arbeitslosenquote seit 1991 wurden

eine Bewertung bzw. Evaluierung der Erfolge der Lissabon-Strategie zur Halbzeit wie auch die Einführung von Zwischenzielen beschlossen. Die Beschäftigungsquoten sind bis Jänner 2005 in der gesamten Europäischen Union auf 67 %, bei der weiblichen Bevölkerung auf 57 % zu steigern. Eine **durchschnittliche Beschäftigungsquote für ältere Arbeitskräfte** – der 55- bis 64- Jährigen – **von 50 % im Jahre 2010** wird in den Zielkatalog aufgenommen (vgl.: *ibid.*).

3.2.3 Göteborg (Juni 2001)

*Göteborg brachte die Erweiterung der Lissabon-Strategie um die **Umweltdimension**, welche das bereits in Lissabon gegebene Bekenntnis zum Umweltschutz konkretisiert:*

Kernforderungen: *Forschung im Umweltbereich als Motor für Beschäftigungs- und Wirtschaftswachstum, Bekämpfung der Klimaänderung, bis 2010 ein Anteil von 22 % an nachhaltigen Energiequellen, Entkoppelung von Wirtschafts- und Verkehrswachstum, verantwortungsvoller Umgang mit Ressourcen.*

Im Juni 2001 konnte sich der Europäische Rat in Göteborg auf eine Strategie für die nachhaltige Entwicklung einigen: Das in Lissabon gegebene Bekenntnis „zur Verbesserung der Lebensqualität der Bürger und der Umwelt" (Europäischer Rat 2000, Abs.4) wurde um konkrete Zielvorgaben ergänzt. Der Lissabon-Strategie wurde eine **dritte Dimension** – die **Umweltdimension** – hinzugefügt:

„Nachhaltige Entwicklung, d.h. die Erfüllung der Bedürfnisse der derzeitigen Generation, ohne dadurch die Bedürfnisse künftiger Generationen zu beeinträchtigen, ist ein grundlegendes Ziel der Verträge." (Europäischer Rat 2001b, Abs.16)

Das neue Konzept der Politikgestaltung zur Festlegung der Leitlinien für die Wirtschaftspolitik, zur Gewährleistung von Wirtschaftswachstum und Förderung der Strukturreformen beinhaltet:

- zahlreiche Reformen und Modernisierungen, die Europa dem Bürger näher bringen sollen und

- neue Grundsätze für die Wirtschafts-, Sozial- und Umweltpolitik, die – basierend auf einer korrekten Preisgestaltung – die tatsächlichen Kosten verschiedener Tätigkeiten für die Gesellschaft widerspiegeln (vgl.: *ibid.*).

Strukturen aber auch die Gründungsverträge sind um konkrete Umweltziele zu erweitern. „Hierzu ist es erforderlich, die Wirtschafts-, Sozial- und Umweltpolitik so zu gestalten, dass sie sich gegenseitig stärken" (Europäischer Rat 2001b, Abs.19 f.). Wichtige – den gesamten europäischen Raum betreffende – Umweltthemen und -probleme müssen mittels einer gemeinsamen **globalen Strategie für Nachhaltigkeit** und **zielgerichteten Umweltprioritäten** (in den Bereichen Klimaänderung, Verkehr, öffentliche Gesundheit und natürliche Ressourcen) angegangen werden, so

- **die Bekämpfung der Klimaänderung**: Insbesondere die europäischen Anstrengungen zu Erfüllung des Kyoto-Protokolls bedürfen eines gemeinsamen Koordinierungsprozesses.

- **die Förderung nachhaltiger Energiequellen:** Bis zum Jahre 2010 ist „der Anteil von Strom aus erneuerbaren Energiequellen am Gesamtstromverbrauch von gemeinschaftsweit 22 % zu erreichen" (*ibid.*, Abs. 29).

- **die deutliche Abkoppelung von Verkehrsaufkommen und BIP-Wachstum**: Die Verlagerung des Verkehrs von der Straße auf die Schiene, Wasserwege und den öffentlichen Personenverkehr ist voranzutreiben. Die (überarbeiteten) Leitlinien für die transeuropäischen Verkehrswege haben dies in besonderer Weise zu berücksichtigen.

- **ein verantwortungsvolles Management im Umgang mit natürlichen Ressourcen**: In diesem Sinne ist die gemeinsame Agrarpolitik umzugestalten, auch sind gesunde, qualitativ hochwertige Erzeugnisse und umweltfreundliche Produktionsmethoden verstärkt zu fördern.

Zur Erreichung von höherem Wachstum und mehr und besseren Arbeitsplätzen war eine Forcierung der Umweltkomponente die zentrale Forderung des Rates von Göteborg. Dem zugrunde liegt ein „unterstellter" **Zusammenhang zwischen Innovation und Umweltpolitik**: Nachhaltige Entwicklung bringt wirtschaftliche Vorteile mit sich; vor allem auf dem Gebiet der technologischen Innovation. Angestrebt werden neue Technologien und Innovationen in den Bereichen Energie und Verkehr.

Nur durch Einführung von technischen Neuerungen im Umweltbereich kann es gelingen, dass Wirtschaftswachstum und Ressourcenverbrauch voneinander abgekoppelt werden. Auch ermöglichen diese Zielvorgaben eine Verringerung der Abhängigkeit der Europäischen Union von Energieimporten, zudem tragen sie wesentlich zur Nachhaltigkeit im Verkehrssektor bei und wirken sich positiv auf Beschäftigung und Wachstum aus. In diesem Sinne sind die wirtschaftlichen, sozialen und ökologischen Auswirkungen aller Politikbereiche in koordinierter Weise zu prüfen.

3.2.4   Barcelona (März 2002)

> *Die Beschlüsse von **Barcelona** verlangen radikale Verbesserungen im europäischen System der Forschung und der technologischen Investition.*
>
> ***Kernforderungen:*** *Steigerung der Ausgaben für F&E und Innovation auf 3 % des BIP, wobei 2/3 vom Unternehmenssektor kommen müssen, Intensivierung der Vernetzungen zwischen den Sektoren, die Haushaltspolitiken der Mitgliedstaaten müssen F&E begünstigen.*

Im Jahre 2002 war es der EU nicht gelungen, den Rückstand bei Investitionen in die Forschung gegenüber den USA aufzuholen – dieser vergrößerte sich (seit 2000) um jährlich mehr als € 120 Mrd. (Europäische Kommission 2003, S. 3). Dieser Rückstand gefährdet Europas langfristiges Innovations-, Wachstums- und Beschäftigungspotential und somit die Lissabon-Strategie als Ganzes.

Insgesamt war die Union mit sich zunehmend verschlechternden wirtschaftlichen Rahmenbedingungen konfrontiert, die eine weitere Anpassung der Strategie von Lissabon notwendig machten: Die Internetblase war geplatzt, (die ursprünglich angenommen) jährlichen Wachstumsraten von über 3 % des BIP waren für die nächsten Jahre nicht zu erwarten. Auch trugen exogene Schocks – der 11. September und steigende Ölpreise – zu einer Destabilisierung der Weltwirtschaft bei. Ein weiterer Anstieg der Beschäftigungsquote würde nur unter größten Anstrengungen der Mitgliedstaaten möglich sein (vgl. *ibid.*).

Um die Lissabon-Ziele doch noch erreichen zu können, müssen „radikale Verbesserungen im europäischen System der Forschung und technologischen Investition umgesetzt werden" (*ibid.*), ein besonderer Nachdruck ist auf Spitzentechnologien zu legen, diese „sind ein entscheidender Faktor für das künftige Wachstum" (Europäischer Rat 2002, Abs. 48):

- „Durch das Ausmaß der strukturellen Änderungen, die erforderlich sein werden, um aus der EU einen forschungsintensiven, wissensbasierten Hochtechnologie-Wirtschaftsraum zu machen, ist es äußerst unwahrscheinlich, dass isolierte, in eine Richtung weisende Maßnahmen ausreichend sein werden" (*ibid.*, S.11). Die getroffenen Maßnahmen müssen sich gegenseitig unterstützen. Die Dimensionen des Prozesses von Lissabon wie auch die Maßnahmen zur Steigerung von F&E müssen einer verstärkten Koordinierung und Synchronisierung unterliegen. Technologieplattformen, Kooperationen in allen Bereichen oder wie der Rat (2002) es ausdrückt, „Plattformen für Voneinanderlernen" sind von den Mitgliedstaaten zu schaffen.

- Eine wesentliche Verbesserung der öffentlichen Unterstützung von Forschung, technologischer Innovation und Technologietransfer ist unumgänglich: Zahlreichen Unzulänglichkeiten wie auch „dem Mangel an öffentlicher Präsenz der oft exzellenten Forschungsprojekte ist entgegenzuwirken" (siehe *ibid.*, S. 12). Die Rahmenbedingungen sind insgesamt zu verbessern. Der Schutz geistigen Eigentums, Rechtsvorschriften, Normen und Produkte, das steuerliche Umfeld für F&E sind hauptsächliche Bestandteile der vorgeschlagenen Maßnahmen. Des Weiteren hat Bildung und Förderung von Humanressourcen für Wissenschaft und Forschung vorrangig behandelt zu werden.

- Konkret sind die Ausgaben für F&E von heute 1,9 % bis 2010 auf 3 % des BIP zu steigern, wobei zwei Drittel vom Unternehmenssektor kommen müssen. Zudem sind Vernetzungen zwischen dem privaten und öffentlichen Sektor zu intensivieren. Dies entspricht einer jährlichen Steigerung der Forschungsinvestitionen von 8 %.

Diese Maßnahmen komplimentieren eine Reihe von sich gegenseitig unterstützenden europäischen Initiativen in den Bereichen Unternehmen und Innovationspolitik sowie strukturelle Reformen. Flankierend wird die Förderung von Mobilität in Bildung, Forschung und Innovation im Bildungsbereich vorgeschlagen.

Sämtliche Akteure, regionale, nationale und europäische, waren aufgefordert, unter Berücksichtigung regionaler Stärken und Schwächen, zur Gewährleistung eines breiten Koordinierungsprozess bei der Umsetzung und zur „kohärenten Implementierung verschiedener politischer Maßnahmen und Förderung der Wechselwirkungen der Maßnahmen der einzelnen Länder auf europäischer Ebene" (Europäische Kommission 2002, S.8) beizutragen. Haushaltspolitiken haben jene Investitionen zu begünstigen, die zu einem verstärkten und nachhaltigen Wachstum führen, die Kommission stellt explizit fest, dass Ausgaben für F&E und Innovation ein **geringfügiges** und **vorübergehendes Defizit** verursachen dürfen.

3.2.5   Die Lissabon-Strukturindikatoren

*Zur objektiven Bewertung der Fortschritte in Bezug auf die Strategie von Lissabon wurde von der Kommission eine Liste von **Strukturindikatoren** erstellt (siehe Tabelle 2).*

***Kernindikatoren**: wirtschaftlicher Hintergrund, Beschäftigung, Forschung und Innovation, Wirtschaftsreform, sozialer Zusammenhalt und Umwelt.*

Seit dem Jahr 2003 werden die Fortschritte der einzelnen Mitgliedstaaten im so genannten „Frühjahresbericht" dokumentiert. Bis 2004 wurde von der Kommission jährlich ein Set von Indikatoren vorgeschlagen, dann wurde „im Einklang mit der jüngsten Rationalisierung von Verfahren

im weiteren Zusammenhang der Lissabonner Strategie" beschlossen, „diese Liste für drei Jahre stabil zu halten beginnend mit 2004" (EUROSTAT). Im Jahresfortschrittsbericht 2006 wurde von der Kommission, unter Abstimmung mit dem Rat, eine kurze Liste von 14 Hauptindikatoren veröffentlicht.[4]

Tabelle 2: Kurze Liste der Lissabon Strukturindikatoren

Allgemeiner wirtschaftlicher Hintergrund

1.   BIP pro Kopf in KKS

2.   Arbeitsproduktivität

Beschäftigung

3.   Beschäftigungsquote

4.   Beschäftigungsquote älterer Erwerbstätiger

Innovation und Forschung

5.   Bildungsstandard der Jugendlichen (der 20 bis 24-Jährigen)

6.   Bruttoinlandsausgaben für F&E

Wirtschaftsreform

7.   Vergleichende Preisniveaus

8.   Unternehmensinvestitionen

Sozialer Zusammenhalt

9.   Armutsgefährdungsquote nach sozialen Transfers

10. Langzeitarbeitslosenquote

11. Streuung der regionalen Beschäftigungsquoten

Umwelt

12. Emissionen von Treibhausgasen

13. Energieintensität der Wirtschaft

14. Güterverkehrsvolumen im Verhältnis zum BIP

Quelle: EUROSTAT, eigene Darstellung, JR-InTeReg.

Die Strukturindikatoren für die Mitgliedstaaten der Europäischen Union werden laufend aktualisiert, um „eine quantitative Bewertung vorzunehmen und die Leistungen der Mitgliedstaaten auf diesen Gebieten zu vergleichen" (EUROSTAT). Diese dienen als statistische Grundlage für das politische Handeln der EU, zudem erlauben sie einen Vergleich anhand quantitativer Messgrößen. Die Indikatoren sind einer andauernden Evaluierung unterworfen und werden regelmäßig aktualisiert.

---

[4]   Die vollständige Datenbank der Strukturindikatoren ist bei EUROSTAT einzusehen.

3.3. EIN NEUBEGINN DER STRATEGIE VON LISSABON

Im März 2004 wurde die hochrangige Sachverständigengruppe unter dem Vorsitz von Wim Kok als unabhängige Instanz zur Halbzeitüberprüfung der Strategie von Lissabon eingesetzt. Die Ergebnisse des Berichts der Sachverständigengruppe waren ernüchternd:

Das erwünschte Beschäftigungswachstum konnte nicht erreicht werden, die Produktivitätszuwächse waren enttäuschend, die F&E-Zielvorgabe von 3 % BIP erfüllen nur Schweden und Finnland, eine Entkoppelung von Wirtschafts- und Verkehrswachstum war nicht gelungen.

„Noch viel muss getan werden, um zu vermeiden, dass Lissabon zu einem Synonym wird für verpasste Ziele und nicht eingelöste Versprechen." (Europäische Kommission 2004, S.12): Stimmige Strategien sind zu entwickeln, um die gesetzten Ziele doch noch erreichen zu können, zahlreichen Problemen ist entgegenzuwirken:

- **Die Wachstumslücke zwischen der Europäischen Union und den USA hat sich in der Periode von 2000 bis 2004 vergrößert.** Das Wachstum innerhalb der EU – sowohl die Wirtschaftsleistung als auch die Produktivität betreffend – war weit geringer ausgefallen als in den USA.[5]

- **Die Beschäftigungsquote konnte gesteigert werden,** von 62,5 % Anfang der 90iger Jahre auf 64,3 % im Jahre 2003. Diese Fortschritte waren jedoch nur über einen starken Anstieg der Teilzeitarbeit erreicht worden. Die Beschäftigungsziele werden nur sehr schwer umsetzbar sein, insbesondere eine Beschäftigungsquote von 50 % bei älteren Arbeitskräften erscheint äußerst unrealistisch.

- **Im Umweltbereich war es nur teilweise gelungen die Vorgaben zu erfüllen.** Das Verkehrsaufkommen stieg weiter deutlich stärker als das BIP, mit einem Erreichen der Kyoto-Ziele kann nicht gerechnet werden.

- **Die F&E- und Innovations-Zielvorgabe, 3 %** des Bruttoinlandsproduktes für diese Bereiche aufzuwenden – wobei zwei Drittel vom Unternehmenssektor kommen müssen –, **erfüllen gerade einmal zwei Mitgliedstaaten.**

Die Ursachen dieser vernichtenden Halbzeitbilanz waren vielfältig. Einerseits waren „die Entwicklungen und Ereignisse außerhalb Europas der Realisierung der Ziele von Lissabon nicht gerade förderlich" (Europäische Kommission 2002, S.6):

- „die Tinte unter der Unterschriften war kaum trocken, als die weltweite Aktienblase platzte" (*ibid.*, S.11). In Folge der weltweiten Rezession musste das Potential der Wissensgesellschaft neu überdacht werden. Jährliche Wirtschaftswachstumsraten von über 3 % waren keine realistischen Vorgaben mehr.

Zum anderen war die Lissabon-Strategie mit ihren Erweiterungen und Konkretisierungen ein Bündel sich gegenseitig beeinflussender Reformen geworden, das zu sehr „ausgeufert" war, um noch als ein

---

[5]   Das durchschnittliche Wachstum/Kopf (EU) in der Periode von 1996 bis 2004 lag im Jahresschnitt 0,04 Prozentpunkte unter dem der USA, das Produktivitätswachstum betrug in der EU während dieser Periode durchschnittlich 1,4 %, in den USA 2,2 % per anno.

kohärentes Ganzes wahrgenommen werden zu können, hauptsächliche Kritikpunkte der Sachverständigengruppe waren (siehe *ibid.*):

- **Das Fehlen klarer Verantwortungen,** eines roten Fadens in der Reformagenda: Die Notwendigkeit schwerwiegender Reformen wurde nicht richtig kommuniziert. Die Agenda war überfrachtet, konkurrierende Prioritäten erschwerten die Umsetzung.

- **Der verringerte fiskalpolitische Handlungsspielraum:** Strukturschwächen und geringere Nachfrage hemmten die Wirtschaftsleistung. Zudem wurde die Vollendung des Binnenmarktes nicht intensiv genug vorangetrieben.

- **Die mangelnde Umsetzung der Reformen durch die Mitgliedstaaten** aufgrund fehlender Koordination und unentschlossenen Handelns sämtlicher Akteure, sowohl auf regionaler, nationaler und auf europäischer Ebene.

Außerdem war die Erweiterung der Union den Lissabon-Zielen nicht zuträglich. Statistisch betrachtet weisen die neuen EU-Mitgliedstaaten deutlich niedrigere Beschäftigungsquoten und auch weit geringere Arbeitsproduktivitäten aus: (1) Die Zahl der Bürger der Europäischen Union stieg im Zuge der Osterweiterung um 20 %, die Wirtschaftsleistung jedoch nur um 5 %. (2) Das durchschnittliche Pro-Kopf-Einkommen sank um 12,5 %, die regionalen Unterschiede innerhalb der Union wuchsen beträchtlich. (3) Die Beschäftigungsquote sank um durchschnittlich 1,5 %, die Langzeitarbeitslosenquote stieg um 0,7 % auf nunmehr 4 %. (4) Die Ausgaben für F&E liegen in allen neuen Beitrittsländern deutlich unter den geforderten 3 % des BIP.

3.3.1 Europa muss sich auf das Wesentliche konzentrieren

*Im Februar 2005 wurde ein Neubeginn der Strategie von Lissabon beschlossen: die **Partnerschaft für Wachstum und Beschäftigung**.*

***Kernforderungen**: Herbeiführung eines kräftigen und nachhaltigen Wachstums und Schaffung von mehr und besseren Arbeitsplätzen. Die Umwelt- und die soziale Dimension haben sich der wirtschaftlichen Dimension der Lissabon-Strategie unterzuordnen.*

Die Europäische Kommission (2004, S. 14) stellt unmissverständlich klar: „**Lissabon ist nicht zu ehrgeizig**." Notwendig sind jedoch eine Neuausrichtung im Umgang mit Ressourcen, eine wachstumsorientierte Währungs- und Finanzpolitik, eine verbesserte Abstimmung zwischen den Zielen – „Einzelmaßnahmen können nicht zu Erfolg führen" – und „harte Entscheidungen" – speziell am Arbeitsmarkt (vgl.: *ibid.*). Stärken sind unbedingt weiterzuentwickeln – aber Europa muss sich auf das Wesentliche konzentrieren.

„Angesichts der vor uns liegenden Herausforderungen ist der Preis für verspätete oder unvollständige Reformen hoch, wie die Kluft zwischen dem europäischen Wachstumspotential und dem seiner Wirtschaftspartner zeigt. Es muss daher gehandelt werden." (Europäischer Rat 2005a, S. 3)

Auch zu der Frist, bis 2010 zum wettbewerbsfähigsten und dynamischsten wissensbasierten Wirtschaftsraum der Welt zu werden, sieht der Rat keine Alternative. Europa hat sein Veränderungspotential noch nicht ausgeschöpft, die zentralen Aufgaben liegen in der Erfüllung des „**nächsten großen europäischen Projektes**" (*ibid.*), in (1) **der Herbeiführung eines kräftigen und nachhaltigen Wachstums** und (2) **der Schaffung von mehr und besseren Arbeitsplätzen**.

Nur durch eine **Partnerschaft für Wachstum und Beschäftigung**, unter **Einbindung sämtlicher Akteure auf allen Ebenen** kann es gelingen diese Ziele zu erreichen. Die Reformagenda hat sich auf die Kernpunkte zu konzentrieren. Technologisches und wissenschaftliches Kapital ist zu schaffen, die öffentlichen und privaten Forschungsausgaben müssen angehoben werden. Die Geld- und Fiskalpolitik hat so wachstums- und beschäftigungsfördernd wie möglich eingesetzt zu werden. Das europäische Engagement für sozialen Zusammenhalt und Umweltschutz ist fest im Wachstumsprozess zu vereinen. Politiken, die in entgegengesetzte Richtungen weisen, sind neu auszurichten. Die soziale wie auch die Umweltdimension der Lissabon-Strategie haben sich **der wirtschaftlichen Dimension unterzuordnen.** Zwar trägt jedes Element der Strategie zum Gesamterfolg bei, die **Steigerung von Wachstum und Beschäftigung** ist aber **Voraussetzung** für die Gewährleistung des **sozialen Zusammenhalts** und einer **nachhaltigen Entwicklung** (vgl. Europäischer Rat 2005a und Europäische Kommission 2004):

- Umweltpolitische Maßnahmen müssen koordiniert und gemeinsam umgesetzt werden. Die Kosten umweltpolitischen Handelns sind abzuwiegen. Die globale Wettbewerbsfähigkeit der Union soll durch ein Beharren auf langfristigen nachhaltigen Entwicklungszielen keinesfalls gefährdet werden. **Ökologische Innovation wie auch höhere Ressourcen- und Energieeffizienz sollen**, als **die zentralen Ziele im Umweltbereich,** hauptsächlich zur Steigerung der Wettbewerbsfähigkeit der Union und ihrer Mitgliedstaaten beitragen.

- Kohärenz ist über eine bessere Einbindung der nationalen Parlamente, Regionen und Bürger in den Prozess zu erreichen. Die Implementierung eines Koordinationsprozesses, die Schaffung offener Koordinierungsmethoden und die Herbeiführung eines günstigen Klimas für Wirtschaft und Unternehmen schaffen letztlich Wohlstand. **Nur durch Wachstum und Beschäftigung kann das europäische Sozialmodell seine volle Wirkungskraft entwickeln** (vgl. *ibid.*).

Als allgemeines wirtschaftliches Koordinierungsinstrument für die Europäische Union und für alle Mitglieder der Gemeinschaft dienen die *Integrierten Leitlinien für Wachstum und Beschäftigung 2005-2008* (Europäische Kommission 2005c): „Sie sollen zur Kohärenz der Reformmaßnahmen beitragen, die Teil der von den Mitgliedstaaten aufgestellten Reformprogramme sind [...]" (*ibid.*, S. 9). Die Wirtschaftspolitik auf europäischer Ebene, alle Maßnahmen Beschäftigung und Wachstum betreffend, sind auf die Leitlinien der Union abzustimmen, um ein Höchstmaß an positiven Wechselwirkungen (in Bezug auf die Dimensionen von Lissabon) und ökonomischer Kohärenz zu erzielen.

3.3.2   Die Kohäsionsleitlinien der Europäischen Union

*Im Juli 2005 war der Europäischen Kommission eine Einigung auf die **Kohäsionspolitik** für die **Strukturfondsperiode 2007-2013** gelungen (siehe Europäische Kommission 2005b).*

Kernforderungen: *Die strategische Dimension und Anstrengungen zur verstärkten Kooperation erfahren ausdrücklich eine Aufwertung, die Stärkung von Wettbewerb und Beschäftigung treten in den Mittelpunkt der Kohäsionspolitik.*

Zur Förderung der Konvergenz müssen die Mittel der Kohäsionspolitik vornehmlich zur Förderung der überarbeiten Lissabon-Strategie verwendet werden. **Wettbewerb und Beschäftigung sind nachhaltig und dauerhaft zu begünstigen:**

„Europa muss die Grundlagen seiner Wettbewerbsfähigkeit erneuern, sein Wachstumspotential sowie seine Produktivität erhöhen und die soziale Zusammenarbeit stärken, indem es vor allem auf Wissen, Innovation und Aufwertung des Humankapitals setzt. Um diese Ziele zu erreichen, sind [...] alle geeigneten [...] Mittel – einschließlich der Kohäsionspolitik – in den drei Dimensionen der Lissabon-Strategie zu mobilisieren, um Synergiepotential im Gesamtkontext nachhaltiger Entwicklung zu nutzen." (Europäische Kommission 2005b, S. 4)

Gemeinschaftliche Prioritäten sind zu stärken, Synergien mit den *Integrierten Leitlinien für Wachstum und Beschäftigung* (Europäische Kommission 2005c) zu erarbeiten. Alle geeigneten einzelstaatlichen und gemeinschaftlichen Mittel müssen die Lissabon-Agenda unterstützen. Durch die Reform der Kohäsionspolitik, durch eine bessere Einbindung der gemeinschaftlichen Prioritäten in die jeweiligen Entwicklungsprogramme und durch eine Partnerschaft zwischen der Kommission, den Mitgliedstaaten und den Regionen – sind folgende Ziele zu verwirklichen:

- **Die Förderung des wirtschaftlichen Wandels**: Attraktivität, Wettbewerbsfähigkeit und Beschäftigung in den Regionen sind zu steigern. „Alle Regionen, besonders diejenigen mit dem höchsten Potential für mehr Produktivität und Beschäftigung müssen ihren Beitrag leisten" (vgl. *ibid.*, S. 7). Investitionen in Bereiche mit hohem Wachstumspotential, in Wachstums- und Beschäftigungsmotoren sind anzustreben.

- **Wachstumspotentiale sind zu stimulieren, hohe Wachstumsraten zu erreichen wie auch zu erhalten.** Konvergenz ist zu fördern und Disparitäten sind abzubauen. Das integrierte Konzept für den territorialen Zusammenhalt basiert auf Wirtschaftwachstum und Konvergenz, die wiederum nur über Beschäftigungs- und Produktivitätswachstum erreicht werden können. Die Verbesserung der Situation der Grenzgebiete mittels koordinierter Förderung der endogenen Kapazitäten – der neuen Partnerschaft von ländlichen und städtischen Gebieten, unter Berücksichtigung der integrierten Konzepte (EUREK) – haben das Ziel „der Integration der von Staatsgrenzen zerschnittenen Gebiete, die mit gemeinsamen Problemen konfrontiert sind und für die gemeinsame Lösungen gefunden werden müssen" (Europäische Kommission 2005b S. 36).

- Die Kohäsionspolitik der Union vereint Grundzüge der europäischen Wirtschaftspolitik und die Leitlinien für die europäischen Beschäftigungsprogramme: Synergien zwischen ökologischer Innovation und Wachstum, zwischen dem Ausbau der Infrastruktur, der Steigerung der Aufwendung für F&E bilden die Eckpunkte der Kohäsionspolitik der Strukturfondsperiode 2007-2013. Die wissensbasierte Gesellschaft mit mehr und besseren Arbeitsplätzen ist zu schaffen, die Leitlinien bilden den einheitlichen Rahmen zu den jeweiligen nationalen und regionalen Programmen.

4 Exkurs (I): EU-Programmschienen 2000-2006

> *Um der bevorstehenden Erweiterung der EU Rechnung zu tragen, wurden im Zuge der Agenda 2000 verstärkt Mittel zur **Förderung der Grenzregionen** bereitgestellt. Den Beitrittskandidaten war es hauptsächlich im Rahmen von PHARE möglich, an von Brüssel finanzierten Projekten zu partizipieren. Gerade Slowenien nutzte diese Möglichkeit intensiv.*
>
> Die **Programmschienen***: INTERREG III, LEADER+, URBAN, Ziel 2*

„Waren grenzüberschreitende Initiativen vor 1991 doch im Wesentlichen auf den Kauf billiger zollfreier Waren, auf Zigaretten und Alkohol, beschränkt; tat sich mit dem Beitritt Sloweniens ein neues Betätigungsfeld für nahezu alle Bereiche auf" (Zeldacher 2003) – mit einer Vielzahl von Fördermöglichkeiten seitens der Union. Nach dem Beitritt Sloweniens zur Union waren bereits vielfältige Kooperationen aufgebaut (im Rahmen von PHARE); ein Großteil der laufenden Projekte wurden nach der Erweiterung in die Programmschiene INTERREG III A integriert.

Von Interesse sind vor allem Projekte, welche aus Mitteln des *Europäischen Fonds für regionale Entwicklung* (EFRE) zur Förderung der verstärkten Zusammenarbeit zwischen den Regionen von der Europäischen Union (ko-) finanziert wurden und denen Effekte auf die Bereiche **Wirtschaftsstruktur, demographische Entwicklung, Mobilität** (Erreichbarkeit und Verkehr), **Umweltressourcen und Flächennutzung** zugesprochen werden. Untersucht wurden nachstehende Programmschienen:

- **INTERREG III:** zur Stärkung des wirtschaftlichen und sozialen Zusammenhalts in der Europäischen Union durch die Förderung grenzübergreifender (INTERREG III A) und transnationaler (INTERREG III B: CADSES; Alpine Space) Zusammenarbeit (siehe *Portal INTERREG in Österreich* 2006b),

- **LEADER+:** zur Förderung von Innovationen im ländlichen Raum *(siehe Gemeinschaftsinitiative LEADER+, Programmplanungsdokument Österreich* 2001),

- **URBAN:** zur wirtschaftlichen und sozialen Wiederbelebung krisenbetroffener Städte und Stadtviertel mittels innovativer Entwicklungsmodelle (siehe *urban-link),*

- **Ziel 2:** zur nachhaltigen Entwicklung wirtschaftlicher Kernbereiche. Regionalwirtschaftliche Stärkefelder sollen internationale Wettbewerbsfähigkeit erreichen und damit dauerhafte Arbeitsplätze sowie verbesserte Lebensbedingungen in der Region schaffen (siehe *Ziel 2 Steiermark).*

Die Zuordnung der jeweiligen Programme (z.B. INTERREG III, LEADER+ etc.) erfolgt auf Basis ihrer Prioritäten und Maßnahmen (siehe *Abbildung 4)*. In Bezug auf Auswirkungen auf die regionale Wirtschaft, auf einhergehende Entwicklungsperspektiven und interregionale Kooperationen sind insbesondere INTERREG III A, INTEREG III B: CADSES (Grenz- und Regionen übergreifend) sowie die LEADER+-Gruppen von hauptsächlicher Relevanz.

Abbildung 4: Systematik EU-Projekte

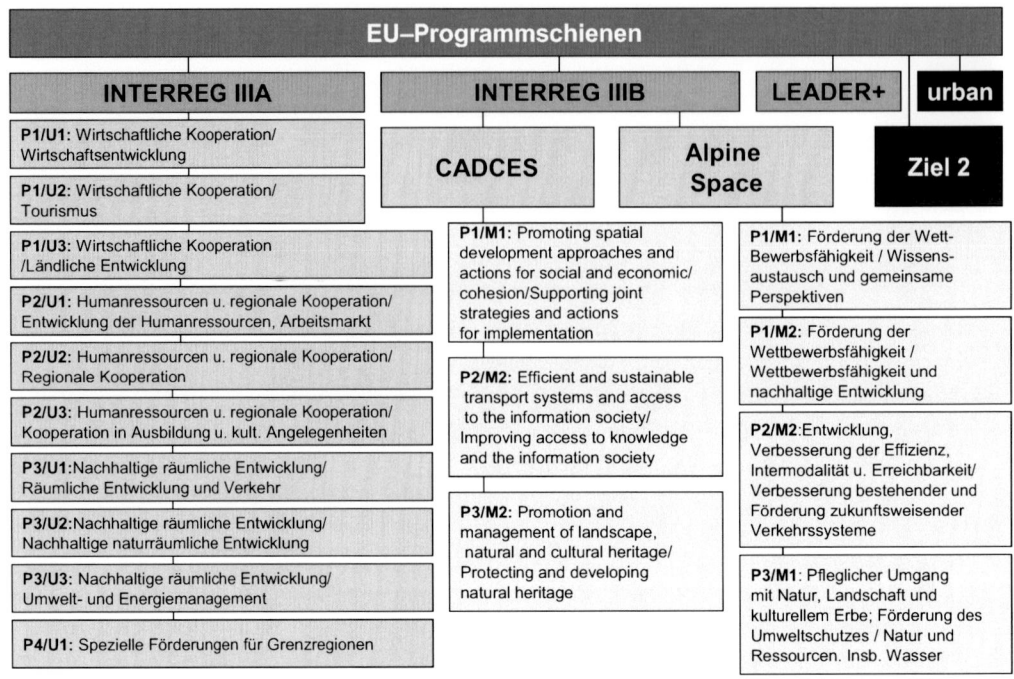

Quelle: Eigene *Darstellung, JR-InTeReg.*

4.1.   EU-PROGRAMMSCHIENEN DER STRUKTURFONDSPERIODE 2000-2006

4.1.1   INTERREG III A 2000-2006: Österreich-Slowenien

Ziel von INTERREG III A (in der Strukturfondsperiode 2000-2006) ist die **Stärkung des wirtschaftlichen und sozialen Zusammenhalts** in der Europäischen Union durch die Förderung **grenzübergreifender Zusammenarbeit** und **ausgewogener räumlicher Entwicklung**. Grenzübergreifende Kooperationen benachbarter Gebiete sollen anhand der Umsetzung gemeinsamer Entwicklungsstrategien gefördert werden. Letztlich sind grenzübergreifende wirtschaftliche und soziale "Pole" zu schaffen (vgl.: *Portal INTERREG Österreich* 2006b). Die besondere Aufmerksamkeit gilt der Einbeziehung von Regionen in äußerster Randlage sowie von Regionen entlang der Grenzen zu den Beitrittsländern.

Abbildung 5: INTERREG III A

Quelle: Portal INTERREG Österreich (2006a).

INTEREGG III A Österreich-Slowenien legt die Schwerpunkte auf diejenigen grenzüberschreitenden Kooperationsfelder und Potentiale, welche die EU-Integration Sloweniens am besten unterstützen:

- Vor allem die **wirtschaftliche Integration des Grenzraumes** ist Gegenstand der Fördermaßnahmen, zusätzlich sollen Humanressourcen innerhalb der Grenzregion weiterentwickelt werden. Des Weiteren ist weit verbreiteten Ängsten und Vorurteilen in der Bevölkerung der Regionen (bezüglich der Europäischen Union) entgegenzuwirken.

- Die **Planung von Raum und Infrastruktur** muss generell mit der **nachhaltigen Nutzung von bestehenden naturräumlichen Ressourcen** und mit einer **nachhaltigen wirtschaftlichen Entwicklung** abgestimmt werden.

- Letztendlich sind im Rahmen der grenzüberschreitenden Initiativen „solche Kooperationsformen zu entwickeln und durchzuführen, die geeignet sind, mit den künftigen Themen einer mehr und mehr integrierten Wirtschaft auf eine effiziente sowie professionelle Art und Weise umzugehen" (*ibid.*).

Das Schlüsselziel dieser Strategie ist, die Grenzregionen in ihrem Strukturanpassungsprozess hinsichtlich ihrer neuen Rolle in einem integrierten europäischen Markt zu unterstützen.

Mit dem EU-Beitritt Sloweniens bot sich ab Mai 2004 die Möglichkeit gemeinsam finanzierte Projekte umzusetzen. Diese waren möglichst gemeinsam zwischen den Projektpartnern zu entwickeln und auf beiden Seiten der Grenze umzusetzen. **„Jedenfalls muss ein Projekt, auch wenn es nur einseitig finanziert wird, einen nachweisbaren grenzüberschreitenden Effekt erzielen"** (*ibid.*).

4.1.2   INTERREG III B: CADSES

Die Programmschiene INTERREG III B: CADSES-Neighbourhood Programme „dient auf Basis großräumiger Zusammenschlüsse europäischer Regionen der transnationalen Zusammenarbeit zwischen nationalen, regionalen und lokalen Behörden zur Förderung eines hohen Maßes an räumlicher Integration innerhalb Europas" (National Contact Point Interreg III B Austria 2006). Das Programm baut auf den bisherigen Erfahrungen von INTERREG II C (dessen Fortführung INTERREG III B: CADSES ist) auf und ist im Kontext zunehmender Bedeutung von länderübergreifender Zusammenarbeit im Rahmen der europäischen Raumentwicklungspolitik zu sehen.

Abbildung 6: INTERREG III B CADSES

Quelle: Portal INTERREG Österreich (2006b).

Die Osterweiterung und verstärkte Internationalisierung der Wirtschaft wie auch die zunehmende Integration bilden den Hintergrund der Fragestellungen, die INTERREG III B auf europäischer Ebene transnational bearbeiten will. **Übergeordnete Zielsetzung ist hierbei die Umsetzung der politischen Optionen des Europäischen Raumordnungskonzeptes.** Gefördert werden insbesondere Projekte, die dem polyzentrischen Modell der räumlichen Integration (wie es im *EUREK* zu finden ist) der Beitritts-

und anderer Nachbarstaaten der Europäischen Union entsprechen. **Die Aktivitäten haben den wirtschaftlichen und sozialen Zusammenhalt** der Regionen und Staaten **zu stärken** und der **ausgewogenen und nachhaltigen Entwicklung** – ganz im Sinne der Ziele von Göteborg – **dienlich zu sein.** Allgemeine Förderthemen sind hierbei (siehe *ibid.*):

- **die Ausarbeitung territorialer Entwicklungsstrategien auf transnationaler Ebene** einschließlich der Zusammenarbeit zwischen Städten bzw. Stadtgebieten und ländlichen Gebieten.

- **die Förderung leistungsfähiger und nachhaltiger Transportsysteme** und ein „verbesserter Zugang zur Informationsgesellschaft.“

- **der Schutz der Umwel**t, der natürlichen Ressourcen, insbesondere der Wasserressourcen und des Kulturerbes.

Mit dieser Gemeinschaftsinitiative will die EU die „transnationale Zusammenarbeit und Entwicklung“ im CADSES-Raum gezielt unterstützen. Im Vordergrund stehen insbesondere investitionsvorbereitende Maßnahmen und kleinere Investitionen.

4.1.3   INTERREG III B: Alpine Space

INTERREG III B: Alpine Space fördert, über den Europäischen Fonds für Regionale Entwicklung (EFRE), transnationale europäische Kooperationen im Alpenraum; insbesondere in abgelegenen Regionen und Regionen an den Außengrenzen der neuen Mitgliedstaaten. Unter Voraussetzung einer ausgewogenen, nachhaltigen Entwicklung (vgl. INNTEREG III B: CADSES) soll der ökonomische und soziale Zusammenhalt intensiviert werden. Das Programmgebiet Alpenraum ist hierbei nicht geographisch definiert, vielmehr wird der gebirgige Kernraum – ganz im Sinne des polyzentrischen Modells des *EUREK* (1999) – mit seinem Umland verknüpft.

Abbildung 7: INTERREG III B Alpine Space

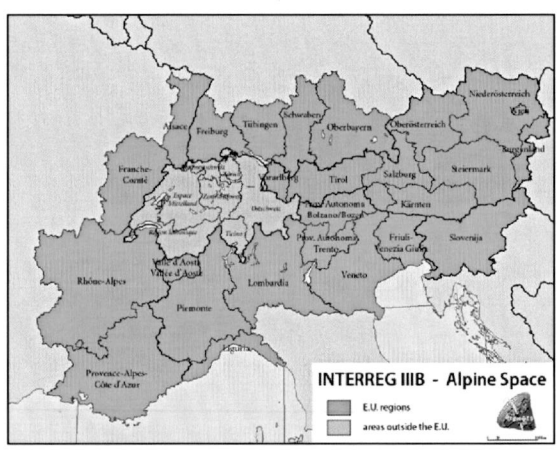

Quelle: Portal INTERREG Österreich (2006b).

Dieser umfasst die Alpen, einschließlich des Vorlandes, die großen Flusstäler von Donau, Po, Rhône und Rhein und Teile der Mittelmeer-Küstenregion. Einige der bedeutendsten Metropolen Europas (siehe *Abbildung 7*) liegen somit im Programmgebiet. Die vier wichtigsten Ziele des Alpenraumprogramms sind (siehe *National Contact Point INTERREG III B Austria* 2006):

- **die Etablierung des Alpenraums als ein leistungsfähiges Gebiet** innerhalb eines Netzwerks europäischer Entwicklungsräume. Dies erfordert den Aufbau eines gemeinsamen Verständnisses bezüglich der Rolle des Alpenraums im Hinblick auf eine nachhaltige räumliche Entwicklung und eine aktive Förderung geeigneter Tätigkeiten und Maßnahmen.

- **Anstoß und Unterstützung von Initiativen zur nachhaltigen Entwicklung** innerhalb des Programmgebietes, unter Berücksichtigung der Beziehungen zwischen Alpenkerngebiet und Randzonen. Hierunter fallen länderübergreifende Aktivitäten verschiedenster Bereiche, von der Gemeinschaftsebene bis zur kommunalen Ebene, der Schwerpunkt liegt jedoch in der Entwicklung des Alpen(kern)raumes.

- **die Förderung nachhaltiger Formen von Verkehr und Kommunikation** zur Lösung des Problems des hohen Verkehrsaufkommens und der mangelnden Anbindungen.

- **die Sicherung der Vielfalt des natürlichen und kulturellen Erbes**, der Schutz vor natürlichen Gefahren durch die Entwicklung gemeinsamer Maßnahmen und Austausch von Methoden und Informationen.

4.1.4   LEADER+

LEADER+ unterstützt Akteure im ländlichen Raum um **endogenes räumliches Potential langfristig zu nutzen.** Das Programm fördert die Durchführung **integrierter, qualitativ hoch stehender wie auch origineller Strategien zur nachhaltigen Entwicklung** und legt den **Schwerpunkt auf Partnerschaften und Netzwerke**.

„Leitziel des österreichischen LEADER+-Programms ist es, den ländlichen Raum in seiner Funktionsfähigkeit als Lebens- und Wirtschaftsraum unter Bewahrung und Unterstützung regionaler Identitäten zu erhalten und zu entwickeln." (*Gemeinschaftsinitiative LEADER+* 2006)

Im Mittelpunkt steht die **Erhaltung, Weiterentwicklung** und **Stärkung** eines **funktionsfähigen ländlichen Lebens- und Wirtschaftsraumes**; dabei soll dieser Raum seiner ökologischen Sensibilität ebenso gerecht werden wie seiner Funktion als Erholungsraum. Für die Erarbeitung und Umsetzung von Entwicklungsgrundsätzen gelten dabei, als horizontale Grundsätze und Ziele, das **Prinzip der nachhaltigen Entwicklung** in seinen ökonomischen, sozialen und ökologischen Dimensionen sowie das **Prinzip der Chancengleichheit** zwischen den Geschlechtern.

Unter Beachtung des endogenen Potentials der Region, des Leitzieles und der horizontalen Programmgrundsätze sind im Zuge der jeweiligen Entwicklungsstrategien der lokalen Aktionsgruppen (LAGs) – unter Berücksichtigung der Anliegen der Bevölkerung – nachstehende Ziele zu verfolgen:

1. Förderung der **regionalen Leistungs- und Innovationsfähigkeit,**

2. Stärkung der **regionalen Identität** und Aufbau eines Regionsbewusstseins,

3. **Sicherung des Einkommens** der Bevölkerung,

4. **Integration** der LEADER+-Gebiete **in einen größeren regionalen Kontext** und eine

5. **Intensivierung** und Ausweitung der **transnationalen und nationalen Zusammenarbeit.**

Ein echter Mehrwert soll durch die nachhaltige Verbesserung der Lebensqualität, der regionalen Wirtschaftsstruktur, der Arbeitsplatz- und Einkommenssituation im ländlichen Raum geschaffen werden. Der Aufbau und die Sicherung lokaler, regionaler und überregionaler Wirtschaftskreisläufe und Wertschöpfungsketten insbesondere durch Kooperationen zwischen Landwirtschaft, ländlichem und städtischem Gewerbe sowie Tourismus werden angestrebt.

4.1.5   URBAN

Aufbauend auf den Erfahrungen von URBAN I (1994 bis 1999), hier wurden insgesamt 118 städtische Gebiete finanziert, und basierend auf den von der Kommission erarbeiteten Leitlinien schlagen die Urban II-Programme innovative Entwicklungsmodelle für die Wiederbelebung der betreffenden Gebiete vor und finanzieren dabei Projekte

- **zur Verbesserung der Lebensbedingungen**, z.B. durch Sanierung von Gebäuden und Anlage von Grünflächen.

- **zur Schaffung lokaler Arbeitsplätze**, zum Beispiel in den Bereichen Umwelt, Kultur und Dienstleistungen.

- **zur Integration der benachteiligten sozialen Schichten** in die Erziehungs- und Bildungssysteme.

- **zur Entwicklung umweltfreundlicher öffentlicher Verkehrsmittel.**

- **zur Schaffung effizienter Energieverwaltungssysteme** und zur intensiveren Nutzung erneuerbarer Energien und zur Erschließung des Potentials der Informationsgesellschaft.

Die genauen Maßnahmen der einzelnen Programme werden im Rahmen einer breit angelegten Partnerschaft zwischen allen beteiligten Akteuren ausgewählt und umgesetzt. Der Europäische Fonds für Regionale Entwicklung (EFRE) kann bis zu 75 % der Gesamtkosten finanzieren. Einer der Aspekte von URBAN II ist die Tatsache, dass mithilfe des Programms „Netzwerks für europaweiten Erfahrungsaustausch" (siehe *URBACT*) der Austausch bewährter Verfahren in ganz Europa ermöglicht wird.

4.1.6   Ziel 2

Das Ziel 2-Programm soll dazu beitragen, eine **nachhaltige Entwicklung der wirtschaftlichen Kernbereiche** und der **zugehörigen regionalwirtschaftlichen Stärkefelder** in Richtung **internationaler Wettbewerbsfähigkeit** zu erreichen und damit **dauerhafte Arbeitsplätze** sowie **verbesserte Lebensbedingungen** in der Region zu schaffen. Für die Umsetzung der Ziel 2-Förderungen hat das Land Steiermark mit dem Einheitlichen Programmplanungsdokument (EPPD) die Voraussetzungen erarbeitet. Dieses umfasst, neben einem detaillierten Maßnahmenkatalog, grundsätzliche Leitziel-Definitionen und Entwicklungsstrategien, welche die Grundlagen für die Förderungspolitik des Landes darstellen. Als Ergänzung wurden inhaltliche Schwerpunkte erarbeitet. Um die Umstellung der ländlichen und industriellen Regionen in der Steiermark effizient gestalten zu können, wurden Schwerpunkte definiert (*Ziel 2 Stmk, EPPD*), explizit zu fördern sind:

- der Produktions- und Dienstleistungssektor.

- wettbewerbsfähige Standorte und die Vorbereitung auf die Informationsgesellschaft.

- Entwicklungspotentiale der integrierten Regionalentwicklung, Tourismus und Kultur.

- Beschäftigung und Humanressourcen und technische Hilfe für die Programmumsetzung.

Eine ausführliche Darstellung der oft sehr klein strukturierten und stark regionalisierten Ziel 2-Projekte findet sich in *Ziel 2 Steiermark 2000-2006* und im *Einheitlichen Programmplanungsdokument (ibid.).*

5 Exkurs (II): Ausblick auf die Strukturfondsperiode 2007-2013

*Für die Finanzperiode 2007-2013 wurde eine radikale Vereinfachung und Reduzierung sowohl in Bezug auf Ziele als auch die Finanzinstrumente betreffend, beschlossen. Drei Finanzinstrumente fördern nunmehr drei Ziele: **Konvergenz**, **Regionale Wettbewerbsfähigkeit** und **Beschäftigung** sowie **Europäische territoriale Zusammenarbeit.***

5.1. KONZENTRATION AUF DREI ZIELE DER GEMEINSCHAFT

Diese Reformen waren nicht zuletzt aufgrund der Osterweiterung der Union dringend notwendig geworden (siehe Europäische Kommission 2004b). Bis Ende 2006 waren sechs Finanzinstrumente zur Finanzierung der europäischen Struktur- und Kohäsionspolitik vorgesehen, so

- der **Kohäsionsfonds:** zur Verringerung wirtschaftlicher und sozialer Disparitäten und zur Stabilisierung der Wirtschaft.

- der **Europäische Fonds für Regionale Entwicklung (EFRE)**: zur Finanzierung von Infrastruktur, Investitionen zur Schaffung von Arbeitsplätzen, lokalen Entwicklungsprojekten und zur Unterstützung für KMU.

- der **Europäische Sozialfonds (ESF)**: zur Förderung von Arbeitslosen und benachteiligten Gruppen auf dem Arbeitsmarkt, hauptsächlich Finanzierung von Ausbildungsmaßnahmen und Arbeitsförderungsprogrammen.

- das **Finanzinstrument für die Ausrichtung der Fischerei (FIAF)**: zur Anpassung und Modernisierung der Fischereiindustrie.

- der **Europäische Ausrichtungs- und Garantiefonds für die Landwirtschaft (EAGFL)**, mit den Abteilungen (1) **Ausrichtung** (zur Subventionierung, Rationalisierung, Modernisierung und zur Förderung von Strukturverbesserung in der Landwirtschaft) und (2) **Garantie** (zur Preissicherung in der Landwirtschaft)

Diese Instrumente finanzierten neben dem Ziel Konvergenz die jeweiligen Zielregionen (Ziel 1, 2, 3) wie auch die Gemeinschaftsinitiativen INTERREG, URBAN, LEADER und EQUAL (diese Programmschiene fördert die Gleichstellung benachteiligter Gruppen, insbesondere auf dem Arbeitsmark). Mit der neuen Strukturfondsperiode 2007-2013 wurden seitens der Europäischen Union radikale Veränderungen beschlossen. Basierend auf den Zielen der Lissabonstrategie und ihren Erweiterungen wurden die kohäsionspolitischen Maßnahmen der Union neu ausgerichtet. Eine Konzentration auf eine begrenzte Anzahl von Gemeinschaftsprioritäten, von zentralen Themen für die operationellen Programme soll „mehr Effizienz, größere Transparenz und politische Verantwortlichkeit ermöglichen" (*ibid.*, S. 3 f.), zudem können Maßnahmen dort eingesetzt werden, „wo die Gemeinschaftsintervention eine Hebelwirkung hat und einen erheblichen Mehrwert mit sich bringen könnte." In diesem Sinne wird sich die Union auf drei Ziele der Gemeinschaft konzentrieren:

- **Ziel Konvergenz:** „Verringerung der Unterschiede im Entwicklungsstand der verschiedenen Regionen und des Rückstands der am stärksten benachteiligten Gebiete oder Inseln, einschließlich der ländlichen Gebiete" (*ibid.*).

- **Ziel Regionale Wettbewerbsfähigkeit und Beschäftigung:** Zur Förderung des wirtschaftlichen und sozialen Wandels und der Umstrukturierungen, die die Globalisierung des Handels, der Übergang zu einer wissensbasierten Wirtschaft und Gesellschaft, die Bevölkerungsalterung, die Zunahme der Einwanderungsströme, der Mangel an Arbeitskräften in Schlüsselbereichen und die Probleme der sozialen Eingliederung mit sich bringen.

- **Ziel Europäische territoriale Zusammenarbeit:** Aufbauend auf den Erfahrungen der Initiative INTERREG, sollen "die harmonische und ausgewogene [...] Integration der Union [...] und die Förderung der Zusammenarbeit zwischen ihren verschiedenen Bestandteilen in Fragen von gemeinschaftlicher Bedeutung auf grenzübergreifender, transnationaler und interregionaler Ebene" (*ibid.*) gefördert werden.

Die Finanzinstrumente und die zu fördernden Regionen der jeweiligen Ziele, aber auch die Finanzausstattung finden sich in Tabelle 3: Für den Zeitraum 2007 bis 2013 stehen ca. 308 Mrd. € zur Verfügung. Dies entspricht ca. 35,7% des Gesamtbudgets der EU.

Tabelle 3: Ziele der Kohäsionspolitik 2007-2013

Ziel: Konvergenz		
Finanzinstrumente	**Förderfähigkeit**	**Insgesamt 251 Mrd. €**
• EFRE • ESF (Nationale und regionale Programme)	• Regionen mit einem BRP pro Kopf von unter 75 % des EU 25-Durchschnittes • Regionen mit statistischem Effekt, d.h.: mit einem BRP/Kopf von unter 75 % des Ø EU 15 und über 75 % des Ø EU 25	• 177,3 Mrd. € • 12,5 Mrd. €
• Kohäsionsfonds	• Mitgliedsstaaten mit einem BRP pro Kopf von unter 90 % des EU-25-Durchschnitts	• 61,2 Mrd. €
Ziel: Regionale Wettbewerbsfähigkeit und Beschäftigung		
Finanzinstrumente	**Förderfähigkeit**	**Insgesamt 49 Mrd. €**
• EFRE (regionale Ebene) • ESF (nationale Ebene)	• Alle Regionen (auf Basis NUTS 1 oder 2), die nicht ins Ziel Konvergenz fallen	• 38,5 Mrd. €
• EFRE (Phasing in)	• Ziel 1-Regionen der Periode 2000 bis 2006, die jedoch nicht ins Ziel Konvergenz fallen	• 10,5 Mrd. €
Ziel: Europäische territoriale Zusammenarbeit		
Finanzinstrumente	**Förderfähigkeit**	**Insgesamt 7,75. Mrd. €**
• EFRE	• Grenzregionen transnationale Kooperationsräume, Netzwerke (grenzübergreifend, national und interregional)	

Quelle: Europäisches Parlament (2006), eigene Darstellung, JR-InTeReg.

Zudem wird die Anzahl der Finanzierungsinstrumente auf drei – den Kohäsionsfonds, den Europäischen Fonds für Regionale Entwicklung (EFRE) und den Europäischen Sozialfonds (ESF) – reduziert. Die Gemeinschaftsinitiativen URBAN und EQUAL werden in die Schwerpunkte der operationellen Programme der Mitgliedstaaten und Regionen eingebunden. Die strukturellen Veränderungen im System der europäischen Kohäsions- und Strukturpolitik finden sich in der folgenden *Abbildung 8*.

Abbildung 8:   Reform der Kohäsionspolitik für den Zeitraum 2007-2013

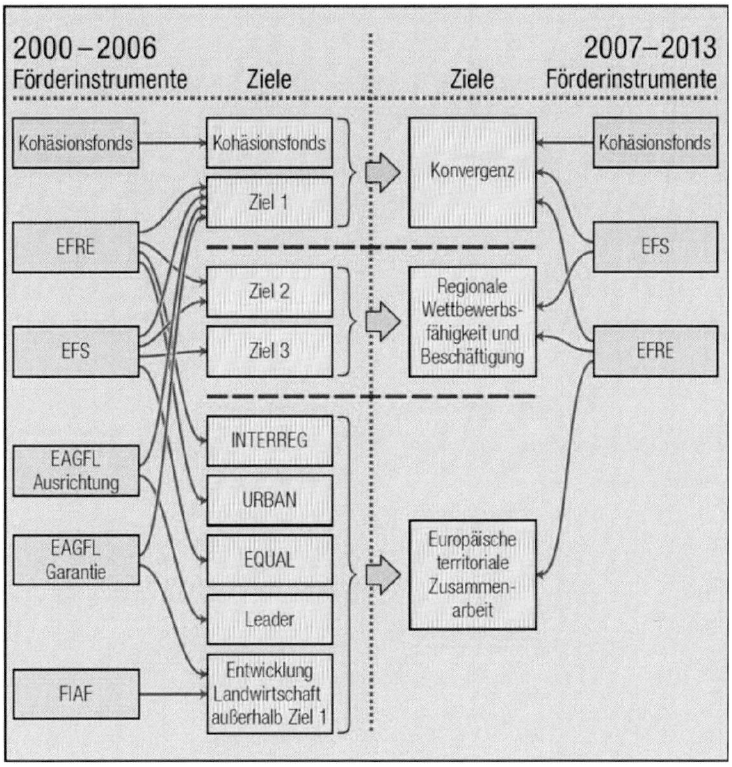

```
2000-2006                                   2007-2013
Förderinstrumente    Ziele        Ziele    Förderinstrumente
```

2000–2006 Förderinstrumente	Ziele	Ziele	2007–2013 Förderinstrumente
Kohäsionsfonds	Kohäsionsfonds	Konvergenz	Kohäsionsfonds
	Ziel 1		
EFRE			EFS
	Ziel 2	Regionale Wettbewerbs- fähigkeit und Beschäftigung	
EFS	Ziel 3		EFRE
EAGFL Ausrichtung	INTERREG		
	URBAN		
EAGFL Garantie	EQUAL	Europäische territoriale Zusammen- arbeit	
	Leader		
FIAF	Entwicklung Landwirtschaft außerhalb Ziel 1		

Quelle: Europäische Kommission (2004b, 2006a), eigene Darstellung, JR-InTeReg.

5.2.   FÖRDERUNG DER ENTWICKLUNG DES LÄNDLICHEN RAUMS

In der neuen Verordnung über die Entwicklung des ländlichen Raums werden Zweck und Anwendungsbereiche der Förderung aus dem Europäischen Landwirtschaftsfonds für die Entwicklung des ländlichen Raums festgelegt (*ELER – VERORDNUNG (EG):* Nr. 1698/2005). Das Dokument bildet den rechtlichen Rahmen der Programmplanungsperiode 2007-2013 für die Entwicklung des ländlichen Raumes. Die hauptsächlichen Ziele sind:

- die **Steigerung der Wettbewerbsfähigkeit** der Land- und Forstwirtschaft,
- die **Verbesserung der Umwelt** und des ländlichen Lebensraums durch die Förderung des Landmanagements sowie
- die **Steigerung der Lebensqualität** im ländlichen Raum und gezielte Förderung der Diversifizierung.

Die strategischen Leitlinien müssen der multifunktionalen Rolle der Landwirtschaft in Bezug auf Reichtum und Vielfalt der Landschaften, der Lebensmittelerzeugnisse sowie des Kultur- und Naturerbes in der gesamten Gemeinschaft Rechnung tragen. In diesem Rahmen werden die für die Umsetzung der Prioritäten der Gemeinschaft wichtigen Bereiche festgelegt, insbesondere im Hinblick auf die Nachhaltigkeitsziele von Göteborg und die überarbeitete Lissabon-Strategie für Wachstum und Beschäftigung. Diese sollen dazu beitragen,

- jene Bereiche zu ermitteln und zu vereinbaren, in denen die Inanspruchnahme der EU-Förderung für die Entwicklung des ländlichen Raums den größten Nutzeffekt erzielt.

- Verbindung zu den wichtigsten EU-Prioritäten (Lissabon, Göteborg und Barcelona) herzustellen und diese in Maßnahmen zur Entwicklung des ländlichen Raums umzusetzen.

- die Vereinbarkeit mit anderen EU-Maßnahmen zu gewährleisten, insbesondere bezogen auf Belange der Kohäsion und der Umwelt.

- die Umsetzung der neuen marktorientierten gemeinsamen Agrarpolitik und die Implementierung erforderlicher Umstrukturierungsmaßnahmen flankierend zu unterstützen.

In diesen strategischen Leitlinien sind die zur Umsetzung der Prioritäten der Gemeinschaft wichtigen Bereiche festzulegen – speziell im Hinblick auf die Nachhaltigkeits- und Beschäftigungsziele. Die einzelnen Maßnahmen reichen von der investiven Förderung der integrierten ländlichen Entwicklung bis hin zu flächenbezogenen Prämien für Umweltprogramme. Zusätzlich ist für bestimmte Bereiche der bisherige „LEADER-Ansatz" integriert, so

- in der Betonung der Bedeutung der Zusammenarbeit zwischen Stadtzentren, Stadtgebieten und ländlichen Gebieten, unter besonderer Berücksichtigung derjenigen mit besonderen Benachteiligungen und

- in der Intensivierung der Zusammenarbeit zwischen der regionalen, der nationalen und der europäischen Ebene.

5.3. OPERATIONELLES PRORAMM: CROSS BORDER COOPERATION SLOVENIA – AUSTRIA 2007-2013

Aufbauend auf den Erfahrungen von INTERREG III Österreich-Slowenien wurde das Operationelle Programm *Cross Border Cooperation Slovenia-Austria* (Ziel 3 territoriale Zusammenarbeit) formuliert. Das Programmgebiet wurde (im Vergleich zu INTERREG III A) um die NUTS III-Regionen Südburgenland, Obersteiermark Ost, Obersteiermark West und Osrednjeslovenska erweitert.

Übergeordnete Ziele der Programmperiode sind, neben der Förderung und einer weiteren Stärkung der Wettbewerbsfähigkeit und der Innovationskraft der Regionen, die Unterstützung von „sustainable and balanced regional and local development and improvement of the quality of life" (*ibid.*). Diese Ausrichtung spiegelt sich auch in den drei Prioritäten wider: (1) *Competitiveness, knowledge and economic cooperation*, (2) *Sustainable and balanced development* und (3)*Technical assistance.*

Die Grenzregionen sollen gemeinsam Strategien entwickeln, die grenzüberschreitende Infrastruktur soll ausgebaut, Disparitäten sollen abgebaut werden.

6 Der nationale Kontext: Wesentliche Einflussfaktoren

Wesentliche Bedeutung kommt einem Paradigmenwechsel in der Betrachtung der räumlichen Perspektive – im Umgang mit dem Raum – zu. Auch erforderte der Beitritt zur Europäischen Union für beide Länder Österreich und Slowenien zahlreiche Anpassungen an europäische Vorgaben.

*Nationale räumliche Entwicklungspolitik hat **soziale Kohäsion**, **räumlichen Ausgleich**, eine **Stärkung der Wettbewerbsfähigkeit** der Regionen, **wirtschaftliches Wachstum** und **Umweltpolitik** gleichermaßen zu berücksichtigen.*

Die Rahmenbedingungen für die nationale Raumplanung waren in der Vergangenheit – sowohl in Österreich als auch in Slowenien – starken Veränderungen unterworfen. Die Weiterentwicklung der Europäischen Verträge, aber auch die fortschreitende europäische Integration brachten eine Verschiebung der Kompetenzen mit sich. Brüssels Einfluss in nationale Agenden wächst zunehmend, was wiederum eine steigende Anzahl von Akteuren im Bereich der Raumplanung und Entwicklung zur Folge hat. Einzelstaatliche Entwicklungsziele müssen anhand grenzüberschreitender Strategien aufeinander abgestimmt werden und haben die europäischen Leitziele – die Strategie von Lissabon – zu berücksichtigen. Darüber hinaus sind internationale Abkommen und Konventionen einzubeziehen, insbesondere:

- *das Protokoll von Kyoto* (1997): Das im Jahre 2005 in Kraft getretene Protokoll verpflichtet die Europäische Union und ihre Mitgliedstaaten zu einer Reduktion der Treibhausgase um 8 % im Referenzzeitraum 2008 bis 2012 (gegenüber 1990). Österreich hat sich zu einer Reduktion um 13 % verpflichtet (vgl.: *Das Protokoll von Kyoto* (1997), Sloweniens Reduktionsverpflichtung beträgt 8 % gegenüber 1986 (siehe *Slovenia's Report on Demonstrable Progress under the Kyoto Protocol*, 2006),

- die im *Jahre 1995* von Österreich und Slowenien ratifizierte *Alpenkonvention* zum Schutz des Naturraums und zur Förderung der nachhaltigen Entwicklung in den Alpen. Eine umweltverträgliche Nutzung des gesamten Alpenraums unter Beachtung des Vorsorge-, Verursacher- und Kooperationsprinzips ist Ziel der Vertragsparteien (Deutschland, Frankreich, Italien, Slowenien, Fürstentum Liechtenstein, Österreich und die Schweiz).

6.1. NATIONALE RAHMENBEDINGUNGEN – ÖSTERREICH

Hoheitliche Raumplanung beziehungsweise Raumentwicklung ist in der österreichischen Bundesverfassung nicht explizit erwähnt. Diese ist – nach der Generalklausel des Artikel 15 B-VG als Aufgabe den Ländern zugewiesen – soweit nicht Agenden des Bundes berührt werden. Zur verbesserten Abstimmung der Verwaltung zwischen Bund und Ländern wird zudem ein Großteil der dem Bund zugedachten Rechtsmaterien im Rahmen der mittelbaren Bundesverwaltung von den Ländern vollzogen (siehe ÖRK 2002, S.16*). Abbildung 9* skizziert die traditionelle hierarchische Ordnung der österreichischen Raumplanung beziehungsweise -entwicklung:

Abbildung 9: Hierarchische Struktur der Regionalenwicklung – Österreich

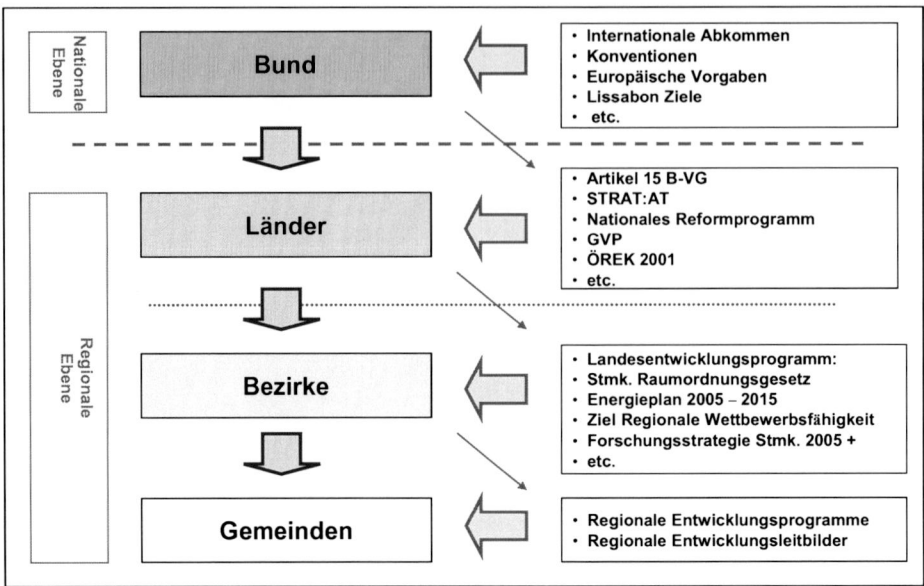

Quelle: Eigene Darstellung JR-InTeReg.

Im Folgenden werden wesentliche Planungsdokumente der nationalen Ebene in Österreich vorgestellt, die regionale Ebene wird in Kapitel 7 eingehend erläutert.

6.1.1   Das Österreichische Raumordnungskonzept (ÖRK) 2001

Der Notwendigkeit einer strategischen Neuausrichtung der nationalen Raumentwicklung wird im **Österreichischen Raumordnungskonzept** *Rechnung getragen:*

Kernziele: *Europäische Dimension der räumlichen Entwicklung, die nachhaltige Nutzung von Ressourcen, Mobilität und Verkehr, der Ausgleich städtischer und ländlicher Regionen, Weiterentwicklung von Standortfaktoren, Anschluss an Infrastruktur.*

Raumordung war in der Vergangenheit hauptsächlich Aufgabe der Staaten, Länder und der untergeordneten Gebietskörperschaften. Einheitliche Ziele und „abgestimmtes Handeln zwischen den einzelnen Akteuren war wohl eher die Ausnahme als die Regel" (ÖRK 2001, S. 2). Die Notwendigkeit einer strategischen Neuausrichtung der nationalen Raumentwicklung durch drastisch veränderte Rahmenbedingungen, zunehmende Faktorflexibilisierung, veränderte Lebensgewohnheiten und Bedürfnisse der Bevölkerung – „eine Internationalisierung und Globalisierung der Wirtschaft und Gesellschaft" (*ibid.*) – machte eine weitgehende Reform des ÖRK 91 notwendig.

„Die veränderte Qualität von administrativen und politischen Grenzen hat bereits zu einer Ausweitung der Aktionsradien der Wirtschaft und Bevölkerung geführt. Zuliefer- und Absatzverflechtungen der Wirtschaft sowie Arbeits-, Einkaufs- und Freizeitverhalten der Bevölkerung verändern sich schrittweise, funktionale Verflechtungsräume dehnen sich aus." (*ibid.*, S. 33 f.)

Das **Konzept der Raumordung erfährt eine Ausweitung auf die europäische Ebene** (vor allem nach der Veröffentlichung des Europäisches Raumordnungskonzepts). Vorrangig werden Themen der österreichischen Raumentwicklung – der Standort Österreich in Europa, nachhaltige Nutzung von Ressourcen, Mobilität und Verkehr, Implikationen auf städtische und ländliche Regionen, potentielle Trends, relevante Akteure und Leitvorstellungen – behandelt, Vorschläge zur Umsetzung folgen. Ziel ist die Erstellung eines, von allen Akteuren der Raumordnungs- und Raumentwicklungspolitik akzeptierten nationalen Konzepts. Gegenstand sind sowohl die vorrangigen Agenden der österreichischen Raumentwicklungspolitik und deren Rahmenbedingungen als auch Vorschläge zur Umsetzung. Entsprechend den Leitvorstellungen stehen die **Wettbewerbsfähigkeit der österreichischen Regionen**, die **Sicherung der Infrastruktur** und die **Erhaltung der Umwelt** im Vordergrund. Von besonderer Bedeutung sind (vgl. *ibid.*):

- die Positionierung und Weiterentwicklung von Standortfaktoren,

- eine stärkere Bezugnahme auf natur- und kulturräumliche Standortfaktoren,

- eine nachhaltige und effiziente Nutzung von Ressourcen,

- eine ausreichende Bevölkerungsdichte im Einzugsbereich des öffentlichen Verkehrs zur Erhaltung der funktionalen Durchmischung kompakter Siedlungsstrukturen in den Städten und Regionen,

- die Schaffung dezentraler Formen der Gesundheits- und Bildungsversorgung,

- eine Intensivierung der Kooperationen auf allen Ebenen, insbesondere zwischen dem öffentlichen und privaten Sektor,

- die Implementierung einer nachhaltigen Verkehrspolitik zur Sicherung der Erreichbarkeit in allen Regionen,

- die Erhaltung/Förderung der städtischen Regionen sowie deren Anschluss an die hochrangige Infrastruktur sowie

- die Nutzung regionaler Potentiale in ländlichen Regionen, hier sind klein- und mittelstädtische Zentren verstärkt zu fördern.

Erreicht werden sollen diese Ziele mittels „weicher" und „harter" Standortfaktoren sowie durch die Nutzung grenzübergreifender Entwicklungspotentiale. Konzepte sind möglichst praxisorientiert, handlungsorientiert umzusetzen. Die Raumordnung hat die Stärkung der Wettbewerbsfähigkeit der österreichischen Regionen im nationalen und internationalen Maßstab zu fördern, ein gleichmäßiger Zugang zur Infrastruktur muss gewährleistet werden. Das natürliche und kulturelle Erbe ist bestmöglich zu sichern.

6.1.2 Der Generalverkehrsplan Österreich (GVP-Ö 2002)

Der Generalverkehrsplan Österreich (GVP-Ö 2002) enthält die verkehrspolitischen Grundsätze des Infrastrukturprogramms für die Verkehrsträger Straße, Schiene und Donau.

Kernziele: Ausbau der Verkehrsinfrastruktur, Ausbau der Schiene, Verlagerung des Güterverkehrs weg von der Straße, Sicherheit im Verkehrssystem.

Das Dokument entstand im Rahmen eines Beratungsprozesses, der einen strategischen Konsens der wichtigen und dringenden Ausbauvorhaben der Verkehrsinfrastruktur zum Ziel hatte:

- Es gilt, **hochrangige Straßenverbindungen** insbesondere zu den benachbarten Beitrittsländern **so rasch wie möglich auszubauen**. Lücken müssen geschlossen, aber auch Netzergänzungen und Kapazitätsanpassungen vorgenommen werden.

- Die **Schiene als umweltfreundlicher Verkehrsträger** ist **auszubauen**. Höhere Effizienz, besseres Kundenservice sowie eine deutliche Zunahme des Personen- wie auch Güterverkehrsaufkommens sind anzustreben.

- Die **Verlagerung des Güterverkehrs** weg von der Straße ist Ziel, nicht zuletzt im Sinne des Umweltschutzes. Dies erfordert den Ausbau des intermodalen Verkehrs sowie eine verbesserte Logistik.

Das Handlungsfeld der österreichischen Verkehrspolitik ist weitgehend durch EU-weite Regelungen sowie durch internationale, nationale, regionale und lokale Festlegungen bestimmt. Die verkehrspolitischen Grundsätze verbinden das Bekenntnis zur Mobilität mit dem Prinzip der Nachhaltigkeit – als Wechselspiel ökologischer, ökonomischer und sozialer Wertvorstellungen. Eine nachhaltige Verkehrspolitik innerhalb der Europäischen Union ist insbesondere durch die Beschlüsse von Göteborg (2001) stärker ins Blickfeld gerückt:

- Der Ausbau der Verkehrsinfrastruktur soll vorrangig dazu dienen, den Wirtschaftsstandort Österreich zu stärken und gleichzeitig die regionalen Unterschiede, das Erreichbarkeitsgefälle zwischen den Bundesländern, abzubauen. Die hochrangigen Verkehrsnetze sollen die Kohäsion innerhalb Europas fördern, aber auch der innerösterreichischen Kohäsion dienen.

- Das Interesse konzentriert sich darauf, ein hochrangiges effizientes und bedarfsgerechtes Verkehrsnetz (Strecken und Knoten) mit Verbindungen zu den Nachbarstaaten zu schaffen.

- Die Finanzierung der Verkehrsinfrastruktur hat verstärkt durch Nutzer und Interessenten zu erfolgen.

- Die Handlungsabläufe sollen durch eine Konzentration der Verfahren und ein straffes Planungsmanagement deutlich verkürzt werden. Die Netzwirksamkeit soll verbessert, die Wirtschaftlichkeit beachtet werden.

Den verkehrspolitischen Grundsätzen folgt das Infrastrukturprogramm. Innerhalb der Investitionspakete werden Schwerpunkte in den Bereichen Schiene und Straße gesetzt, kurz- und mittelfristige Investitionspakete sowie längerfristige Maßnahmen für die Verkehrsträger sind enthalten. Auch die zukünftige Verkehrspolitik der Europäischen Union wird berücksichtigt: Eine auf Dauer tragfähige Entwicklung („nachhaltiges Verkehrssystem") wird verfolgt, unter anderem durch eine Wiederbelebung des Schienenverkehrs, die Verwirklichung der Intermodalität und durch eine wirksame Tarifpolitik mittels einer Harmonisierung der Verkehrssteuern sowie der Infrastruktur-Benützungsabgaben.

6.1.3   Die Österreichische Strategie zur Nachhaltigen Entwicklung

*Die **Strategie zur Nachhaltigen Entwicklung** will die **Leitziele** „Lebensqualität", „Wirtschaftsstandort", „Lebensräume" und „Internationale Verantwortung" gleichermaßen umsetzten.*

Die Österreichische Strategie zur nachhaltigen Entwicklung (2002) wurde von der Bundesregierung im April 2002 beschlossen. Die wichtigsten Trends zukünftiger Entwicklung werden im Abschnitt „Herausforderung und Grundlagen" diskutiert. Der aufgezeigte Umsetzungsprozess beschäftigt sich mit den Schlüsselthemen Bildung, Innovation, internationale Verantwortung. Im Wesentlichen sollen globale Aspekte und Auswirkungen des nationalen Handels berücksichtigt werden (die Klimakonvention und die Umweltdimension der Strategie von Lissabon).

„Die EU soll in der Welt ein Raum werden, dessen Wirtschaftsgefüge sich durch eine hohe Ressourceneffizienz auszeichnet, in dem die Bürgerinnen und Bürger eine hohe Lebensqualität genießen und in dem die wirtschaftliche und soziale Entwicklung der Belastbarkeit der Umwelt Rechnung tragen." (*Die Österreichische Strategie zur Nachhaltigen Entwicklung* 2002, S, 3)

Formal ist die Strategie ein Leitbild auf Regierungsebene und soll die Weichenstellungen für eine Politik der Nachhaltigkeit, die langfristig ausgerichtet ist, und dazu verbindliche Rahmenbedingungen definieren. „Intakte Umwelt, wirtschaftliche Prosperität und sozialer Zusammenhalt sollen gemeinsame Ziele der globalen, nationalen und lokalen Politik sein, damit die Lebensqualität für alle Menschen langfristig gesichert ist." (*ibid.,* S. 2). Die Voraussetzungen zur kohärenten, effektiven und effizienten Erreichung von Leitzielen aus den Handlungsfeldern „Lebensqualität", „Wirtschaftsstandort", „Lebensräume" und „Internationale Verantwortung" sollen geschaffen werden – basierend auf einer transparenten und partizipativen Umsetzung und einer reflexiven Weiterentwicklung der Strategie selbst. Zu jedem Handlungsfeld werden jeweils fünf Leitziele formuliert (vgl. *ibid.*), siehe Tabelle 4:

Tabelle 4: Ziele der Österreichischen Strategie zur nachhaltigen Entwicklung

Nr.	Leitziel	Nr.	Leitziel
1	Ein zukunftsfähiger Lebensstil	11	Schutz der Umwelt, Klimaschutz
2	Entfaltungsmöglichkeiten für alle Generationen	12	Vielfalt von Arten und Landschaften
3	Gleichberechtigung	13	Verantwortungsvolle Raumnutzung und Regionalentwicklung
4	Bildung und Forschung schaffen Lösungen	14	Mobilität nachhaltig gestalten
5	Ein menschenwürdiges Leben	15	Die Verkehrssysteme optimieren
6	Ein neues Verständnis von Unternehmen und Verwaltung	16	Armut bekämpfen, sozialen und wirtschaftlichen Ausgleich schaffen
7	Korrekte Preise für Ressourcen und Energie		Eine global nachhaltige Wirtschaft
8	Erfolgreiches Wirtschaften durch Ökoeffizienz	17	Unsere Welt als Lebensraum
9	Nachhaltige Produkte und Dienstleistungen	18	Internationale Kooperationen und Finanzierung
10	Ein zukunftsfähiger Lebensstil	19	Nachhaltigkeitsunion Europa

Quelle: ibid.

6.1.4   Österreichisches Reformprogramm für Wachstum und Beschäftigung

*Das **Reformprogramm für Wachstum und Beschäftigung** enthält die länderspezifischen Herausforderungen in Bezug auf den Neubeginn der Lissabon-Strategie.*

***Kernziele**: Nachhaltigkeit der öffentlichen Finanzen, Arbeitsmarkt und Beschäftigungspolitik, F&E, Infrastruktur, Standortsicherung, Bildung, Umwelttechnologien und effizientes Ressourcenmanagement.*

Im Zuge der Neuausrichtung der Strategie von Lissabon waren die Mitgliedstaaten aufgefordert, ein nationales Reformprogramm (NRP) für kurz- bis mittelfristige Maßnahmen zu erstellen. Das *Österreichische Reformprogramm für Wachstum und Beschäftigung* (NPR) (2005) enthält ein entsprechendes, maßgeschneidertes Reformprogramm für drei Jahre und soll insbesondere den länderspezifischen Herausforderungen in Bezug auf die *Partnerschaft für Wachstum und Beschäftigung* (vgl. Europäischer Rat 2005a, 2005b, 2005c) gerecht werden:

„Bei der Umsetzung wird auf die spezifischen regionalen Gegebenheiten in den Ländern, auf Unterschiede zwischen städtischen und ländlichen Gebieten sowie auf Besonderheiten in den Grenzregionen Bedacht genommen werden." (NPR 2005, Teil 1, S. 8)

Das österreichische Reformprogramm umfasst folgende sieben Schwerpunktbereiche (siehe *ibid.*): (1) Nachhaltigkeit der öffentlichen Finanzen, (2) Arbeitsmarkt und Beschäftigungspolitik, (3) Forschung und Entwicklung, Innovation, (4) Infrastruktur, (5) Standortsicherung und Mittelstandsoffensive, (6) Bildung und Weiterbildung und (7) Schwerpunktförderung von Umwelttechnologien und effizientes Ressourcenmanagement.

Das Dokument unterliegt einer ständigen Evaluierung von Seiten der Europäischen Kommission. Die hier vorgestellten Maßnahmen und Strategien, bilden – zusammen mit dem Einzelstaatlichen Strategischen Rahmenplan – die nationale Herangehensweise zur Erreichung der Lissabon-Ziele (siehe auch *STRAT.AT,* 2006).

6.1.5   STRAT.AT

*Im **STRAT.AT** finden sich das Zielsystem und die zugeordneten nationalen Strategiefelder für die Programmplanung der Strukturfondsperiode 2007-2013.*

***Prioritäten**: Regionale Wissensbasis und Innovation, attraktive Regionen und Standortqualität, Beschäftigungswachstum und Qualifizierung*

Die Programmplanung für die nächste EU-Strukturfondsperiode 2007-2013 ist durch eine Verstärkung des strategischen Ansatzes gekennzeichnet, wobei die operationellen Programme der Mitgliedstaaten auf zwei neue Elemente – die bereits erwähnten *Strategischen Kohäsionsleitlinien der Gemeinschaft* einerseits sowie den *Einzelstaatlichen Strategischen Rahmenplan* andererseits – auszurichten sind. Folgende inhaltliche Prioritäten wurden im *STRAT.AT* (2006) gesetzt:

- Priorität 1: Regionale Wissensbasis und Innovation

- Priorität 2: Attraktive Regionen und Standortqualität

- Priorität 3: Beschäftigungswachstum und Qualifizierung

In die Konzeption und Durchführung des *STRAT.AT* (2006) waren sämtliche im Bereich Regionalpolitik fachlich zuständigen Stellen des Bundes, der Länder, Städte und Gemeinden sowie die Wirtschafts- und Sozialpartner einbezogen. Der „Einzelstaatliche Rahmenplan" hat insbesondere auf Vorgaben seitens der Europäischen Union zu achten, aber auch zahlreiche nationale Programme zu berücksichtigen, so die oben erwähnten *Strategischen Kohäsionsleitlinien, das Österreichische Reformprogramm für Wachstum und Beschäftigung* und *das Österreichische Raumentwicklungskonzept 2001.*

Der *STRAT.AT* bildet den Rahmen für das Ziel „Regionale Wettbewerbsfähigkeit und Beschäftigung" – sowie für die Ziele „Konvergenz" und „Territoriale Kooperation"– und schließt die gemeinsamen Grundlagen für die Strategie sowie die Schnittstellen zu Priorität 3 (= Diversifizierung der ländlichen Wirtschaft und Lebensqualität im ländlichen Raum) des Programms für die Entwicklung des ländlichen Raums 2007-2013 ein (vgl. ÖRK).

6.2. NATIONALE RAHMENBEDINGUNGEN – SLOWENIEN

Bestrebungen einer gezielten Regionalentwicklung wurden in der sozialistischen jugoslawischen Teilrepublik Slowenien erstmals in den 70er Jahren des vergangenen Jahrhunderts unternommen. Die Teilrepublik wurde – wie ganz Jugoslawien – traditionell zentralistisch regiert. Hauptanliegen der Regionalentwicklung war es, auf Agenden die Teilrepublik Slowenien betreffend Einfluss nehmen zu können. Nach der Loslösung vom jugoslawischen Staatenbund folgte eine Periode der Dezentralisierung und Selbstverwaltung. Zahlreiche Gemeinden entstanden, es gab so gut wie keine Gesetze, welche die territoriale Einteilung und regionale Kompetenzaufteilung regelten (vgl.: *Regional Development in Slovenia*).

Erst ab dem Jahre 2000 wurde, nicht zuletzt auf Druck der Europäischen Union (und um an dem Struktur- und Kohäsionsfonds partizipieren zu können), Regionalpolitik Teil der nationalen Entwicklungspolitiken. Die vielen neuen Gemeinden, die seit 1991 entstanden waren, und die unklaren Zuständigkeiten führten 2001 wiederum zu einer massiven Zentralisierung der Kompetenzaufteilung. Die Zahl der Gemeinden wurde auf 192 reduziert, 12 statistische Regionen wurden geschaffen.

Für die österreichische Landes-, aber auch Bezirksebene fehlen in Slowenien vergleichbare territoriale Verwaltungseinheiten – was letztlich auf die geringe Größe des Landes, selbst im Vergleich zu Österreich – zurückzuführen ist. Die statistischen Regionen entsprechen dem europäischen Standard NUTS III, der sich nach der Anzahl der Bevölkerung orientiert. Planungsdokumente auf regionaler Ebene sind für Slowenien kaum zu finden; nahezu alle Dokumente sind der nationalen Ebene zugeordnet. Nachfolgende *Abbildung 10* skizziert die hierarchische Gliederung der Regionalentwicklung in Slowenien.

Abbildung 10: Hierarchische Struktur der Regionalenwicklung – Slowenien

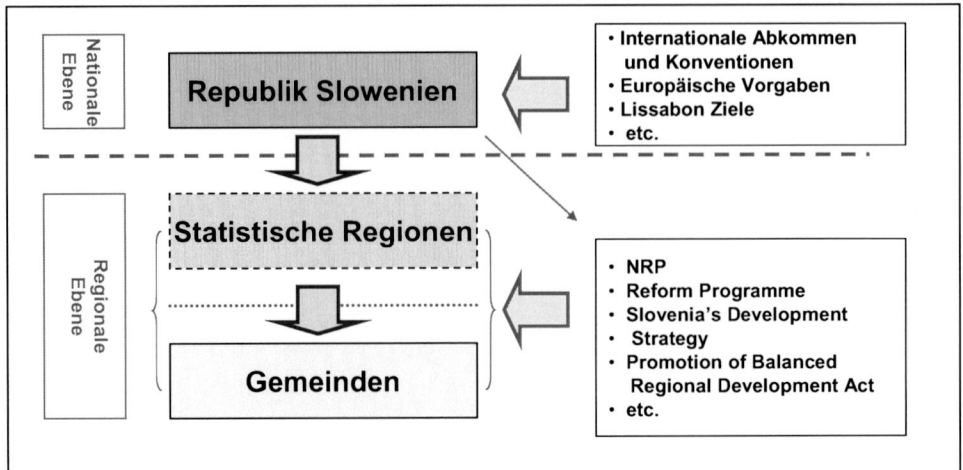

Quelle: Eigene Darstellung JR-InTeReg.

6.2.1   Slovenia's Development Strategy (SDS)

Slovenia's Development Strategy gibt die grundlegenden Rahmenbedingungen der nationalen Entwicklung für den Zeitraum 2007-2013 vor.

Kernziele: Steigerung der Wirtschaftsleistung, Soziale Sicherheit, eine bessere Lebensqualität, ein beständiges Bevölkerungswachstum und der Erhalt der kulturellen Identität.

Der Fokus der SDS liegt im Bereich Wirtschaft, es finden sich aber auch soziale, kulturelle, rechtliche und die Umwelt betreffende Vorgaben. Zur Gewährleistung einer nachhaltigen Entwicklung des Landes wurden vier übergeordnete strategische Ziele definiert (vgl. *ibid.*, 2005, S. 7):

- Die **Wirtschaftsleistung** – im Speziellen das BRP/Kopf (in Kaufkraftparitäten) – **soll**, wie auch die jährlichen Wachstumsraten, **den europäischen Durchschnitt übersteigen.** Die Beschäftigungsziele von Lissabon sind zu erreichen.

- **Soziale Sicherhei**t, eine **bessere Lebensqualität** für alle sind zu gewährleisten.

- Eine generationenübergreifende Politik soll eine nachhaltige demographische Entwicklung – **ein beständiges Bevölkerungswachstum** – mit sich bringen.

- Im Bereich internationale Beziehungen will sich Slowenien durch seine **kulturelle Identität und aktives Engagement** als ein „recognisable and distinguished country around the world" (*ibid.*) positionieren.

Das Erreichen dieser Ziele erfordert eine Reihe tief greifender struktureller Reformen, insbesondere auf den Gebieten Wirtschaft und Verwaltung. "The public sector's spatial managing [...] is a limiting factor that does not accommodate to the demands of a dynamic market economy" (*ibid.*). Slowenien droht seinen „Vorreiterstatus" unter den neuen Mitgliedstaaten zu verlieren, das Wirtschaftwachstum flaut zunehmend ab. Eine überregulierte Wirtschaft und ausufernde bürokratische Hemmnisse wirken sich zunehmend lähmend aus. Im Bereich Innovation konnten in den vergangenen Jahren kaum Fortschritte erzielt werden. Die Anzahl der Firmenneugründungen liegt immer noch weit hinter

westeuropäischem Niveau, zudem werden im Vergleich zu anderen westeuropäischen Ländern bis heute vor allem arbeitintensive Produktionsmethoden verwendet, exportiert werden hauptsächlich „low-tech"-Produkte. Wirtschaftspolitische Maßnahmen haben vor allem diese Probleme und Vorgaben seitens der EU zu berücksichtigen. Fünf konkrete Zielvorgaben sollen dies gewährleisten:

- **Wettbewerbsfähigkeit und hohe Wachstumsraten:** Die Rahmenbedingungen für „Entrepreneurship" und internationale Wettbewerbsfähigkeit sind entscheidend zu verbessern. Ausländische Investitionen müssen verstärkt angezogen werden. Die Prioritäten liegen in der Entwicklung und Umsetzung von Internationalisierungsstrategien und in Effizienzsteigerungen im Bereich des Dienstleistungssektors.

- **Wissen zur Schaffung von Wachstum und Arbeitsplätzen:** Gefordert werden neben Investitionen in Forschung und Entwicklung vor allem Verbesserungen in der Qualität des nationalen Bildungssektors.

- **Eine effiziente und kostengünstige Verwaltung:** Besonders die Wettbewerbsfähigkeit des öffentlichen Sektors ist zu steigern. Im Justizbereich ist die Rechtsdurchsetzung entscheidend zu verbessern. Die öffentlichen Finanzen müssen künftig eine stärkere Rolle in der nationalen Entwicklung einnehmen.

- **Schaffung eines modernen Sozialstaates und von mehr und besseren Arbeitsplätzen:** Der Arbeitsmarkt ist zu flexibilisieren, das Sozialversicherungssystem zu modernisieren, der Armut muss verstärkt entgegengewirkt werden.

- **Implementierung von Indikatoren zur nachhaltigen Entwicklung:** Neben einem andauernden Bevölkerungswachstum werden Zielvorgaben für eine ausgeglichene Regionalentwicklung definiert. Die Raumentwicklungsplanung ist entscheidend an europäische Vorgaben anzupassen, die nationalen Rahmenbedingungen sind zu verbessern.

Spezifische Zwei-Jahrespläne sollen die Fortschritte Sloweniens aufzeigen, in diesen „action plans" werden Maßnahmen konkretisiert – bei Bedarf kann die SDS angepasst werden und auf Veränderungen der Rahmenbedingungen rasch reagieren. Wachstumsraten von über 3 %, wie sie im vergangenen Jahrzehnt erreicht werden konnten, sollen Slowenien zu den „more advanced EU member states" (*ibid.*) heranführen. Mit der optimalen Umsetzung der SDS erhofft sich die Regierung den strukturellen Wandel des Landes hin zum „medium-tech-" bis „high-tech-" Produzenten (vgl. *ibid.*).

6.2.2 The Reform Programme for Achieving the Lisbon Strategy

*Mit dem EU-Beitritt haben sich die institutionellen Rahmenbedingungen für Slowenien entscheidend verändert – mit dem **Reform Programme for Achieving the Lisbon Strategy** sollen europäische Zielvorgaben (u.a die Partnerschaft für Wachstum und Beschäftigung) erfüllt werden, explizit angestrebt wird die verstärkte wirtschaftliche und soziale Integration Sloweniens in die Union.*

Das *Reform Programme for Achieving the Lisbon Strategy* (2005) basiert im Wesentlichen auf *Slovenia's Development Strategy* (2005). Nationale wirtschaftliche und regionale Entwicklung wie auch Raumplanung – und deren Instrumente – müssen an europäische Vorgaben und Standards angepasst werden.

Mit der nationalen Entwicklungsstrategie will Slowenien „reconsider its strategic position within a broader global framework" (*Reform Programme for achieving the Lisbon Strategy* 2005, S.1). Die Prioritäten entsprechen den Vorgaben der *SDS* (2006). Europäische Zielvorgaben – die Partnerschaft für Wachstum und Beschäftigung (Europäischer Rat 2005a) und die Maastrichtkriterien – sollen erfüllt werden. Die verstärkte Integration Sloweniens in die Europäische Union bleibt weiterhin Hauptanliegen der nationalen Entwicklungspolitik.

6.2.3   National Development Plan (NDP) 2007-2013

Der ***National Development Plan 2007-2013*** *(2006) definiert das politische Rahmenwerk, den „Einzelstaatlichen Strategischen Rahmenplan" Sloweniens für die kommende EU-Finanzperiode.*

Enthalten sind ökonomische, soziale, umweltrelevante, kulturelle und rechtliche Aspekte, aber auch mögliche Lösungsansätze und zugrunde liegende politische und finanzielle Grundsätze.

Prioritäten: *Wettbewerbsfähigkeit und schnelleres Wirtschaftswachstum, effektive Wissensgenerierung für wirtschaftliche Entwicklung und hochqualitative Jobs, effiziente und kostengünstigere Verwaltung, moderner Sozialstaat und mehr Beschäftigung, Integration von Maßnahmen für nachhaltige Entwicklung*

Während des gesamten Entwicklungsprozesses waren öffentliche und private Institutionen gleichermaßen involviert. Die nationale Regionalpolitik, ihre Planung, Finanzierung und strategische Ausrichtung und die Entwicklung neuer Instrumente sollen optimal vorbereitet werden. Ziel ist eine möglichst effiziente Nutzung der operativen Mittel für die europäische Regionalpolitik, der Kohäsionsfonds. Besondere Bedeutung für eine nachhaltige Entwicklung Sloweniens innerhalb der Europäischen Union wird der Gemeinschaftsinitiative INTERREG (beziehungsweise dem neuen Ziel 3 der Strukturfondsperiode 2007-2013) zugemessen (vgl. *Regionalizem v Republiki Sloveniji* 2006).

Im NDP finden sich folgende Prioritäten:

- Wettbewerbsfähigkeit und schnelleres Wirtschaftswachstum

- Effektive Wissensgenerierung für wirtschaftliche Entwicklung und hochqualitative Jobs

- effiziente und kostengünstigere Verwaltung

- moderner Sozialstaat und mehr Beschäftigung

- Integration von Maßnahmen für nachhaltige Entwicklung

7 Der regionale Kontext: wesentliche Einflussfaktoren

7.1. REGIONALE RAHMENBEDINGUNGEN IN ÖSTERREICH LANDESEBENE

Der folgende Abschnitt erläutert das Land Steiermark betreffende Dokumente. Von Bedeutung sind neben offiziellen Dokumenten, Gesetzen und Verordnungen insbesondere Strategiedokumente, welche die Umsetzung nationaler, vor allem aber europäischer Vorgaben – wie etwa das Erreichen der Lissabon-Ziele – gewährleisten. Die systematische Zuordnung erfolgt auf Basis der rechtlichen Bindung und der thematischen Systematik.

7.1.1 Landesentwicklungsprogramm Steiermark

*Das **Landesentwicklungsprogramm** (1977) versteht sich als Rahmenprogramm für die Steiermark und stellt für die Bevölkerung und Planungsträger eine Orientierungshilfe dar. Aufgaben und Ziele liegen in der Festlegung der Ordnung der Raumstruktur sowie in der Bestimmung der Planungsregionen.*

***Kernbereiche**: Sicherung des natürlichen ökologischen Systems, die Schaffung bestmöglicher raumstruktureller Voraussetzungen, sozialer und kultureller Ausgleich, Steigerung der Wirtschaftsleistung, die optimale Ausnutzung des räumlichen Entwicklungspotentials, Förderung dezentraler Versorgung zur Erhöhung der Krisensicherheit.*

Die Grundsätze für die in den regionalen Entwicklungsprogrammen anzustrebenden, überörtlichen planlichen Festlegungen und Maßnahmen, die Fach- und Investitionsplanung, die Grundsätze der örtlichen Raumplanung, wie auch die Zuständigkeitsabgrenzung und die Wirkung des Landesentwicklungsprogramms werden definiert.

Übergeordnetes **Ziel ist** die **planmäßige vorausschauende Gestaltung des Landes**. Die bestmögliche nachhaltige Nutzung und Sicherung des Lebensraumes der Bevölkerung im Interesse des Gemeinwohles – unter Bedachtnahme auf die freie Entfaltung der Persönlichkeit in der Gemeinschaft – ist zu gewährleisten.

Ein Netz zentraler Orte wird abgegrenzt, unterteilt wird in Kernstädte, regionale Zentren, regionale Nebenzentren und Nahversorgungszentren. Den Regionen werden Funktionen und Schwerpunkte zugewiesen. Räumliche Einheiten, die jede für sich die erforderlichen räumlichen Voraussetzungen für möglichst alle Daseinsgrundfunktionen (in Bezug auf Wohnen, Arbeiten, Erholen, Bildung, Ver- und Entsorgung, soziale Kommunikation und Verkehr) bieten, werden zu Planungsregionen zusammengefasst. Die Grundsätze der regionalen Entwicklungsprogramme und der örtlichen Raumplanung werden definiert.[6]

---

[6] Die Aktualisierung des Landesentwicklungsleitbildes der Steiermark befindet sich derzeit in Arbeit, der (nicht gerade einfache) Entstehungsprozess dieses Dokuments dürfte jedoch im Laufe des Jahres 2007 abgeschlossen sein.

7.1.2 Steiermärkisches Raumordungsgesetz

> *Das **Steiermärkische Raumordnungsgesetz** gibt den Rahmen und die definitorischen Bestimmungen für die jeweilige Entwicklungsprogramme vor.*
>
> ***Kernvorgaben**: Eine ausgewogene Entwicklung der wirtschaftlichen, sozialen und kulturellen Verhältnisse, Sicherung von günstigen Lebens- und Arbeitsbedingungen, Erhaltung und Wiederherstellung eines ausgewogenen Haushaltes der Natur, Entwicklung des Raumes.*

Neben den allgemeinen Bestimmungen werden der Wirkungsbereich der Gemeinden und die Grundsätze der Raumordnung definitorisch abgegrenzt. Eine Bestandsaufnahme sowie Regelungen der örtlichen und überörtlichen Raumplanung sind enthalten. Es folgen Bestimmungen zur Teilung/Umlegung von Grundstücken sowie Straf-, Übergangs- und Schlussbestimmungen. Wesentliche inhaltliche Teile bilden das *Landesentwicklungsprogramm* und *Entwicklungsprogramme für Sachbereiche* (für Wasserwirtschaft, Rohstoff- und Energieversorgung, Freizeitentwicklung, Wohnungswesen, Sportwesen, Versorgungs-, Infrastruktur, Reinhaltung der Luft, Natur und Landschaftspflege).

Raumordnung im Sinne dieses Gesetzes ist die planmäßige, vorausschauende Gestaltung des Landes, um die nachhaltige und bestmögliche Nutzung und Sicherung des Lebensraumes im Interesse des Gemeinwohles zu gewährleisten. Dabei ist ausgehend von den Strukturverhältnissen auf die natürlichen Gegebenheiten, auf die Erfordernisse des Umweltschutzes sowie auf die wirtschaftlichen, sozialen und kulturellen Bedürfnisse der Bevölkerung und die freie Entfaltung der Persönlichkeit in der Gemeinschaft zu achten (§ 1).

Der Rahmen zur Erstellung der regionalen Entwicklungsprogramme wird definiert, eine ausgewogene Entwicklung ist anzustreben. Grundsätze zur Zielabwägung werden festgelegt (§ 3). Konkrete Maßnahmen beziehungsweise Vorschläge finden sich in den jeweiligen Entwicklungsprogrammen.

7.1.3 Energieplan 2005-2015 des Landes Steiermark

> *Der **Energieplan 2005-2015** des Landes Steiermark (2005) wird als umweltorientiertes Rahmenprogramm zur Sicherstellung der Energieversorgungssicherheit verstanden.*
>
> ***Kernziele:** Eine sichere, ausreichende, kostengünstige, umwelt- und sozialverträgliche Bereitstellung von Energiedienstleistungen. Steigerung des Anteils an erneuerbaren Energieträgern auf 33 %.*

Aufbauend auf den vorangegangenen Energieplänen sowie einer Reihe von regionalen, nationalen und internationalen Vorgaben (Kyoto-Protokoll, EU-Weißbücher, Richtlinien, Landes- und Bundesgesetze) sollen im Wesentlichen Energiesparung, effizienter Energieeinsatz und der Einsatz erneuerbarer Energieträger intensiviert werden. Zielsetzungen, der rechtliche und programmatische Rahmen, werden abgrenzt. Eingehend wird die steirische Energiewirtschaft, ihre Struktur und Entwicklung, behandelt.

Zentrale energiepolitische Aufgaben werden sowohl für die Bereiche Wirtschaft, Umwelt, Verkehr als auch für Forschung festgelegt. Neben europäischen Zielvorgaben werden auf nationaler Ebene die Leitziele der *Nachhaltigkeitsstrategie* und des *Nationalen Forschungs- und Entwicklungsplans* berücksichtigt.

Für die kommenden zehn Jahre werden im Energieplan folgende energiepolitische Ziele für die Steiermark angestrebt:

- **Ziel 1:** Es soll eine Senkung des spezifischen Energieeinsatzes um 1 % pro Jahr in den Bereichen Haushalte, Kleinverbraucher und Industrie erreicht werden.

- **Ziel 2:** Der Anteil erneuerbarer Energieträger am energetischen Endverbrauch soll von derzeit rund 25 % auf 33 % erhöht werden.

- **Ziel 3:** Es soll eine Stabilisierung des Energieeinsatzes im Verkehrsbereich erreicht werden.

Kern des Energieplanes bildet ein umfassender Maßnahmenkatalog mit über 100 konkreten Einzelmaßnahmen, deren Umsetzung zur Erreichung der drei Hauptziele führen soll. Dieser beinhaltet Aspekte der Energieversorgungssicherheit, der Energiebereitstellung in Bezug auf KMU, Klein- und Großverbraucher, die öffentliche Hand und erneuerbare wie auch nachhaltige Energiequellen. Abschließend wird die weitere Vorgangsweise zur Umsetzung skizziert. Der (zusammengefasste) Maßnahmenkatalog gliedert sich in:

- **Energieversorgungssicherheit**: Bau neuer Leitungen und Ausbau der Reservehaltung

- **Energiebereitstellung**: Erhöhung des Anteils an erneuerbaren Energieträgern, Anlagenoptimierung

- **Fernwärme und Kraft-Wärme-Kopplungen:** Ausweisung von Fernwärme-Vorranggebieten, Implementierung von Biomassensystemen, Beratungen, Forcierung erneuerbarer Energieträger

- **Großverbraucher**: Schaffung eines Netzwerks, Implementierung von freiwilligen Vereinbarungen zur Energiereduktion und zur Sicherstellung der Versorgung

- **Gewerbe und KMU:** (Ökologische) Beratung, Erhöhung der F&E-Quote, freiwillige Vereinbarungen, vermehrte Beteiligung an EU-Programmen

- **Öffentliche Hand:** Aktionsplan für effizienten Energieeinsatz, Forcierung nachhaltiger erneuerbarer Energieträger, verpflichtende Zielvorgaben, Einbeziehung externer Kosten, Beratung, Unterstützung von Gemeinden (Energiemanagement, Buchhaltung, Agenturen) Beschaffungskriterien, gezielte Förderungsmaßnamen etc.

- **Haushalte und Kleinverbraucher:** Anpassung der Bauvorschriften, Erhöhung der Sanierungsrate, Gebäude-Energieausweis, Forcierung erneuerbarer Energieträger, Förderungen zur Reduktion des Verbrauchs an Energie

- **Verkehr**: Parkraumbewirtschaftung, Raumplanung, Fuß-Radwegausbau, Attraktivierung von öffentlichem Verkehr, Effizienzsteigerungen durch alternative Antriebe, Geschwindigkeitsbeschränkungen, Bewusstseinsbildung

- **Abfallwirtschaft**: Von Interesse sind die Themenbereiche „Thermische Nutzung" und „Ökologisches Beschaffungswesen"

- **Sektorübergreifende Maßnahmen:** In den Bereichen Raumordnung und Standortplanung Schaffung verpflichtender Gesamtkonzepte zu Energieversorgung, Information und Bewusstseinsbildung (Beratung), Schaffung verbesserter F&E-Rahmenbedingungen, Förderung energierelevanter Maßnahmen

7.1.4   Strategie des Landes Steiermark in Hinblick auf das Ziel „Regionale Wettbewerbsfähigkeit" für die Strukturfonds-Periode 2007-2013 und Operationelles Programm „Regionale Wettbewerbsfähigkeit Steiermark 2007-2013"

Die Regionalstrategie definiert Ziele und Strategien des Landes Steiermark in Hinblick auf regionale Wettbewerbsfähigkeit für die kommende Strukturfondsperiode 2007-2013.

Übergeordnetes Ziel: *Steigerung der Wettbewerbsfähigkeit und damit langfristige Sicherung von Wachstum und Beschäftigung,*

Strategien: *Förderung eines allgemein positiven Innovationsklimas und Verbreiterung der Innovationsbasis, Schwerpunktsetzung in regionalen Stärken, Aufbau neuer Wachstumsfelder, Stärkung der Innovationskraft der Regionen, Gleichstellung von Frauen und Männern*

Aufbauend auf der regionalwirtschaftlichen Ausgangssituation wird ein Leitbild erarbeitet. Herausforderungen, Rahmenbedingungen, Entwicklungsvorgaben, die Raumstruktur und wirtschaftlich-technologische Potentiale werden definiert. Im Rahmen der Vorgaben der Europäischen Kommission, der *Kohäsionsleitlinien*, der *Lissabon-Strategie*, ihrer Neuausrichtung der *Partnerschaft für Wachstum und Beschäftigung* sowie der Göteborg- und Barcelona-Ziele wird das Programm *Wettbewerbsfähigkeit und Beschäftigung – Ziele und Strategien* (2005, S.13) für die Steiermark erläutert. Neben Prioritäten und Strategiefeldern in den Bereichen „Innovationskapazitäten, Qualifizierung und endogene Entwicklungspotentiale" werden horizontale Aktionsfelder (z.B. Umwelt/nachhaltige Entwicklung, interregionale und grenzüberschreitende Kooperationen) wie auch Schnittstellen zu weiteren Programmen aufgezeigt.

Ziel ist die Positionierung der Steiermark „als international anerkannter Innovations- und Forschungsstandort und als Produktionsstandort für höchste Qualität mit kundenspezifischen Lösungen und Systemleistungen sowie innovativen Dienstleistungen" (*ibid.*). Eine balancierte regionale Entwicklung, die Steigerung der Wettbewerbsfähigkeit und damit langfristige Sicherung von Wachstum und Beschäftigung sollen verwirklicht werden. Kernthemen sind die Förderung des Innovationsklimas bei gleichzeitiger Schwerpunktsetzung auf regionale Stärken. Die Verbreiterung der Innovationsbasis sowie interregionale und grenzüberschreitende Kooperationen beziehungsweise Vernetzungen werden gefordert. Stärkefelder sollen als Impulsgeber genutzt und europäische Fördermittel effizient eingesetzt werden. Besondere Bedeutung wird dem Großraum Graz und den Mitteln zur ländlichen Entwicklung beigemessen.

Die Regionalstrategie bildet die strategische Basis für das Operationelle Programm. Mit Regierungsbeschluss vom 4.7.2005 wurde das Strategiedokument des Landes Steiermark für das *Ziel Regionale Wettbewerbsfähigkeit* für die EU-Strukturfondsperiode 2007-2013 genehmigt. Ausgehend von diesem Strategiepapier wurde das Operationelle Programm *Regionale Wettbewerbsfähigkeit Steiermark 2007-2013* erarbeitet, das die Grundlage für die Finanzierung aus dem Europäischen Fonds für Regionale Entwicklung (EFRE) im Rahmen der EU-Strukturfondsförderungsperiode 2007-2013 bildet. Das Programm verfolgt das Ziel der Steigerung der Wettbewerbsfähigkeit und der langfristigen Sicherung von Wachstum und Beschäftigung am Wirtschaftsstandort Steiermark. Dies soll vor allem durch die Förderung des allgemeinen Innovationsklimas und die Verbreiterung der Innovationsbasis, durch Schwerpunktsetzungen in regionalen Stärkefeldern, durch Aufbau neuer Wachstumsfelder,

durch die Stärkung der Innovationskraft der Regionen sowie durch innovative Projekte mit entsprechender Impulswirkung erfolgen. Daneben sollen die Schaffung eines breiten Problembewusstseins unterstützt und die Unternehmen und Projektträger in den Regionen aktiv mobilisiert werden. Folgende drei Prioritäten wurden definiert: (1) Stärkung der innovations- und wissensbasierten Wirtschaft, (2) Stärkung der Attraktivität von Regionen und Standorten sowie (3) Governance und Technische Hilfe.

- Die Priorität 1 „Stärkung der innovations- und wissensbasierten Wirtschaft" ist innovationsorientiert und soll den Übergang der Steiermark auf eine breit verankerte wissensbasierte Ökonomie unterstützen. Dementsprechend werden klare technologie- und innovationsorientierte Schwerpunkte im Bereich der betrieblichen und überbetrieblichen Forschung, im Aufbau und Betrieb von Clustern und Netzwerken, im Technologietransfer, zur Stärkung des unternehmerischen Spirits sowie für notwendige Qualifikationsmaßnahmen gesetzt werden.

- Priorität 2 „Stärkung der Attraktivität von Regionen und Standorten" ist komplementär dazu anzusehen und unterstützt die endogen getragene regionale und territoriale Entwicklung sowie die Diffusion von Umwelttechnologien. Weiters sollen im Rahmen der Fortsetzung der bisherigen URBAN-Programme der Stadt Graz auch spezifische territoriale Erfordernisse der Stadt-Umland-Kooperation im Großraum Graz berücksichtigt werden.

- Die Priorität 3 „Governance und Technische Hilfe" unterstützt eine strategisch orientierte und vorausschauende Programmsteuerung sowie deren operative Umsetzung. Sie ist ausgerichtet auf die Gestaltung eines umfassenden Governanceprozesses, der eine abgestimmte Programmumsetzung sowie vorausschauende und längerfristige Entwicklungen der antizipierenden Programmumsetzung ermöglichen soll. Für die Steiermark stehen für die Strukturfondsperiode insgesamt rd. € 155 Mio. an EFRE-Mitteln zur Verfügung.

Das Gesamtprogrammvolumen (inkl. nationale und private Mittel) beträgt fast 1 Mrd. Euro. Das Programm wurde im September 2006 von der Landesregierung und im Oktober 2006 vom Landtag beschlossen.

7.1.5 Forschungsstrategie Steiermark 2005 plus

> Die **Forschungsstrategie Steiermark 2005 plus** soll die Steiermark international als Forschungs- und Innovationsdienstleister positionieren, insbesondere entlang der traditionellen Stärke der Ingenieurskompetenzen.
>
> **Kernziel:** Eine F&E-Quote von 3 % deutlich vor 2010, bis 2010 soll diese mindestens 3,5 % betragen.

„Die Forschungsstrategie Steiermark soll den Akteuren in Politik, Verwaltung und Wirtschaft des Landes Orientierung bieten, damit diese ihr Handeln im Rahmen einer regionalen Forschungspolitik kohärent gestalten und dazu beitragen können, die vorhandenen Forschungskapazitäten auch für die Region zu nutzen" (*Forschungsstrategie Steiermark* 2005, S. 6).

Die Performance des steirischen Forschungssystems, die Finanzierung von F&E in der Region, im österreichischen, aber auch internationalen Vergleich, wird analysiert. Nachfolgend werden Handlungsfelder aufgeführt, strategische Schwerpunkte werden gesetzt, Prinzipien der „Governance" des regionalen Forschungsprozesses werden definiert. Ergänzend zum themenspezifischen

Handlungsbereich „Stärkefelder" werden horizontale Maßnahmen wie die Stärkung der Internationalisierung, die Förderung des Humankapitals sowie effizientes Schnittstellenmanagement erörtert.

Der Wirtschafts- und Innovationsstandort Steiermark soll belebt, neue Wachstumsfelder sollen erschlossen und die F&E- und Innovationskompetenzen in Unternehmen gestärkt werden. Durch die Erreichung des Barcelona-Ziels (F&E-Quote von 3 %; Europäische Kommission 2003) will sich die Steiermark als einer **„DER" Forschungsstandorte innerhalb Europas** profilieren (siehe *ibid.*, S. 22). Anzustreben sind eine Konzentration auf Schwerpunkte, ein Übergang in wissensbasierte Wachstumspfade und ein struktureller Wandel in neue technologische Felder bei gleichzeitiger Stärkung der Forschung und Sicherung des Humankapitals sowie die Verbreiterung der unternehmerischen Forschungsbasis. Des Weiteren werden flankierende Maßnahmen, eine integrierte Standortentwicklung sowie der Aufbau von Vernetzungen und Kooperationen empfohlen.

7.1.6   Technologiepolitisches Konzept Steiermark

> *Mit dem **technologiepolitischen Konzept Steiermark** soll der Produktionsstandort Steiermark auf spezialisierte Nischen, Kleinserien und kundenspezifische Lösungen – verbunden mit Fähigkeiten der Systemintegration – ausgerichtet und damit abgesichert werden.*
>
> ***Übergeordnete Zielsetzung:*** *Eine weitere Steigerung der Wettbewerbsfähigkeit – um langfristig Wachstum und Beschäftigung zu schaffen, der Vorsprung in der F&E-Quote gegenüber dem Österreich-Durchschnitt ist zu halten.*

Das *Technologiepolitische Konzept Steiermark* (2005) nennt die Rahmenbedingungen und Herausforderungen, welchen sich das Land in den nächsten Jahren stellen wird müssen. Zielsetzungen und Handlungslinien einer wachstumsorientierten Strategie, die sich nicht allein auf bestehende Branchen stützt, werden aufgezeigt. Aufbauend auf den ingenieursbezogenen Kernkompetenzen der Steiermark ist, um Zukunfts- und Wachstumspotentiale letztlich ausschöpfen zu können, ein zielgerichteter Strukturwandel anzustreben.

Der Großraum Graz ist als Innovationszentrum zu positionieren, die F&E-Quote ist, gemäß dem Barcelona-Ziel, auf 3 % im Jahre 2010 zu steigern. Wesentliche Strategie- und Maßnahmenelemente werden in folgenden Teilbereichen ausgemacht: (1) Unterstützung der Investitionsspitze, (2) Verbreiterung der Innovationsbasis, (3) Sektorale Spezialisierungen auf Stärkefelder, (4) Erschließung neuer Technologiefelder, (5) Internationalisierung und Interregionalisierung, (6) Qualifizierung und Weiterbildung, (7) Stärkung der regionalen Wissensinfrastruktur und (8) Politik-Design und Umsetzung.

Das Ziel **Wachstum und Beschäftigung** für die Steiermark soll durch **regionale Technologiepolitik** sowie durch eine **Stärkung von F&E** in allen Bereichen unter besonderer Berücksichtigung der europäischen Kohäsionsfonds erreicht werden.

7.1.7 Innovation serienmäßig: Die neue Wirtschaftsstrategie des Landes Steiermark

> *Die neue Wirtschaftsstrategie des Landes Steiermark ist im Kontext der sich zunehmend verändernden europäischen Rahmenbedingungen notwendig geworden. Regionale Wettbewerbsfähigkeit muss unter Einbeziehung der Instrumente der europäischen Struktur- und Regionalpolitik und der übergeordneten europäischen Zielvorgaben (insbesondere unter Beachtung der Lissabon-Strategie) sichergestellt werden.*
>
> *Übergeordnetes Ziel: Die Steiermark als Meisterin der am Markt umgesetzten Innovationen, Triple AAA-Rating (Standard & Poor's)*

Auf Basis der Rahmenbedingungen und der Herausforderungen für den Wirtschaftsstandort Steiermark wurden sieben strategische Leitlinien erarbeitet, welche die zentralen Themenfelder der steirischen Wirtschaftspolitik für die kommenden Jahre unter Berücksichtigung der steirischen Stärkefelder beschreiben: (1) *Innovation,* (2) *Standortstrategie und Internationalisierung,* (3) *Cluster, Netzwerke,* (4) *Selbstständigkeit und unternehmerischer Spirit,* (5) *betriebliche Qualifizierung,* (6) *Regionen und Infrastruktur* sowie (7) *innovative Finanzierung.* Zu den jeweiligen strategischen Leitlinien werden Programm- und Wirtschaftsindikatoren definiert. Die Schwerpunkte liegen in der Steigerung der Exporte, in Forschung und Entwicklung, Beschäftigungs- und Qualifikationsmaßnahmen sowie in der Förderung von Unternehmensgründungen.

7.2. REGIONALE RAHMENBEDINGUNGEN IN ÖSTERREICH – BEZIRKSEBENE

Auf der Ebene NUTS 3 finden sich – mit Ausnahme von statistischen Quellen die Region Graz (Graz/Graz Umgebung) – keine relevanten Dokumente. Für die steirischen Bezirke wird im Folgenden zwischen den regionalen Entwicklungsleitbildern und den regionalen Entwicklungsprogrammen unterschieden.

7.2.1 Regionale Entwicklungsleitbilder

> *Regionale Entwicklungsleitbilder sind politisch beschlossener Konsens von Land, Stadt und Gemeinden. Sie sind nicht (vom Land) verordnet, unterliegen jedoch einer freiwilligen Selbstbindung.*
>
> *Für den jeweiligen Bezirk werden Entwicklungsziele definiert, Leitprojekte werden beschrieben.*

Aufgabe eines regionalen Entwicklungsleitbildes ist, ausgehend von einer kurzgefassten Stärken/Schwächen-Darstellung der Planungsregion, die Erarbeitung des regionalen öffentlichen Interesses bezüglich der Entwicklungsziele, Maßnahmen und Projekte. Durch die räumliche Zuordnung entstehen funktionelle örtlich begrenzte Entwicklungsziele für die Region. Grundsätzlich werden allgemeine Zielsetzungen beziehungsweise Entwicklungsperspektiven für den jeweiligen Bezirk bezüglich folgender Bereiche formuliert: (1) Tourismus/Landwirtschaft/Natur, (2) Wirtschaft/Gewerbe/Industrie, (3) Kommunikation/Vernetzung/Infrastruktur, (4) Gewerbe/ Landwirtschaft und Nahrung sowie (5) Nachhaltigkeit.

Bezirksspezifisch wird ein Maßnahmenkatalog vorgeschlagen, wesentlich sind Aktivitäten, die die Sicherstellung der Versorgung mit öffentlichen Einrichtungen gewährleisten beziehungsweise eine

Stärkung von KMU, Infrastrukturausbau, kommunalen und überregionalen Kooperationen und die Förderung von Tourismus beinhalten. Die Dokumente sind Grundlage zu den Erläuterungen zum Verordnungstext der regionalen Entwicklungsprogramme der zweiten Generation (REPRO neu). Für die Region LebMur sind nachstehende Dokumente von Bedeutung:

- *Regionales Entwicklungsleitbild, Planungsregion Graz/Graz-Umgebung* (1999),

- *Regionales Entwicklungsleitbild (Kurzfassung) und Projekthandbuch, Planungsregion Radkersburg* (2000),

- *Regionales Entwicklungsleitbild (Kurzfassung) und Projekthandbuch, Planungsregion Feldbach* (2000),

- *Regionales Entwicklungsleitbild (Kurzfassung) und Projekthandbuch, Planungsregion Fürstenfeld* (1998),

- *Regionales Entwicklungsleitbild und Projekthandbuch, Planungsregion Weiz* (1998),

- *Regionales Entwicklungsleitbild und Projekthandbuch, Planungsregion Hartberg* (2003),

- *Regionales Entwicklungsleitbild (Kurzfassung) und Projekthandbuch, Planungsregion Leibnitz* (1999),

- *Regionales Entwicklungsleitbild (Kurzfassung) und Projekthandbuch, Planungsregion Deutschlandsberg* (2001),

- *Regionales Entwicklungsleitbild (Kurzfassung) und Projekthandbuch, Planungsregion Voitsberg* (2000).

7.2.2   Regionale Entwicklungsprogramme

> ***Regionale Entwicklungsprogramme*** *sind Verordnungen des Landes Steiermark, somit rechtsverbindliche Planungsdokumente. Wichtigstes Instrument der regionalen Entwicklungsprogramme ist neben der zentralörtlichen Einstufung von Gemeinden die Ausweisung von Vorranggebieten, regionalen Zentren und Entwicklungsregionen.*

Sie verstehen sich als Rahmenwerk der Zielsetzungen für die Entwicklung der Planungsregion „in knapper Form". Die verbindliche Zielsetzung, das öffentliche Interesse des Landes und Vorgaben für die örtliche Raumplanung werden festgelegt. Die anzustrebenden ökologischen, sozialen, wirtschaftlichen und kulturellen Entwicklungen der Planungsregion werden in Zielen und Maßnahmen beschrieben.

Das jeweilige regionale Entwicklungsprogramm der einzelnen Planungsregion (Bezirk) legt nur in jenen Bereichen Ziele und Maßnahmen fest, in denen auf die Raumstruktur der Planungsregion mit regionalplanerischen Mitteln tatsächlich Einfluss genommen werden kann. Die drei großen Handlungsfelder sind hierbei:

- **Die Darstellung der verbindlichen Zielsetzung des Landes** (Selbstbindung bei Fördervergaben).

- **Die Dokumentation des öffentlichen Interesses des Landes.** Regionale Entwicklungsprogramme dienen als Grundlage für Stellungnahmen der

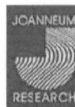

Landesraumordnung im Rahmen diverser Verfahren (Umweltverträglichkeitsprüfungen oder Verfahren nach dem Mineralrohstoffgesetz).

- **Die verbindlichen Vorgaben für die örtliche Raumplanung.** Der baugesetzliche Vollzug und die lokale Raumplanung sind der Regionalplanung nachgeschaltet und müssen den Vorgaben des regionalen Entwicklungsprogramms folgen.

Die Strukturanalyse der Planungsregion erfolgt im Erläuterungsbericht. Die übergeordneten Ziele des Raumordnungsgesetzes, wichtige Indikatoren und davon abgeleitete Flächenansprüche werden kartographisch dargestellt.

Die Darstellung der rechtlichen und fachlichen Planungsgrundlagen sowie des Verfahrensablaufs rundet das Bild ab (siehe http://www.raumplanung.steiermark.at). Für die Region LebMur sind nachstehende Dokumente von Bedeutung; bezirksspezifische Besonderheiten (Erläuterungen zur Verordnung), die Entwicklungsziele der Regionen werden in den jeweiligen Dokumenten aufzeigt:

- *Regionales Entwicklungsprogramm (kommentiert), Planungsregion Graz, Graz-Umgebung* (2003),

- *Regionales Entwicklungsprogramm für die Planungsregion Radkersburg* (2005),

- *Regionales Entwicklungsprogramm für die Planungsregion Feldbach* (1994),

- *Regionales Entwicklungsprogramm für die Planungsregion Fürstenfeld* [1995] (2001),

- *Regionales Entwicklungsprogramm für die Planungsregion Weiz* [1991] (1992),

- *Regionales Entwicklungsprogramm für die Planungsregion Hartberg* [1995] (2001),

- *Regionales Entwicklungsprogramm für die Planungsregion Leibnitz* [1991] (2005),

- *Regionales Entwicklungsprogramm für die Planungsregion Deutschlandsberg* (2005),

- *Regionales Entwicklungsprogramm für die Planungsregion Voitsberg (*1995).

Wichtigstes Instrument der regionalen Entwicklungsprogramme ist neben der zentralörtlichen Einstufung von Gemeinden die Ausweisung von (Rohstoff- und landwirtschaftlichen) Vorranggebieten, regionalen Zentren und Entwicklungsregionen. Zudem werden die zentralen Orte der unteren Hierarchie (teilregionale Versorgungszentren) festgelegt. In den *Regionalen Entwicklungsprogrammen* der zweiten Generation (REPRO neu) finden sich neben dem Verordnungstext auch die Entwicklungsziele (Entwicklungsprogramme) der Bezirke.

7.3.   REGIONALE RAHMENBEDINGUNGEN IN SLOWENIEN

Regionalentwicklung liegt in Slowenien hauptsächlich in der Verantwortung der *Agency for Regional Development*. Deren Aufgaben sind, wie auch die des Rates für Strukturpolitik, die Rahmenbedingungen zur Erstellung regionaler Entwicklungsprogramme festzulegen. Die „criteria for determining areas with special development problems and determining municipalities fulfilling these criteria" finden sich im *Promotion of Balanced Regional Development Act* (2000).

7.3.1   Promotion of Balanced Regional Development Act

Das Dokument erläutert die Prinzipien der slowenischen Regionalpolitik – anzustreben ist eine ausgewogene Entwicklungspolitik, die sowohl regionale, strukturelle, kulturelle und soziale Unterschiede ausgleicht als auch auf die spezifischen Eigenschaften der einzelnen Gebiete (z.B. Städte, ländliche Regionen) Bedacht nimmt.

Die „National Regional Development Strategy", die „Regional Structural Policy Authorities", die „National Regional Incentives" sowie „Areas with Special Development Problems" und „Transitional and Final Provisions" (Article 11-30) werden, basierend auf nachstehenden Grundsätzen, definitorisch abgegrenzt:

- Einheitliche regionalpolitische Instrumente für ganz Slowenien sind zu implementieren.

- Die Kooperationen unter den Akteuren der Regionalpolitik sind zu stärken, insbesondere zwischen lokalen Akteuren des öffentlichen und des privaten Sektors.

- Die finanzielle Planung/Finanzierung der Maßnahmen ist in Abstimmung mit dem nationalen Budget, den einzelnen Ministerien und lokalen Akteuren abzuwickeln.

- Die jeweiligen regionalen Entwicklungsprogramme sind zu beachten (so diese existieren).

- Auswirkungen sind regelmäßig zu evaluieren, ein effizientes Monitoring und eine permanente Evaluierung sind sicherzustellen.

- Vorgaben der Europäischen Union, insbesondere im Bereich der Statistik, sind einzuhalten.

Rechtlich wird der *Promotion of Balanced Regional Development Act* durch folgende, dem Text beigefügte, Verordnungen geregelt:

- Rules on the Structure, Organisation and Tasks of the National Agency for Regional Development, *(OG RS), No.52/00, 13th June 2000*

- Resolution on the Funding, Structure, Organisation and Tasks of the Council for Structural Policy, *(OG RS), No.59/00, 30th June 2000*

- Rules on the organisation and conditions for performing the tasks of Regional Development Agencies, *(OG RS), No.52/00, 13th June 2000, No.111/00, 1st December 2000*

- Instructions on the Minimum Obligatory Structure and Methodology for the Preparation of Regional Development Programmes and the Method of their Monitoring and Evaluation, *(OG RS), No. 52/00,13th June 111/00, 1st December 2000*

- Decree on Values of Criteria for Determining Areas with Special Development Problems and Determining Municipalities Fulfilling these Criteria, *(OG RS), No. 59/00, 30th June 2000*

- Decree on the Detailed Terms and Criteria for Allocating Incentives Relevant for Balanced Regional Development and the Forms of these Incentives, *(OG RS), No. 59/00, 30th June 2000*

8 RESÜMEE: Die Regionen im Kontext der Ziele von Lissabon

Die Regionen erfuhren gerade durch die Erweiterung und den Neubeginn von Lissabon eine Aufwertung, die tradierte Stärken/Schwächen-Förderung wird zunehmend durch gezielte Schwerpunktmaßnahmen abgelöst, dies ist verbunden mit einer Aufwertung der zentralräumlichen Perspektive und einer Konzentration auf Wirtschafts- und Technologieräume.

Wachstumspotentiale sind gezielt zu stimulieren, das endogene Entwicklungspotential, unter Berücksichtigung der jeweiligen Stärken und Schwächen, ist auszuschöpfen. Die Regionen haben ihren Beitrag zur Erreichung der europäischen Ziele zu leisten.

Mit der Neuausrichtung der Lissabon-Strategie kommt es zu einem Paradigmenwechsel, zu einem Wandel in der Betrachtungsweise der räumlichen Dimension. Grundlage bildet das polyzentrische Modell, welches sich schon im *EUREK* (1999) findet. Eingefordert wird insbesondere eine Verstärkung aller Dimensionen der territorialen Zusammenarbeit, sei sie grenzüberschreitender, transnationaler oder interregionaler Natur. Die räumliche Entwicklung der Regionen ist ein zentrales Instrument der europäischen Politik mit maßgeblichem Einfluss auf zahlreiche Agenden; verdeutlicht wird dies insbesondere durch:

- Die übergeordneten Leitlinien der Europäischen Union – die Strategie von Lissabon (Europäische Kommission 2005a), die *Kohäsionsleitlinien* (Europäische Kommission 2005b) und die *Integrierten Leitlinien für Wachstum und Beschäftigung* (Europäische Kommission 2005c) geben die europäischen Rahmenbedingungen für die einzelstaatlichen Rahmenpläne (*SRAT.AT* 2005, *NDP* 2006) und die nationalen Reformprogramme zur Erreichung der Lissabon-Ziele vor (siehe *Österreichisches Reformprogramm für Wachstum und Beschäftigung* (NPR), 2005; *Reform Programme for Achieving the Lisbon Strategy Goals* 2005).

- Europäische Vorgaben sind nahezu in allen staatlichen Programmplanungsdokumenten zu berücksichtigen. Das ÖREK 2001 ist erst im Kontext des *EUREK* (1999) entstanden, die Leitziele der *Österreichischen Nachhaltigkeitsstrategie* (2002) nehmen direkten Bezug auf die Umweltdimension von Lissabon. Die *SDS* (2005), der Einzelstaatliche Rahmenplan Sloweniens (*NDP* 2005), soll dem Land nicht zuletzt die Vorreiterrolle unter den neuen Mitgliedstaaten innerhalb der Union sichern.

- Die *Forschungsstrategie Steiermark 2005 plus* (2004) will die Ziele von Barcelona für die Steiermark erreichen und das Land als einen „DER" Forschungsstandorte innerhalb Europas positionieren. Die S*trategie des Landes Steiermark in Hinblick auf das Ziel „Regionale Wettbewerbsfähigkeit" für die Strukturfonds-Periode 2007-2013 (2005)* ist auf die *Kohäsionsleitlinien der Europäischen Union* (Europäische Kommission, 2005b) wie auch auf die Lissabon-Strategie und ihre Adaptierungen (siehe u.a. Europäischer Rat 2002, 2005a, 2005b, 2005c; und Europäische Kommission 2002, 2003, 2004, 2005a) abgestimmt.

- Regionalpolitik in Slowenien, zumindest in ihrer heutigen Form, ist ohne die Vorgaben seitens der Europäischen Union undenkbar. So wurde die heutige territoriale Struktur des Landes durch Brüssel maßgeblich beeinflusst. Die Partizipation an den

Strukturfondsprogrammen der Europäischen Union stellt genaue Anforderungen an die Rahmenbedingungen der nationalen Raumentwicklungspolitiken, wie sie etwa in das rechtlich bindende Dokument *Promotion of Balanced Regional Development Act* (2000) Eingang finden.

Abbildung 11 gliedert die Einflüsse europäischer Rahmenbedingungen auf die jeweiligen Ebenen der nationalen und regionalen Raumentwicklungspolitiken. Die vertikalen Pfeile beschreiben den direkten Einfluss auf die jeweils darunter liegende Ebene. Horizontale Pfeile beschreiben indirekte Einflüsse anderer relevanter Planungsdokumente.

Abbildung 11: Europäische Rahmenbedingungen und wesentliche Einflussfaktoren auf die nationale bzw. regionale Ebene

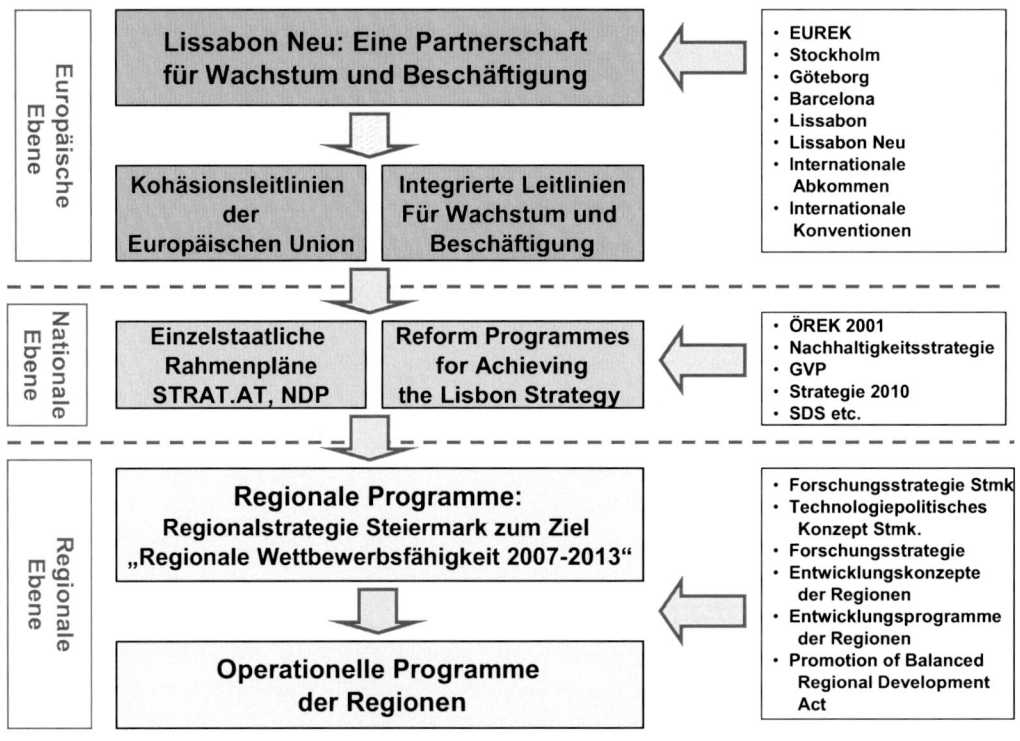

Quelle: Eigene Darstellung JR-InTeReg.

Neben speziellen Förderungen für landwirtschaftliche Regionen und Maßnahmen zur Intensivierung von Vernetzungen von Wissen (Technologietransfers) erfahren insbesondere Bereiche, die der grenzüberschreitenden Agglomerationsentwicklung dienlich sind, eine Aufwertung.

Dieser Prozess wird sich in der kommenden Strukturfondsperiode 2007-2013 mit Sicherheit noch verstärken. Das übergeordnete Ziel hierbei ist die Schaffung von „dynamischen wissensbasierten Regionen mit hohem Wachstum", die ohne verstärkte grenzübergreifende Kooperationen zwischen den Regionen nicht möglich ist:

„Regionale und kommunale Behörden sollten Projekte entwerfen, die uns unseren Lissabon-Zielen näher bringen. Die kommende Generation der Strukturfonds (darunter auch die ländliche

Entwicklung) wird so gestaltet sein, dass die Fonds auf lokaler Ebene einen Beitrag zu mehr Wachstum und Arbeitsplätzen leisten." (Europäischer Rat 2005c)

Die Regionen sind aufgefordert, ihr endogenes Potential zu nutzen und in den Dienst der übergeordneten Ziele der Europäischen Union zu stellen. Regionalplanung und Regionalentwicklung auf allen Ebenen – auf der einzelstaatlichen bis hin zur regionalen – hat ihren Beitrag zu leisten, um das nächste große europäische Projekt, die Partnerschaft für Wachstum und Beschäftigung, zum Erfolg für alle Beteiligten zu führen.

Bibliographie

Aumayr Ch. (2006a):*Eine Region im europäischen Vergleich*, in: Prettenthaler, F. (Hg.), Zukunftsszenarien für den Verdichtungsraum Graz-Maribor (LebMur), Teil A: zum Status quo der Region, Verlag der Österreichischen Akademie der Wissenschaften, Wien 2007, ISBN 978-3-7001-3893-8, S. 53-88.

Aumayr Ch. (2006b):*Zum Strukturwandel der Region*, in: Prettenthaler, F. (Hg.), Zukunftsszenarien für den Verdichtungsraum Graz-Maribor (LebMur), Teil A: zum Status quo der Region, Verlag der Österreichischen Akademie der Wissenschaften, Wien 2007, ISBN 978-3-7001-3893-8, S. 89-136.

Arbeiterkammer Steiermark (AK) (2007): Standpunkte, http://www.akstmk.at/www-3933.html.

Bologna Secretariat Website (2006): www.dfes.gov.uk/bologna/index.cfm?fuseaction=docs.list.

Chamber of Commerce and Industry of Slovenia (2004): Annual Report 2004, http://www.gzs.si/eng/.

Chamber of Commerce and Industry of Slovenia (2007): http://www.gzs.si/eng/.

Das Österreichische Raumordnungskonzept 2001 – Zwischen Europa und Gemeinde: Österreichische Raumordnungskonferenz (ÖROK) (1999), 10. ÖROK-ENQUETTE, 20. Mai 1999 in Wien, Wolfsberg: Eigenverlag ÖROK.

Das Österreichische Raumentwicklungskonzept 2001, Beschluss der politischen Konferenz vom 2. April 2002: Österreichische Raumordnungskonferenz (ÖROK) (2002), http://oerok.gv.at/OEREK2001/start/oerek2001_Beschlusstext.pdf.

Das Protokoll von Kyoto – Zum Rahmenübereinkommen der Vereinten Nationen über Klimaänderungen: Sekretariat der Klimarahmenkonvention mit Unterstützung des deutschen Bundesumweltministeriums (Hrsg.) (1997), http://unfccc.int/resource/docs/convkp/kpger.pdf.

Die Alpenkonvention: www.convenzionedellealpi.org.

Die Grünen Steiermark (2005): Landtagswahl 2005 – Politik für morgen, 11 Themen für die Steiermark.

Die österreichische Strategie zur Nachhaltigen Entwicklung: Österreichische Bundesregierung (2002), Bundesministerium für Land- und Forstwirtschaft (Hrsg.).

ELER – VERORDNUNG (EG): Nr. 1698/2005 DES RATES vom 20. September 2005 über die Förderung der Entwicklung des ländlichen Raums durch den Europäischen Landwirtschaftsfonds für die Entwicklung des ländlichen Raums, Rat der Europäischen Union: Amtsblatt der Europäischen Union.

Energieplan 2005-2015 des Landes Steiermark: Steiermärkische Landesregierung (2005), Fachabteilung 13B, Büro des Landesenergiebeauftragten, Fachstelle Energie, www.lev.at/index.asp?S=projekte/rue/Energieplan_05.htm&S1=left/left_energieeffizienz.asp.

EU-Erweiterung – Monitoring der Marktentwicklung in der Steiermark, Slowenien und Westungarn, Endbericht: KMU Forschung Austria/Austrian Institute for KMU Research (2004), http://www.kmuforschung.ac.at/de/Projekte/EU-Erweiterung%20Stmk/Endbericht.pdf.

EUREK – EUROPÄISCHES RAUMENTWICKLUNGSKONZEPT – Auf dem Wege zu einer räumlich ausgewogenen und nachhaltigen Entwicklung der Europäischen Union: EUROPÄISCHE KOMMISSION (Hrsg.) (1999), angenommen beim Informellen Rat der für Raumordnung zuständigen Minister in Potsdam, Mai 1999, Luxemburg: Amt für amtliche Veröffentlichungen der Europäischen Gemeinschaften.

EUROPÄISCHER RAT (2000): Schlussfolgerungen des Vorsitzes, Lissabon, 23. und 24. März 2000, SN 100/00, Brüssel.

EUROPÄISCHER RAT (2001a): Schlussfolgerungen des Vorsitzes, Stockholm, 23. und 24. März 2001, SN 100/1/01, Stockholm.

EUROPÄISCHER RAT (2001b): Schlussfolgerungen des Vorsitzes, Göteborg, 15. und 16. Juni 2001, SN 100/1/01, Bulletin 18.06.2001, PE 305.844, Brüssel.

EUROPÄISCHER RAT (2002): Schlussfolgerungen des Vorsitzes, Göteborg, 15. und 16. März 2002, SN 100/1/02, Brüssel.

EUROPÄISCHER RAT (2005a): Schlussfolgerungen des Vorsitzes, Brüssel, 22. und 23. März 2005, DOC/05/1, Brüssel.

EUROPÄISCHER RAT (2005b): Schlussfolgerungen des Vorsitzes, Brüssel, 16. und 17. Juni 2005, 10255/05, Brüssel.

EUROPÄISCHER RAT (2005c): Zusammenarbeit für Wachstum und Arbeitsplätze – Ein Neubeginn für die Strategie von Lissabon, Schlussfolgerungen des Vorsitzes, Brüssel, 2.2.2005, KOM(2005) 24 endgültig.

EUROPÄISCHE KOMMISSION (2002): More Research for Europe – Towards 3% of GDP, COM (2002) 499 final: Brussels.

EUROPÄISCHE KOMMISSION (2003): In die Forschung investieren: Aktionsplan für Europa, Mitteilungen der Kommission, KOM (2003) 226 endgültig/2, Brüssel.

EUROPÄISCHE KOMMISSION (2004a): Die Herausforderung annehmen – Die Lissabon-Strategie für Wachstum und Beschäftigung, Bericht der Hochrangigen Sachverständigengruppe unter dem Vorsitz von Wim Kok, November 2004 (2004), Amt für Veröffentlichungen der Europäischen Gemeinschaften: Luxemburg.

EUROPÄISCHE KOMMISSION (2004b): Vorschlag für eine Verordnung des Rates mit allgemeinen Bestimmungen über den Europäischen Fonds für regionale Entwicklung, den Europäischen Sozialfonds und den Kohäsionsfonds, KOM(2004)492 endgültig, Brüssel.

EUROPÄISCHE KOMMISSION (2005a): Zusammenarbeit für Wachstum und Arbeitplätze – Ein Neubeginn für die Strategie von Lissabon, Mitteilung von Präsident Barroso im Einvernehmen mit Vizepräsident Verheugen, KOM (2005) 24, Brüssel.

EUROPÄISCHE KOMMISSION (2005b): Die Kohäsionspolitik im Dienste von Wachstum und Beschäftigung – Strategische Leitlinien der Gemeinschaft für den Zeitraum 2007-2013, Mitteilungen der Kommission, KOM(2005) 299, Brüssel.

EUROPÄISCHE KOMMISSION (2005c): Integrierte Leitlinien für Wachstum und Beschäftigung (2005-2008), KOM (2005) 141 fin.: Brüssel.

EUROPÄISCHE KOMMISSION (2006b): growth and jobs, working together for Europe's future, http://ec.europa.eu/growthandjobs/.

EUROPÄISCHES PARLAMENT (2006): egional- und Strukturpolitik 2007-2013, http://www.europarl.europa.eu/news/expert/ infopress_page/059-9473-185-07-27-910-20060628IPR09333-04-07-2006-2006-false/default_de.htm, online 13 November 2007.

EUROSTAT: Strukturindikatoren, http://epp.eurostat.ec.europa.eu/.

Forschungsstrategie Steiermark 2005 plus – technisch-naturwissenschaftlicher Bereich: Amt der Steiermärkischen Landesregierung/JOANNEUM RESEARCH InTeReg (2004), Graz.

Gemeinschaftsinitiative LEADER+, Programmplanungsdokument Österreich, Strukturfondsperiode 2000 – 2006: Bundesministerium für Land- und Forstwirtschaft Umwelt und Wasserwirtschaft(2001), genehmigt 6.03.2001 K(2001)820, Abteilung Ausrichtung, für ein Programm im Rahmen der Gemeinschaftsinitiative LEADER+ in Österreich.

Generalverkehrsplan Österreich 2002, Verkehrspolitische Grundsätze und Infrastrukturprogramm, Bericht: Bundesministerium für Verkehr, Innovation und Technologie (2002), http://www.bmvit.gv.at/verkehr/gesamtverkehr/generalverkehrsplanung/downloads/gvk.pdf.

Horvath _et al._, (1999): Grenzüberschreitende Regionaluntersuchung für den Raum Südsteiermark und Nordslowenien, Endbericht, Graz, Murska Sobota.

Industriellenvereinigung Steiermark (2005): ukunft ohne Grenzen, Steiermark 2010 – Symbiose aus Hightech, Kultur und Lebensqualität, Graz: Industriellenvereinigung Steiermark.

Innovation serienmäßig: Die neue Wirtschaftsstrategie des Landes Steiermark (2006): Land Steiermark, Beschlussfassung vom 19 Sep. 2006, http://www.wirtschaft.steiermark.at.

Innovationsmonitor Steiermark 2005 – Endbericht: JOANNEUM RESEARCH-InTeReg (2005), Graz.

INTERREG III A: Österreich – Slowenien: Republik Österreich – Bundeskanzleramt, National Agency for Regional Development (NARD) (2006), http://www.at-si.net/si/index-de.htm.

IMPLEMENTATION OF THE LISBON STRATEGY: European Economic and Social Committee (2005), CONTRIBUTIONS FURTHER TO THE EUROPEAN COUNCIL OF 22-23 MARCH 2005, Brussels: CESE 1468/2005 rev. FR-EN-ES-PL/HR/NT/ET/nm.

Kirschner E., Prettenthaler F. (2006): _Ein Portrait der Region,_ in: Prettenthaler, F. (Hg.), Zukunftsszenarien für den Verdichtungsraum Graz-Maribor (LebMur), Teil A: zum Status quo der Region, Verlag der Österreichischen Akademie der Wissenschaften, Wien 2007, ISBN 978-3-7001-3893-8.

Kirschner E., Prettenthaler F., Habsburg-Lothringen C. (2007): Die Szenarien – die Ergebnisse im Detail, in Prettenthaler, F. und Kirschner, E. (Hg.), Zukunftsszenarien für den Verdichtungsraum Graz-Maribor (LebMur), Teil C: Die Zukunft denken, Verlag der Österreichischen Akademie der Wissenschaften, Wien 2008, ISBN 978-3-7001-3912-6.

Kommunistische Partei Steiermark: Analysen und programmatische Vorschläge der KPÖ Steiermark – Erweiterte Fassung für die Programmarbeit der KPÖ, November 2007.

Landesentwicklungsprogramm: Verordnung der Steiermärkischen Landesregierung vom 11. Juli 1977, mit der das Landesentwicklungsprogramm erlassen wird (1977), Land Steiermark, LGBL. Nr. 53/1977.

LEADER+ Österreich (2006): http://www.leader-austria.at/network/leaderplus/de/#LEADER+

Moro, K (2000): *Der Arbeitsmarkt im steirisch-slowenischen Grenzraum*, Eine kommentierte Datensammlung, Graz.

NDP – National Development Plan 2007-2013: Government Office for Local-Selfgovernment and Regional Policy (Slovenia) (Kurzversion) (2006), www.svlsrp.gov.si/index.php?id=558&L=1.

National Contact Point Interreg IIIB Austria: Österreichische Raumordnungskonferenz (ÖROK). (2006), http://www.alpinespace.at, http://www.cadses.at.

Operational Programme: Cross-Border Cooperation Austria-Slovenia (2007): CCI Number: 2007B163PO054.

Österreichisches Reformprogramm für Wachstum und Beschäftigung (NRP): Österreichische Bundesregierung (2005), Teil I-III, http://www.bmwa.gv.at/BMWA/Schwerpunkte /Wirtschaftspolitik/Wirtschaftspolitik/002wirtschaftspolitik.htm.

Österreichische Raumordnungskonferenz (ÖRK): http://www.oerok.gv.at.

Prettenthaler, F. (2004): Regionalökonomische Charakterisierung der Nachbarregionen Südösterreichs. Eine clusteranalytische Untersuchung von 77 Regionen Mittel- und Südosteuropas. In: Wirtschaftspolitische Blätter, Jg. 51, H. 1, S. 103–121.

Prettenthaler, F. und Kirschner, E. (Hg.) (2007a): Zukunftsszenarien für den Verdichtungsraum Graz-Maribor (LebMur), Teil B: Rahmenbedingungen & Methoden, Verlag der Österreichischen Akademie der Wissenschaften, Wien 2008, ISBN 978-3-7001-3911-9.

Prettenthaler, F. und Kirschner, E. (Hg.) (2007b): Zukunftsszenarien für den Verdichtungsraum Graz-Maribor (LebMur), Teil C: Die Zukunft denken, Verlag der Österreichischen Akademie der Wissenschaften, Wien 2008, ISBN 978-3-7001-3912-6.

Promotion of Balanced Regional Development Act: Republic of Slovenia – Ministry of Economy (2000), http://unpan1.un.org/intradoc/groups/public/documents/UNTC/UNPAN015740.pdf.

Portal INTERREG in Österreich: Republik Österreich, Bundeskanzleramt, Abt. IV/4, Koordination Raumordnung und Regionalpolitik(2006b), http://www.interreg.at.

PREPARITY (2001a): *Strukturpolitik und Raumplanung an der mitteleuropäischen EU-Außengrenze zur Vorbereitung auf die EU-Osterweiterung*, Teilprojekt 11: Strategische Grundsätze einer vorbereitenden Regionalpolitik, regional consulting, www.preparity.wsr.ac.at.

PREPARITY (2001b): *ready to enlarge – Hauptergebnisse von PREPARITY*, Stadt Wien (Hrsg.), Wien: Europaforum Wien, www.preparity.wsr.ac.at.

Reform Programme for Achieving the Lisbon Strategy Goals: Republic of Slovenia (2005), Ljubljana.

Regional Development in Slovenia: Kusar, Simon, Nared, Janez, http://www.zrc-sazu.si/zgds/glasgow/26.pdf#search=%22regional%20developement%20in%20slovenia%22. Online Fassung, November 2007.

Regionales Entwicklungsleitbild, Planungsregion Graz/Graz-Umgebung: Regionaler Planungsbeirat Graz/Graz-Umgebung (1999).

Regionales Entwicklungsleitbild (Kurzfassung) und Projekthandbuch, Planungsregion Radkersburg, Regionaler Planungsbeirat, Bezirk Radkersburg (2000).

Regionales Entwicklungsleitbild (Kurzfassung) und Projekthandbuch, Planungsregion Feldbach, Regionaler Planungsbeirat, Bezirk Feldbach (2000), http://www.raumplanung.steiermark.at/cms/dokumente/10014131/c9df6be2/feldbach.pdf.

Regionales Entwicklungsleitbild (Kurzfassung) und Projekthandbuch, Planungsregion Fürstenfeld: Regionaler Planungsbeirat, Bezirk Fürstenfeld (1998), http://www.raumplanung.steiermark.at/cms/dokumente/10014131/20ac935b/fuerstenfeld.pdf.

Regionales Entwicklungsleitbild und Projekthandbuch, Planungsregion Weiz: Regionaler Planungsbeirat (1998), Bezirk Weiz, Amt der Stmk. Landesregierung, Österreichisches Institut für Raumplanung, http://www.raumplanung.steiermark.at/cms/dokumente/.

Regionales Entwicklungsleitbild und Projekthandbuch, Planungsregion Hartberg: Regionaler Planungsbeirat, Bezirk Hartberg (2003), http://www.hartberg.at/repro/.

Regionales Entwicklungsleitbild (Kurzfassung) und Projekthandbuch, Planungsregion Leibnitz: Regionaler Planungsbeirat, Bezirk Leibnitz (1999), http://www.raumplanung.steiermark.at/cms/dokumente/10014131/09274cd6/leibnitz.pdf.

Regionales Entwicklungsleitbild (Kurzfassung) und Projekthandbuch, Planungsregion Deutschlandsberg: Regionaler Planungsbeirat, Bezirk Deutschlandsberg (2001), http://www.raumplanung.steiermark.at/cms/dokumente.

Regionales Entwicklungsleitbild (Kurzfassung) und Projekthandbuch, Planungsregion Voitsberg: Regionaler Planungsbeirat, Bezirk Voitsberg (2000), http://www.raumplanung.steiermark.at/cms/dokumente/ 10014131/c56f1f9f/voitsberg.pdf.

Regionales Entwicklungsprogramm (kommentiert), Planungsregion Graz, Graz-Umgebung: Land Steiermark, Abt. 16 Landes- und Gemeindeentwicklung (2003), Regierungsbeschluss vom 19.09.2005.

Regionales Entwicklungsprogramm für die Planungsregion Radkersburg, Verordnung und Erläuterung: Land Steiermark, Abt. 16 Landes- und Gemeindeentwicklung (2005), LGBL.Nr.28/2005.

Regionales Entwicklungsprogramm für die Planungsregion Feldbach: Land Steiermark (1994), LGBL. Nr. 7/1994.

Regionales Entwicklungsprogramm für die Planungsregion Fürstenfeld: Land Steiermark [1995] (2001), Stammfassung: LGBL. Nr. 34/1991, Novellen: (1) LGBL. Nr. 1/2001.

Regionales Entwicklungsprogramm für die Planungsregion Weiz: Land Steiermark [1991] (1992), Stammfassung: LGBL. Nr. 35/1991, Novellen: (1) LGBL. Nr. 16/1992.

Regionales Entwicklungsprogramm für die Planungsregion Hartberg: Land Steiermark [1995] (2001), Stammfassung: LGBL. Nr. 53/1995, Novellen: (1) LGBL. Nr. 2/2001.

Regionales Entwicklungsprogramm für die Planungsregion Leibnitz: Land Steiermark [1991] (2005), Fachabteilung Landesbaudirektion, Referat für Landes- und Regionalplanung, LGBL. Nr. 27/2001.

Regionales Entwicklungsprogramm für die Planungsregion Deutschlandsberg: Land Steiermark (2005), LGBL. Nr. 29/2005.

Regionales Entwicklungsprogramm für die Planungsregion Voitsberg: Land Steiermark (1995), LGBL. Nr. 52/1995.

„Regionale Wettbewerbsfähigkeit" für die Strukturfonds-Periode 2007-2013 – Operationelles Programm – 1. Draft (2006): Amt der Steiermärkischen Landesregierung Abteilung 14, ÖAR, convelop, Graz.

Standort Steiermark 2010: Wirtschaftskammer Steiermark (2005a), Institut für Wirtschafts- und Standortentwicklung, Graz: Wirtschaftskammer Steiermark.

Slovenia's Development Strategy (SDS): Government of the Republic of Slovenia, Institute of Macroeconomic Analysis and Development, (2005) http://www.gov.si/umar/.

Slovenia's Report on Demonstrable Progress under the Kyoto Protocol: Republic of Slovenia, Ministry of the Environment and Spatial Planning (2006), Republic of Slovenia,Ministry of the Environment and Spatial Planning, June 2006.

Sozialdemokratische Partei der Steiermark (2005): Der Power-Plan – Das starke Programm für das Land, http://www.stmk.spoe.at/land.

Sozialdemokratische Partei der Steiermark (2007): Politik der Erneuerung. Entwicklung und Schwerpunkte 2007-2010, Graz.

STRAT.AT 2007/2013 – Einzelstaatlicher Strategischer Rahmenplan für die österreichische Regionalpolitik 2007-2013: ÖROK (2006), Wien.

Steirische Volkspartei (2005): Zukunft Steiermark – Erfahrung, Vision, Aktion – Das Zukunftsprogramm der Steirischen Volkspartei, Steirische Volkpartei, Graz.

Steirische Volkspartei Landesparteileitung (2007): Der Weiß-Grüne Weg. Der Weg, der die Steiermark zur lebenswertesten und innovativsten Region Europas macht, Graz.

TECNOMAN (2001): *Standortentwicklung in Mittel- und Südosteuropa auf der Grundlage der Transeuropäischen Verkehrsnetzwerke.* Tecnoman Publication, http://www.tecnoman.net/ 04projinform/downloads/english_publication.pdf.

Steiermärkisches Raumordnungsgesetz: Land Steiermark, Abteilung 16 Landes- und Gemeindeentwicklung [1974] (2005), LGBL. 127/1977 (Stammfassung), LGBL. Nr. 13/2005 (letzte Novelle), Rechtsdatenbank der Fachabt. 1F: Verfassungsdienst und Zentrale Rechtsdienste.

Strategie des Landes Steiermark in Hinblick auf das Ziel „Regionale Wettbewerbsfähigkeit" für die Strukturfonds-Periode 2007-2013: Amt der Steiermärkischen Landesregierung (2005), Abteilung 14: Graz.

Technologiepolitisches Konzept Steiermark: Das Land Steiermark(2005), Abt. 14: Graz.

Übersicht und Beschreibung der 83 INTERREG IIIA-Projekte (2003): Amt der Steiermärkischen Landesregierung, Gruppe Landesbaudirektion, Abteilung Landes- und Gemeindeentwicklung, Fachabteilung 16A, Überörtliche Raumplanung, INTERREG Geschäftsstelle.

Unternehmerkonferenz, Zukunft Wirtschaftsstandort Steiermark, Den Gestaltern gehört die Zukunft: Wirtschaftskammer Steiermark (2005b), Institut für Wirtschafts- und Standortentwicklung, Graz: Unternehmerkonferenz vom 12. Oktober 2005.

URBACT-Zusammenarbeit zur Verbreitung bewährter Verfahren: http://europa.eu.int/ comm/regional_policy/urban2/urbact_de.htm.

Urban-link: http://www.urban-link.at.

Zedlacher K. (2003): Der Weg der Steiermark in eine erweiterte Europäische Union, Diplomarbeit zur Erlangung des Magistra-Grades der Philosophie an der Fakultät für Human- und Sozialwissenschaften der Universität Wien: Universitätsschrift.

Ziel 2 Steiermark 2000-2006: Das Land Steiermark: www.ziel2steiermark.at.

Ziel 2 Steiermark, Österreich, Einheitliches Programmplanungsdokument (EPPD) 2000–2006: Europäische Kommission – Regionalpolitik und Kohäsion/Amt der Steiermärkischen Landesregierung [1999] (2005), Graz.

Zukunft Industrie (2007): http://www.zukunft-industrie.at/index.php?id=10, Graz: Industriellenvereinigung Steiermark, Sparte Industrie in der Wirtschaftskammer Steiermark.

Teil B2

GRUNDLAGEN UND METHODEN VON „REGIONAL FORESIGHT"

Franz Prettenthaler

JOANNEUM RESEARCH, Institut für Technologie-
und Regionalpolitik

Elisabethstraße 20, 8010 Graz

e-mail: franz.prettenthaler@joanneum.at,

Tel: +43-316-876/1455

Nicole Höhenberger

JOANNEUM RESEARCH, Institut für Technologie-
und Regionalpolitik

Elisabethstraße 20, 8010 Graz

Tel: +43-316-876/1488

Abstract:

Dieses Kapitel gibt einen Überblick über die wesentlichen Merkmale, den Ablauf und die Instrumente von „Regional Foresight"-Prozessen. Da die künftigen wirtschaftlichen, sozialen und ökologischen Entwicklungsmöglichkeiten der Region Graz-Maribor unter Verwendung der Szenariotechnik analysiert werden, kommt der Darstellung dieses systemanalytischen Ansatzes eine besondere Bedeutung zu.

Keywords: Regional Foresight, Szenariotechnik, Entwicklungsmöglichkeiten

JEL Classification: O 20

Inhaltsverzeichnis Teil B2

Abbildungs- und Tabellenverzeichnis Teil B2

1 Einführung in Regional Foresight

Seit den 1990er Jahren wurde eine Vielzahl von Foresight-Programmen auf nationaler Ebene etabliert, während auf regionaler Ebene bis heute Nachholbedarf bei der Implementierung regionaler Vorschauaktivitäten besteht (Keenan, Uyassara 2002, S. 3). Aufgrund dessen hat die Europäische Kommission zur Forcierung von Regional Foresight die folgenden Programme initiiert:

- AGRIBLUE in ländlichen Regionen, welche in den nächsten beiden Dekaden besonders von den Auswirkungen des demographischen Wandels betroffen sein werden.

- RIS und RITTS: Die **R**egional **I**nnovation **S**trategy sowie die **R**egional **I**nnovation and **T**echnologie **T**ransfer **S**trategy sollen die Ausarbeitung und Implementierung überregionaler Innovationssysteme unterstützen.

- TECHTRANS bemüht sich um die Erleichterung von transregionalem Technologietransfer und um die Optimierung von regionalen Innovationsprozessen.

- TRANSVISION hat sich zum Ziel gesetzt, die (wirtschaftlichen) Beziehungen von historisch und kulturell verbundenen Regionen, welche jedoch keiner gemeinsamen Verwaltungsebene angehören, zu stärken.

- UPGRADE versucht, stark industriell geprägte Regionen beim Transformationsprozess von einer industrie- zu einer dienstleistungsbasierten Region zu unterstützen

1.1. DEFINITORISCHE GRUNDLAGEN

Unter "Foresight" wird ein systematischer, partizipativer Visionengenerierungsprozess für die mittlere bis lange Frist verstanden, der auf Zukunftswissen und auf gegenwärtige Entscheidungen und die Mobilisierung gemeinsamer Aktivitäten ausgerichtet ist, verstanden „It [foresight] brings together key agents of change and various sources of knowledge in order to develop strategic visions and anticipatory intelligence." (Gavigan *et al.* 2001, S. 3).

Da Vorschauaktivitäten meist systemanalytisch durchgeführt werden, können sowohl quantitative als auch qualitative Einflussfaktoren in der Analyse berücksichtigt werden. Dies ist besonders deshalb von großer Bedeutung, weil Foresight in der Regel langfristige Planungshorizonte (zwischen zwanzig und dreißig Jahren) aufweist und dies zu Problemen bei Zeitreihen und Trendextrapolationen quantitativer Daten führen kann. Eine weitere Besonderheit von Foresight ist die Einbeziehung von Entscheidungsträgern in den Erarbeitungsprozess dieser langfristigen regionalen Entwicklungsmöglichkeiten. Neben einem interdisziplinären Forschungsteam aus Wirtschaft, Soziologie, Politikwissenschaften und Klimatologie wird angestrebt, auch Mitglieder der Regierung, Unternehmen, Interessensvertretungen und – in einigen Fällen auch die Bevölkerung – in den Vorschauprozess zu integrieren, um den Wissensaustausch zwischen den regionalen Akteuren zu forcieren.

Gavigan *et al.* (2001, S. 4) präzisieren weiters die besonderen Eigenschaften von Regional Foresight: Darunter ist "the implementation of anticipation, participation, networking, vision and action at a reduced territorial scale, where proximity factors become determinant." zu verstehen. Die Nähe der

Akteure, die beschränkte räumliche Komponente sowie die größere Bedeutung exogener Einflussfaktoren sind für regionale Vorschauprozesse besonders charakteristisch.

Regionale Vorschau vereinigt Komponenten aus den Bereichen der Zukunftsforschung, der strategischen Planung und der politischen Analyse. Aus der Zukunftsforschung werden der langfristige Planungshorizont und die Berücksichtigung alternativer Entwicklungsmöglichkeiten übernommen, die Erstellung der bestmöglichen (Wirtschafts-)Strategie geht auf die strategische Planung zurück und der Versuch, die Implikationen unterschiedlicher wirtschaftspolitischer Strategien auf die Region abzuschätzen, stammt aus der politischen Analyse. Abbildung 12 spiegelt die bereits angesprochenen Wirkzusammenhänge zwischen Regional Foresight, der strategischen Planung (zu der in der Wirtschaftspolitik auch die Innovationsstrategie gezählt werden kann), der Zukunftsforschung und regionalen Netzwerken wider. Zudem wird der Wissensaustausch zwischen Netzwerken, der strategischen Planung und der Zukunftsforschung, welcher wiederum das Resultat eines Vorschau-Prozesses stark beeinflusst, dargestellt.

Abbildung 12: Der Foresight-Prozess

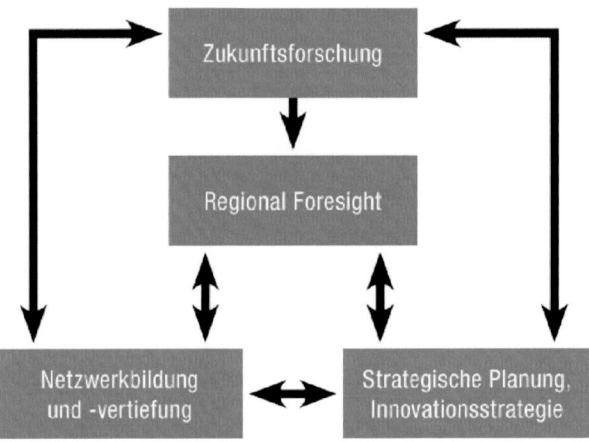

Quelle: Eigene Darstellung, JR-InTeReg.

1.2. DURCHFÜHRUNG VON REGIONAL FORESIGHT-PROZESSEN

- In einem ersten Schritt müssen das zu untersuchende Problem definiert, die Zielsetzung geklärt und der Analysehorizont festgelegt werden.

- Anschließend daran wird eine Auswahl über die im Vorschauprozess zu berücksichtigenden Akteure getroffen und bereits einer der unterschiedlichen Foresight-Ansätze (siehe dazu unter 1.2.1 bis 1.2.5) ausgewählt. Mit der Wahl des Ansatzes wird gleichzeitig das Ausmaß der Interaktion zwischen den Akteuren determiniert.

- Darauf folgt die Analyse des Ist-Zustandes der Region, bei der auf die Stärken und Schwächen (insbesondere auf die Wettbewerbsvor- und nachteile im internationalen Vergleich) eingegangen wird. In einem weiteren Schritt wird versucht, Einschätzungen über mögliche zukünftige Herausforderungen und Möglichkeiten der Region unter

Berücksichtigung der nationalen und global denkbarer Entwicklungstendenzen auf politischer, wirtschaftlicher, sozialer und ökologischer Ebene zu treffen.

- Im letzten Schritt sollen die Akteure Handlungsempfehlungen für die Implementierung einer langfristig ausgerichteten Wirtschaftspolitik geben, die ihrer Meinung nach die Wettbewerbsfähigkeit der Region nachhaltig sichern kann.

Bei der Implementierung von Foresight-Prozessen ist zwischen den im Folgenden kurz skizzierten Ansätzen zu unterscheiden. Je nach Forschungsfrage, Projektumfang und vorhandenen Ressourcen sind die Ansätze unterschiedlich gut zur Durchführung einer Foresight-Studie geeignet, weshalb es vor Inangriffnahme eines Vorschauprojektes erforderlich ist, sich die Wahl des Ansatzes gründlich zu überlegen. Das Foresight Projekt LebMur, wie es in Teil C dieser Publikationsreihe („Die Zukunft denken") dargestellt wird, hat versucht, die jeweiligen Vorteile der im Folgenden geschilderten Ansätze miteinander zu kombinieren.

1.2.1   Bottom-up- und Top-down-Ansatz

Bottom-up- und Top-down-Ansätze unterscheiden sich stark hinsichtlich des Vernetzungsgrads der einzelnen Akteure während einer Foresight-Aktivität. Während bei Bottom-up-Prozessen der Aufbau und die Vertiefung von Netzwerkbeziehungen sowie der Wissensaustausch zwischen den einzelnen Akteuren im Vordergrund stehen, beschränkt sich die Interaktion bei Top-down-Ansätzen oftmals auf die interdisziplinäre Zusammenarbeit von Experten bei Delphibefragungen und Expertenpanelen (Gavigan, Scapolo *et al.* 2001, S. 19ff.). Der Bottom-up-Ansatz repräsentiert daher eher als der Top-down-Ansatz den Idealtyp von Foresight-Prozessen, wie er in Abbildung 12 dargestellt ist. Bei der Entscheidung für die Durchführung der Vorschau mit Hilfe des Bottom-up-Ansatzes erhoffen sich die Verantwortlichen oftmals, dass die Bereitschaft der Akteure, die von ihnen miterarbeiteten Handlungsmaßnahmen zu implementieren, höher ist als im Top-down-Ansatz, in dem wirtschaftspolitische Empfehlungen ausschließlich durch ein Forschungsinstitut erstellt werden. Bei der Wahl des geeigneten Ansatzes sind jedoch auch Zeit- und Kostenfaktoren zu berücksichtigen, welche bei Top-down-Ansätzen in der Regel deutlich niedriger sind als bei Bottom-up-Ansätzen.

1.2.2   Produkt- versus prozessorientierter Ansatz

Die Unterscheidung zwischen produkt- und prozessorientiertem Ansatz ist eng verbunden mit der Differenzierung zwischen Bottom-up-Ansatz und Top-down-Ansatz, da bei der Wahl zwischen diesen beiden letztgenannten Ansätzen gleichzeitig auch das Ausmaß an Interaktion innerhalb des Vorschau-Prozesses determiniert wird. Dieses wiederum ist entscheidend dafür, ob eine Foresight-Studie produkt- oder prozessorientiert durchgeführt wird. Top-down-Ansätze führen in der Regel zu produktorientierten Vorschauergebnissen, Bottom-up-Ansätze fördern prozessorientierte Ergebnisse. Vorrangige Ziele von produktorientierter Foresight sind die Erstellung eines Berichts über Entwicklungsmöglichkeiten und -gefahren der Region sowie die Ausarbeitung von Handlungsempfehlungen für die Politik. Ist die Vorschau prozessorientiert, stehen die Vernetzung der beteiligten Akteure sowie die *Entwicklung* einer wirtschaftspolitischen *Strategie* für die Zukunft der Region im Mittelpunkt (Gausemeier, Fink, Schlake 1996, S. 109).

1.2.3 Experten- versus annahmengestützter Ansatz

Ferner können Ansätze dahingehend unterschieden werden, ob sie auf Expertenmeinungen oder auf Hypothesen gestützt sind. Der annahmengestützte Ansatz bedient sich verfügbarer Informationen aus vorangegangenen Vorschau-Studien sowie bereits erstellten Modellen und leitet daraus Hypothesen für die weitere Entwicklung der Region ab (Gavigan, Scapolo, *et al.* 2001, S. 28f.). Der Vorteil dieses Verfahrens ist, dass der Zeitaufwand zur Erstellung von Zukunftsvisionen im Vergleich zu partizipativen Verfahren deutlich geringer ist. Der Nachteil von auf statistischen Vergangenheitsdaten beruhenden Hypothesen liegt jedoch oftmals darin, dass einerseits Trendbrüche nur unzureichend berücksichtigt werden und dass qualitative Variablen wie etwa soziale Entwicklungen und die sich ändernden Werte der Gesellschaft in solchen Modellen unterrepräsentiert sind. Beim expertengestützten Ansatz findet hingegen meist ein interdisziplinärer Meinungsaustausch zwischen den Akteuren des Foresight-Prozesses statt. Insbesondere werden mittels Expertenpanelen und der Delphimethode Einschätzungen in Bezug auf die weitere Entwicklung der Region ermittelt und diese Informationen als Input für die Erstellung der Vorschau verwendet.

1.2.4 Explorativer versus normativer Ansatz

Der explorative Ansatz unterscheidet sich vom normativen Ansatz hinsichtlich des Ausgangspunkts der Foresight-Analyse (Krytsek, Müller-Stewens 1993, S. 216). Während bei explorativen Vorschau-Prozessen von der Gegenwart aus unterschiedliche Entwicklungsmöglichkeiten erarbeitet werden, ist der Beginn von normativen Vorschau-Studien in der Zukunft angesiedelt. Mittels Rückwärtsinduktion werden dann mehrere Entwicklungspfade von einer (zu Beginn der Vorschau-Studie definierten) wünschenswerten Zukunft bis zum heutigen Zeitpunkt erarbeitet. Beim explorativen Ansatz werden unterschiedliche Endzustände ermittelt (wie auch in Abbildung 15 dargestellt) und die Implikationen alternativer Zukunftsbilder für die Region aufgezeigt, weshalb bei diesen Prozessen auch von der Verwendung eines „Was wäre, wenn"-Denkens gesprochen wird. Der normative Ansatz wird hingegen gewählt, wenn zu Beginn der Vorschau-Studie eine wünschenswerte Zukunft definiert wird und daraufhin erforscht werden soll, welche Handlungen vom gegenwärtigen Zeitpunkt bis in die Zukunft gesetzt werden müssen und welche Rahmenbedingungen eintreten müssen, damit diese Zukunft tatsächlich realisiert werden kann. In den meisten Fällen wird zur Durchführung einer Vorschau-Studie jedoch der explorative Ansatz gewählt.

1.2.5 Quantitativer versus qualitativer Ansatz

Im Allgemeinen wird bei Foresight-Prozessen sowohl auf quantitative als auch auf qualitative Methoden zurückgegriffen, da im Gegensatz zu kurzfristigen Prognosen Vorschau-Aktivitäten nicht unter der Annahme betrieben werden können, dass die Rahmenbedingungen oder die Wirkzusammenhänge zwischen den untersuchten Variablen während des gesamten Planungshorizonts stabil sind (Gavigan, Scapolo *et al.* 2001, S. 27). Die Aussagekraft quantitativer Verfahren (welche zumeist statische Wirkzusammenhängen unterstellen) sinkt daher bei langfristigen Prognosezeiträumen und macht die Einbeziehung qualitativer Ansätze erforderlich. Zum einen können so Strukturbrüche und deren Auswirkungen auf die Region besser abgebildet werden, zum anderen können Variablen, über die für die Region keine oder nur mangelhafte Daten aus Zeitreihen vorliegen, in qualitativen Modellen berücksichtigt werden, wenn Informationen über die Wirkzusammenhänge mit anderen Variablen vorliegen.

2 Methoden des Regional Foresight

In diesem Kapitel werden ausgewählte Methoden genauer erläutert. Rein quantitative Prognoseverfahren werden im Weiteren nicht berücksichtigt, nur jene Methoden, welche dem systemanalytischen Ansatz von Foresight ausreichend Rechnung tragen, werden dargestellt. Da der Szenariotechnik im Gesamtprojekt eine maßgebliche Bedeutung zukommt, wird dieses Instrument in Kapitel 3 gesondert dargestellt.

Wie schon bei der Auswahl zwischen den unterschiedlichen Foresight-Ansätzen gilt auch hinsichtlich der verwendeten Methoden und Instrumente, dass keine allgemein gültige Aussage über die Eignung des Einsatzes des einen oder anderen Verfahrens im Vorschau-Prozess getroffen werden kann. Wiederum ist es von der Art der Fragestellung und den Ressourcen abhängig, welche Methoden verwendet werden sollen *und* können. Grundsätzlich gilt, je fortgeschrittener der Foresight-Prozess ist, desto formaler sollten die eingesetzten Methoden sein. Während induktive Verfahren und die SWOT-Analyse zu Beginn einer Vorschauaktivität einen guten Überblick über die Fragestellung und die zu untersuchende Region geben, wird man bei der Analyse der unterschiedlichen Entwicklungsmöglichkeiten der Region auf formale Methoden zurückgreifen müssen. Ob nun eher auf Expertenmeinungen basierende Verfahren wie die Szenariotechnik oder eher annahmengestützte Methoden wie die Simulationsmodelle verwendet werden, muss von Fall zu Fall entschieden werden.

2.1. DELPHIMETHODE

Die Delphimethode beruht auf einer mehrstufigen anonymen Expertenbefragung, um Einschätzungen über die Wahrscheinlichkeitsverteilung zukünftiger Ereignisse zu generieren. Nachdem die Fachleute den Fragebogen das erste Mal ausgefüllt haben, werden ihnen die Gruppenantworten anonymisiert vorgelegt und sie erhalten die Möglichkeit, ihre Einschätzungen über das Eintreten der zukünftigen Ereignisse auf Basis dieser Information zu ändern. Dieser Rückkoppelungsprozess dient dazu, die Meinungen der Experten im Zeitablauf konvergieren zu lassen beziehungsweise Gründe für divergente Einschätzungen zu finden (Braun, Glauner, Zweck 2005, S. 34 – 37). Die Delphimethode findet besonders auf nationaler Ebene im Bereich der langfristigen Innovationsstrategie Anwendung – Japan war hier Vorreiter, in Österreich erstellte Tichy (1998) eine groß angelegte Delphi-Studie.[7]

2.2. COGNITIVE MAPPING UND COMPREHENSIVE SITUATION MAPPING

Obwohl das Cognitive Mapping und das Comprehensive Situation Mapping bislang bei Regional Foresight-Prozessen noch nicht sehr intensiv eingesetzt wurden, können diese beiden Methoden als hilfreiche Instrumente für das erste (und deshalb auch grobe) systematische Ordnen von Wirkzusammenhängen genutzt werden. Cognitive Mapping ist ein Instrument zur Analyse von Zusammenhängen über unterschiedliche kausal zusammenhängende Parameter in Form von Karten.

---

[7]   Als weiterführende Literatur hierzu: Institut für Technologiefolgenabschätzung der Österreichischen Akademie der Wissenschaften (1998), Report Austria 1. Technologie Delphi I. Konzept und Überblick. Schriftenreihe Delphi Studie im Auftrag des Bundesministeriums für Wissenschaft und Verkehr.

Ursprünglich wurde Cognitive Mapping in der kognitiven Psychologie entwickelt und wird heute in mehreren Disziplinen angewendet, insbesondere aufgrund der Möglichkeit der sehr guten Veranschaulichung und Vernetzung von kausalen und quasikausalen Denkweisen bzw. Zusammenhängen. Komplexe Zusammenhänge können schnell und übersichtlich beschrieben werden. Die Verwendung von kognitiven Mappen ermöglicht die Ausarbeitung unterschiedlichster Fragestellungen, wobei die Analyse von Erforschungen der Wirkungsspektren vom Ursprung bis zur Untersuchung potentieller Konsequenzen reicht. Besonders hilfreich sind diese Methoden, wenn der Untersuchungsgegenstand mehrere Einflussbereiche und damit verbunden eine Vielzahl von Einflussindikatoren aufweist. Probleme erwachsen beim Cognitive Mapping jedoch aufgrund der Vernachlässigung dynamischer Wirkzusammenhänge sowie der mangelnden Quantifizierungsmöglichkeit qualitativer Messgrößen. Ferner wird mit Hilfe des Cognitive Mapping die Stärke von Wirkbeziehungen nicht berücksichtigt (Kitchin 1994, S. 14ff.). Ein alternativer Ansatz ist Comprehensive Situation Mapping (siehe Acar 1983), der in die Analyse von kausalen Zusammenhängen weitere analytische (auch computer-basierte) Komponenten miteinbezieht. Ähnlich wie Cognitiv Mapping dient dieser Ansatz nicht nur der Analyse von Wirkrichtungen einzelner Variablen, sondern wird in der Ausarbeitung eines Gesamtbildes herangezogen. Ein wesentlicher Unterschied zwischen den beiden Ansätzen ist, dass beim Comprehensive Situation Mapping zusätzlich zur Wirkrichtung auch Zeiteffekte und die Wirkungsintensität von kausalen Zusammenhängen in die Analyse integriert werden.

Abbildung 13: Comprehensive Situation Mapping

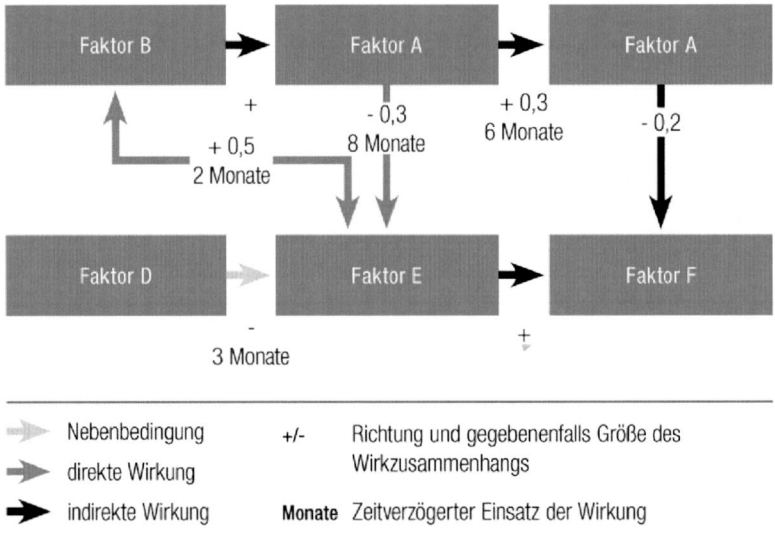

Quelle: Acar (1983), eigene Darstellung JR-InTeReg.

Aus diesem Grund sollte dem Comprehensive Situation Mapping der Vorzug gegeben werden, denn diese Methode bezieht sowohl direkte als auch indirekte Wirkzusammenhänge in die Analyse mit ein, kann Wirkketten identifizieren und dynamische Systemkreisläufe abbilden. Ein weiterer Vorteil besteht darin, dass Wechselbeziehungen der Einflussfaktoren anhand von empirischen Daten und subjektiven Schätzungen quantifiziert werden, wie in Abbildung 13 dargestellt.

2.3.   SWOT-ANALYSE

Die SWOT-Analyse[8] untersucht, welche internen (beeinflussbaren) und externen (nicht beeinflussbaren) Faktoren die Entwicklung der Region am meisten beeinflussen. Diese Variablen werden dann den Kategorien „Stärken" (Kompetenzen), "Schwächen" (fehlende Kompetenzen) beziehungsweise "Möglichkeiten" und "Gefahren" zugeordnet, um Wettbewerbsvorteile der Region ebenso zu erkennen wie mögliche Wettbewerbsnachteile. Zu den Stärken können z.B. die natürliche Ressourcenausstattung, das Humankapital sowie andere Wettbewerbsvorteile der Region zählen. Zu den Schwachstellen zählen mögliche Defizite im Bereich der Infrastruktur oder Innovationsfähigkeit. Extern bewirkt das Sinken der Transport- sowie Informationskosten neue Exportmöglichkeiten. Gleichzeitig können z.B. durch den Abbau von Zöllen nicht wettbewerbsfähige Branchen unter Druck geraten (Braun, Glauner, Zweck 2005, S 40). Die Ergebnisse der Stärken/Schwächen-Analyse und der Chancen/Risiko-Analyse werden oftmals anhand einer Matrix dargestellt.

Neben der Identifikation von Chancen und Risiken wird auch der Vergleich mit der wirtschaftlichen Leistung und mit dem technologischen Potential anderer – im direkten Wettbewerb stehender – Regionen vorgenommen.

Abbildung 14:   Die SWOT-Analyse

Quelle: Eigene Darstellung JR-InTeReg.

Aus der SWOT-Matrix ergeben sich daher vier mögliche Strategien, die Wettbewerbsfähigkeit einer Region zu steigern: Einerseits können Stärken weiter ausgebaut werden, andererseits können Regionen versuchen, bisherige Schwachstellen bestmöglich zu verringern. Darüber hinaus gilt es, auf externe Herausforderungen eingestellt zu sein und diesen entweder mit Hilfe bestehender Stärkefelder zu begegnen oder aber Strategien zu entwickeln, damit die Schwächen einer Region die weitere Entwicklung nicht zu stark behindern.

---

[8]   SWOT ist ein englisches Akronym: **S** steht für **S**trenghts (Stärken), **W** für **W**eaknesses (Schwächen), **O** für **O**pportunities (Möglichkeiten) und **T** für **T**hreats (Gefahren).

2.4.   MORPHOLOGISCHE ANALYSE UND RELEVANZANALYSE

Mit Hilfe der morphologischen Analyse sollen ganzheitlich alle Lösungsmöglichkeiten für ein Problem gefunden werden. Diese werden dann mit Hilfe des morphologischen Kastens in einer multidimensionalen Matrix dargestellt. Abgeleitet ist dieses Verfahren aus der Entscheidungstheorie: Jedes Problem wird definiert als der Endpunkt eines Relevanz- oder Entscheidungsbaums und kann durch die einzelnen Einflussfaktoren sowie deren Eintrittswahrscheinlichkeiten, die zu diesem Endzustand führen, veranschaulicht werden. Die Relevanzbaumanalyse kann also direkte Kausalbeziehungen offen legen und die Strukturen eines Systems untersuchen. Ziel ist es, sichtbare Missstände möglichst wenigen Ursachen (Einflussfaktoren) zuzuordnen und aus den zugeordneten Wahrscheinlichkeiten Prognosen über die langfristigen Entwicklungen sowie die Auswirkungen der Strategien zu treffen (Braun, Glauner, Zweck 2005, S. 43f.).

2.5.   SIMULATIONSMODELLE UND SYSTEM DYNAMICS

Mit Hilfe von Computersimulationsmodellen können alle theoretisch möglichen Veränderungen von Variablen sowie das Ausmaß der innerhalb eines Wirtschaftssystems bestehenden Wechselwirkungen berechnet werden. Der große Vorteil von Simulationsmodellen besteht demnach darin, dass Wirtschaftsprozesse dynamisch dargestellt und darüber hinaus auch mögliche Rückkoppelungsprozesse im System berücksichtigt werden können. Probleme entstehen jedoch hinsichtlich der Bestimmung der optimalen Lösung aus der großen Zahl von berechneten zukünftigen Entwicklungen.

In der Regel werden in den dem Modell zugrunde liegenden Gleichungssystemen ausschließlich quantitativ messbare Indikatoren berücksichtigt, da für qualitative Parameter häufig keine geeigneten und standardisierbaren Deskriptoren vorliegen. Dadurch entsteht bei langfristigen Modellierungen, wie sie für Foresight-Aktivitäten erforderlich sind, das Problem, dass Veränderungen in den Bereichen Politik, Kultur oder Soziales unterschätzt und die Auswirkungen möglicher struktureller Brüche nur unzureichend berücksichtigt werden können (Braun, Glauner, Zweck 2005, S. 43f.).

Eines der bekanntesten Werke, welches auf einem Simulationsmodell beruht, ist „The Limits of Growth" von Meadows *et al.* (1972). In dieser für den Club of Rome erstellten Arbeit wurden die langfristige weltwirtschaftliche Entwicklung sowie deren Auswirkungen auf die Umwelt und Ressourcenverfügbarkeit auf der Basis historischer Werte bis zum Jahr 2100 abgeschätzt. Diese Prognose basierte jedoch auf einer Trendextrapolation der Daten, weshalb der technologische Fortschritt weitaus unterschätzt und die Auswirkungen menschlichen Handelns auf die Umwelt und die Verfügbarkeit von Ressourcen deutlich überschätzt wurden.

3 Die Szenariotechnik

Als Begründer der Szenariotechnik gilt Herman Kahn, unter dessen Leitung die USA bereits während des zweiten Weltkrieges ihre Militärplanung aufgrund von Ergebnissen spieltheoretischer Analysen ausrichtete. Ab Mitte der 1960er Jahre widmete sich Kahn am *Hudson-Institute* dann vorrangig wirtschaftswissenschaftlichen Problemstellungen und entwickelte dort in Zusammenarbeit mit Anthony J. Wiener das *Scenario Writing* (1967), welches sich für die Erstellung langfristiger Entwicklungsmöglichkeiten des Untersuchungsgegenstandes eines strukturierten „wenn, dann"-Prozesses bediente. In Frankreich war Bertrand de Jouvenel maßgeblich an der Entwicklung der Szenariomethode *La Methode Prospective* beteiligt, welche auch heute noch in der Regionalpolitik Anwendung findet. In Deutschland gingen von Geschka (1983), Reibnitz (1983, 1987, 1988, 1991) sowie von Gausemeier (1995, 1996) ebenfalls wichtige Impulse für die Weiterentwicklung der formalen Szenariotechnik aus. Auf Unternehmensebene hat Royal Dutch Shell unter der Leitung von Peter Wack die Implementierung der Szenariotechnik vorangetrieben. Durch die Erstellung von Szenarien Anfang der 1970er Jahre gelang es dem Unternehmen, die zunehmende Instabilität in den Ölförderländern und die Auswirkungen der Ölkrise auf die Branche zu antizipieren. Ende der 1970er Jahre begannen auch andere Ölunternehmen und dem Ölbereich verwandte Branchen nach dem Vorbild von Royal Dutch Shell Szenarien zu erstellen – heute setzt eine Vielzahl renommierter Unternehmen die Szenariotechnik als Prognose- und Planungsinstrument ein (Reibnitz 1991, S. 13).

3.1. KENNZEICHEN DER SZENARIOTECHNIK

Die grundlegenden Unterscheidungsmerkmale zwischen der Szenariotechnik und anderen Prognosemethoden (siehe auch Kirschner, Prettenthaler, Habsburg-Lothringen 2007) liegen darin, dass bei der Erstellung von Szenarien mögliche Trendbrüche und deren Auswirkungen auf das gesamte System analysiert werden und dass unterschiedliche Entwicklungspfade erarbeitet werden, um dem hohen Grad an Unsicherheit, der mit der Voraussage langfristiger Prognosehorizonte einhergeht, Rechnung zu tragen (Gausemeier *et al.* 1996, S. 83). Diese zentralen Eigenschaften der Szenariotechnik lassen sich mit Hilfe des so genannten Szenariotrichters veranschaulichen (siehe Abbildung 15). Die Gegenwart (Zeitpunkt t_0) befindet sich am Ursprung des Trichters; hier sind die Ausprägungen der einzelnen Variablen sowie ihre wechselseitigen Beziehungen bekannt (Graf 2000, S. 21). Die zukünftige Entwicklung wird häufig anhand eines Trendszenarios und zweier Extremszenarien (ein positives und ein negatives) beschrieben. Zusätzlich besteht die Möglichkeit, dass Störereignisse – im Schaubild kurz nach dem Zeitpunkt t_i eingezeichnet – eintreten. Diese können die Wechselwirkungen der einzelnen Variablen zueinander stark verändern beziehungsweise das Auftreten neuer Variablen sowie den Einsatz politischer Maßnahmen bewirken. Da Störereignisse oftmals zum Ergreifen von Gegenmaßnahmen führen, sind idealerweise auch die Auswirkungen dieser Gegenmaßnahmen auf die weitere Entwicklung abzuschätzen.

Abbildung 15: Der Szenariotrichter

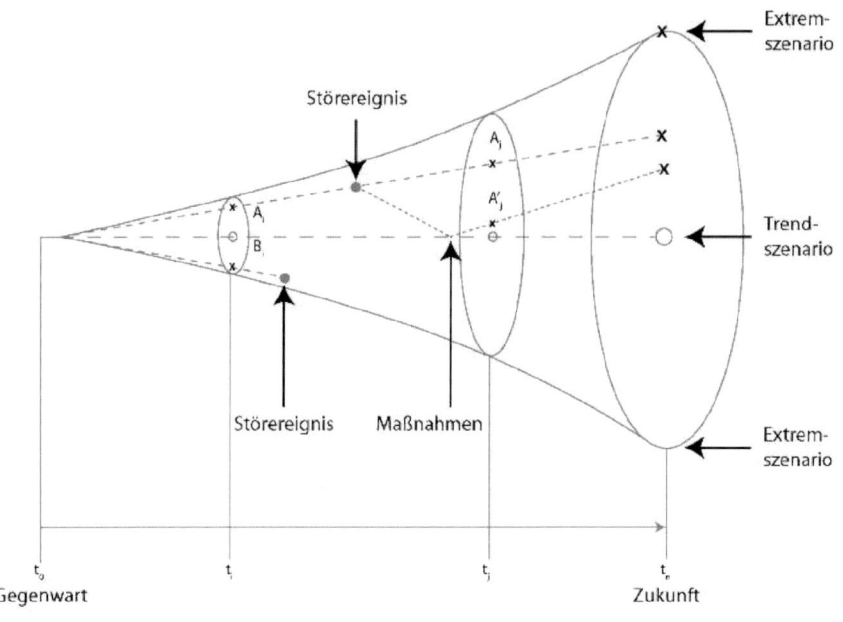

Quelle: König (1988) S. 269, eigene Darstellung JR-InTeReg.

Die Gegenmaßnahmen werden in siehe Abbildung 15 zum Zeitpunkt t_j ergriffen, wodurch die weitere Entwicklung wieder nahe an das ursprünglich verfolgte Szenario X^{An} herangeführt wird.

Zudem veranschaulicht die Abbildung, dass die Anzahl der möglichen Entwicklungspfade sowie die Unterschiede zwischen den einzelnen Projektionen umso größer sind, je weiter in der Zukunft der Prognosehorizont liegt, da der Grad an Unsicherheit der zukünftigen Entwicklungen immer stärker zunimmt. Die Ränder des Szenariotrichters stellen jeweils die extremsten Projektionen (positiv wie negativ) mit der geringsten Eintrittswahrscheinlichkeit dar (Reibnitz 1991, S. 26). Das Trendszenario hingegen spiegelt meist die Extrapolation vergangener Entwicklungen in die Zukunft wider. Diesem Szenario liegt zumeist die Annahme zugrunde, dass sich keine das System nachhaltig verändernden politischen, sozialen oder wirtschaftlichen Rahmenbedingungen durchsetzen (Graf 2000, S. 21).

3.2.   VERFAHREN DER SZENARIOERSTELLUNG

In der Literatur (siehe dazu: Gausemeier, Fink, Schlake 1996; Gausemeier, Ebbesmeyer, Kallmeyer 2001; Geschka, Reibnitz 1983; Godet, Roubelat 1996; Godet 2004; Reibnitz 1987 und 1992; Van der Heijden 1996 und Kirschner, Prettenthaler, Habsburg-Lothringen 2007) finden sich unterschiedliche Darstellungen des Szenario-Prozesses, welche sich im Hinblick auf die unterschiedliche Betonung der einzelnen Verfahrensschritte beziehungsweise im Hinblick auf den Einsatz von Methoden unterscheiden. Trotzdem ist im Allgemeinen der Ablauf der deduktiven und formalen Szenarioerstellung in die folgenden Phasen gegliedert.

3.2.1 Szenariovorbereitung und Szenariofeldanalyse

Zunächst muss die Problemstellung klar definiert und die Untersuchungsregion deutlich abgegrenzt werden. Diese Abgrenzung soll nicht ausschließlich auf der Abgrenzung nach politischen Verwaltungseinheiten beruhen. Es ist vielmehr Aufgabe von Regional Foresight-Prozessen, die Berücksichtigung wirtschaftlicher, kultureller und geographischer Verflechtungen zu forcieren. In einem nächsten Schritt sind die zu behandelnden Themengebiete und das Gestaltungs- sowie das Szenariofeld festzulegen; ebenso sind die zu verfolgenden Ziele und der Prognosehorizont anzugeben (Gausemeier, Fink, Schlake 1996, S. 125 ff.). Aufgrund dieser Vorarbeiten ist eine sorgfältige Auswahl geeigneter ExpertInnen und regionaler Entscheidungsträger aus unterschiedlichen Fachrichtungen für die weitere Durchführung des Foresight-Prozesses zu treffen. Die Qualität der Resultate des Vorschau-Prozesses hängt nämlich unter anderem entscheidend von der Auswahl dieser Akteure ab. Im Anschluss daran wird die zu untersuchende Region einer Stärken-/Schwächen-Analyse unterzogen und es werden sowohl quantitative als auch qualitative Indikatoren zur Messung der weiteren Entwicklung festgelegt.

3.2.2 Einflussanalyse

In dieser Prozessphase werden auf Basis der vorangegangenen Analyse die globalen – und damit externen, nicht beeinflussbaren – Trends ebenso wie die durch die Region selbst steuerbaren internen Einflussfaktoren identifiziert. Ziel ist es, treibende Variable zu ermitteln, um ein ganzheitliches Verständnis über die weitere Entwicklung der Region sowie Erkenntnisse über die Wirkweise von politischen Aktivitäten zu erhalten. Die direkten Wechselbeziehungen der Variablen werden mit Hilfe einer Vernetzungsmatrix, der so genannten Cross-Impact-Matrix, untersucht. Die paarweise Bewertung der Indikatoren wird auf einer vierstufigen Bewertungsskala vorgenommen, wobei gilt, dass bei der Vergabe einer Null keine Wirkung von Faktor A auf Faktor B ausgeht und dass bei der Bewertung mit der Wirkstärke 3 ein sehr starker Einfluss von Faktor A auf Faktor B ausgeht. Ein Ausschnitt einer beispielhaften Matrix, die für die Indikatoren des Großraums Graz-Maribor erstellt wurde, findet sich in der folgenden Tabelle:

Tabelle 5: Einflussmatrix

EINFLUSS-FAKTOR	A	B	C	D	E	F	...	HH	AKTIV-SUMME
A	X	3	1	1	0	0	...	1	**39**
B	2	X	3	2	0	2	...	2	**35**
C	2	3	X	1	2	2	...	3	**38**
D	1	1	2	X	1	1	...	1	**28**
E	1	1	2	2	X	1	...	1	**47**
F	0	0	2	0	1	X	...	2	**45**
...	...	...	...	...	...	...	X	...	**...**
HH	2	2	2	2	1	1	...	X	**50**
PASSIV-SUMME	47	49	45	35	47	40	...		**1320**

Quelle: Eigene Darstellung, JR-InTeReg.

So hat beispielsweise der Anteil der Absolventen von naturwissenschaftlichen und technischen Studienrichtungen (Einflussfaktor A in Projekt LebMur, wie in Teil C (Prettenthaler, Kirschner (Hg.) 2007b und Kirschner, Prettenthaler, Habsburg-Lothringen 2007) dargestellt, einen hohen Einfluss auf den Anteil der Diplomingenieure an den unselbständig Beschäftigten (Einflussfaktor B). Hingegen hat der Einflussfaktor A keinen Einfluss auf den Faktor E, den Anteil der im Gesundheitsbereich Beschäftigten.

Als Auswahlkriterien für die Schlüsselfaktoren dienen die Aktiv- und die Passivsumme des jeweiligen Einflussfaktors sowie die Höhe des Impulsindex und des Dynamikindex.

Die Aktivsumme wird durch die Zeilensumme eines Einflussfaktors gebildet (Mißler-Behr, 1993, S. 55) und spiegelt die Höhe der Einflussstärke auf alle anderen Systemgrößen im Gesamtsystem wider, für n Faktoren gilt:

$$AS_i = \sum_{j=1, j \neq i}^{n} k_{ij} \, .$$

Die Passivsumme errechnet sich aus der Spaltensumme eines Einflussfaktors (Mißler-Behr, 1993, S. 55) und gibt die Abhängigkeitsintensität von Entwicklungen anderer Variablen an:

$$PS_j = \sum_{i=1, i \neq j}^{n} k_{ij} \, .$$

Bei der Bestimmung des **gewichteten Durchschnittpunktes** wird die Summe der maximal möglichen Zeilen- beziehungsweise Spaltensummen der Einflussfaktoren mit der Summe der Zeilen- beziehungsweise Spaltensummen gewichtet.

Der Dynamikindex wird durch die Multiplikation von Aktiv- und Passivsumme erstellt und misst den Grad der Vernetzung eines Einflussfaktors mit dem Gesamtsystem. Mit Hilfe der Division der Aktivsumme durch die Passivsumme erhält man den Impulsindex eines Einflussfaktors. Er gibt an, wie stark die Veränderung ist, die von einem Einflussfaktor auf das Gesamtsystem ausgeht, ohne dass sich der Einflussfaktor selbst verändert (vgl. Kirschner, Prettenthaler, Habsburg-Lothringen 2007).

Die Ergebnisse der Einflussanalyse werden häufig in einem System-Grid veranschaulicht, um so einen besseren Überblick über die Einflussstärke der einzelnen Variablen auf das Gesamtsystem zu erhalten. Hier wird die maximale Aktivsumme auf der y-Achse aufgetragen, die maximale Passivsumme ist an der x-Achse abzulesen.

Der Mittelwert der Aktivsumme teilt das Schaubild in einen oberen und einen unteren Bereich, der Mittelwert der Passivsumme teilt das Diagramm in eine linke und eine rechte Seite, wie in Abbildung 16 dargestellt (vgl. Gausemeier *et al.* 1996, S. 199ff. und Kirschner, Prettenthaler, Habsburg-Lothringen 2007).

Sind die Wechselwirkungen innerhalb des Systems so schwach ausgeprägt, dass keine (oder nur eine sehr geringe Anzahl) von Einflussfaktoren Aktiv- und Passivsummen aufweisen, die höher sind als der Mittelwert, so kann auch ein Systemgrid mit gewichteten Aktiv- und Passivsummen zur Auswahl der Schlüsselfaktoren dienen.

Die gewichtete Aktivsumme berechnet sich wie folgt: Die Summe der Aktivsummen aller Einflussfaktoren wird durch die Summe der maximal möglichen Aktivsummen dividiert und

anschließend mit dem Produkt aus der Anzahl an Einflussfaktoren und dem maximal möglichen Wert der Bewertungsskala multipliziert.

Für die Berechnung der gewichteten Passivsumme geht man analog vor. Die Einflussfaktoren können dann einer der folgenden fünf Gruppen zugeordnet werden:

- a) **Impulsive Einflussfaktoren:** Im oberen linken Quadranten befinden sich die impulsiven Faktoren mit hoher Aktiv- und geringer Passivsumme, welche einen Impulsindex von größer oder gleich 2 aufweisen. Charakteristisch für diese Faktoren ist, dass sie hohen Einfluss auf die weitere Entwicklung aller anderen Variablen haben und sich daher oftmals aufgrund ihrer Hebelwirkung für Lenkungseingriffe bewährt haben.

- b) **Dynamische Einflussfaktoren:** Im oberen rechten Quadranten liegen die dynamischen Variablen mit hoher Aktiv- und hoher Passivsumme sowie einem überdurchschnittlichen Dynamikindex. Der Impulsindex beträgt zwischen 0,5 und 2 und liegt somit im Durchschnitt. Diese Faktoren sind besser als alle anderen Einflussfaktoren mit dem System vernetzt, weshalb sie auch als kritische Faktoren gelten. Dynamische Faktoren beeinflussen das System stark, reagieren jedoch auch stark auf äußere Veränderungen. Aufgrund ihrer hohen Instabilität muss vor politischen Maßnahmen bei dynamischen Systemgrößen abgewogen werden, ob dies nicht zu großen – und durch Rückkoppelungen möglicherweise unkontrollierbaren – Störungen des gesamten Systems führen könnte.

- c) **Puffernde Einflussfaktoren:** Diese Einflussfaktoren sind im linken unteren Quadranten angesiedelt; gekennzeichnet sind sie durch unterdurchschnittliche Aktiv- und Passivsummen sowie einen geringen Dynamikindex. Da diese Faktoren nicht stark im System verankert sind und weder Faktoren beeinflussen noch stark beeinflusst werden, können sie ohne größeren Informationsverlust von der weiteren Analyse ausgespart werden.

- d) **Reaktive Einflussfaktoren:** Diese Einflussfaktoren weisen eine überdurchschnittliche Passivität, eine unterdurchschnittliche Aktivität und einen geringen Impulsindex auf. Sowohl die kritischen als auch die dynamischen Variablen wirken stark auf die reaktiven Größen ein, während dies umgekehrt nicht der Fall ist. Aus diesem Grund dienen diese passiven Faktoren oft als Indikatoren für die Weiterentwicklung eines Systems.

- e) **Neutrale Einflussfaktoren:** Diese Variablen sind in der linken Hälfte des System-Grids angesiedelt, wo sowohl Aktivität als auch Passivität durchschnittlich bis tendenziell unterdurchschnittlich ausgeprägt sind. Die neutralen Faktoren liegen an den Schnittflächen der bisher beschriebenen Systemgrößen, weshalb über die Bedeutung dieser Variablen für die weitere Entwicklung des Systems a priori keine Aussage getroffen werden kann.

Abbildung 16:   System-Grid

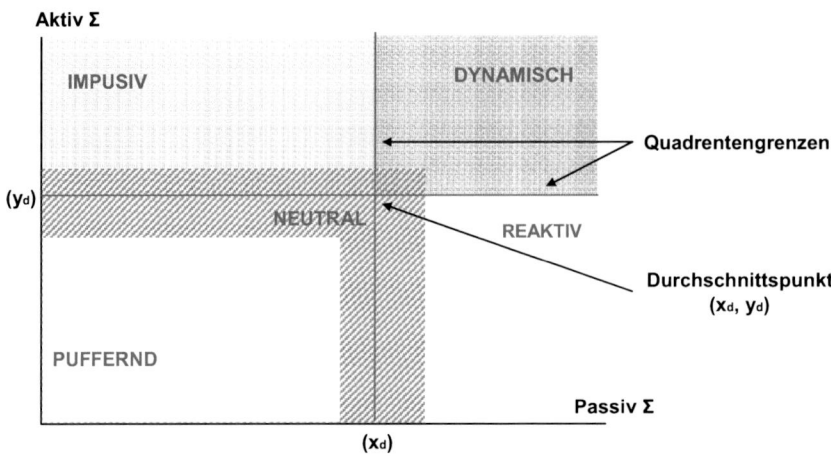

Quelle: Scholz, Tietje (2002), eigene Darstellung JR-InTeReg.

3.2.3   Deskriptorenanalyse und Projektionenbildung

Für jeden der ausgewählten treibenden Faktoren wird ein geeigneter Indikator gewählt und anschließend unterschiedliche Zukunftsprojektionen unter Berücksichtigung alternativer exogener Rahmenbedingungen erarbeitet. Für ein hochwertiges Szenario ist es zudem unerlässlich, den Verlauf der einzelnen Entwicklungspfade jedes Schlüsselfaktors zu beschreiben, anstatt nur die unterschiedlichen Entwicklungsendpunkte anzugeben.

Da die Güte dieser Projektionen die Aussagekraft der Szenarien bestimmt, muss diesem Schritt besondere Aufmerksamkeit geschenkt werden (Gausemeier, Fink, Schlake 1996, S. 222 ff.). Grundsätzlich wird zwischen zwei Formen von Zukunftsprojektionen unterschieden:

- Zum einen gibt es die kritischen (auch alternativen) Deskriptoren, deren weitere Entwicklung mit großer Unsicherheit behaftet ist.

- Zum anderen gibt es unkritische (eindeutige) Deskriptoren, die dadurch charakterisiert sind, dass ihr zukünftiger Verlauf mit hoher Wahrscheinlichkeit aus vergangenen Daten ableitbar ist (vgl. Mißler-Behr 1993, S. 14).

Den einzelnen Projektionen werden dann a priori Eintrittswahrscheinlichkeiten zugeordnet, welche in der Regel auf der Einschätzung von Experten sowie der Trendextrapolation von Zeitreihen beruhen. Eindeutige Projektionen erhalten den Wert Eins, die Summe der Eintrittswahrscheinlichkeiten aller alternativen Deskriptoren eines Schlüsselfaktors muss ebenfalls Eins ergeben.

3.2.4   Szenarienkomposition und -interpretation

Diese Phase dient der Erstellung unterschiedlicher, repräsentativer und widerspruchsfreier Zukunftsbilder. Die Entwicklung von Szenarien ist bereits ab zwölf Deskriptoren mit je drei Ausprägungen mit einem erheblichen Rechenaufwand und einer für die weitere Analyse zu großen Anzahl an potentiellen Szenarien verbunden[9], weshalb durch geeignete Verfahren wie die Konsistenzanalyse alle Szenarien, die auf inkonsistenten Deskriptorenausprägungen beruhen, eliminiert werden. Anschließend wird eine Sensitivitätsanalyse durchgeführt, um die Robustheit der einzelnen Szenarien zu testen.

Eine Plausibilitätsanalyse erklärt zusätzlich, wie hoch die Wahrscheinlichkeit für das Eintreten von Szenariobündeln ist. Die aufgrund dieser Analysen ausgewählten Bündel werden dann mit Hilfe der Clusteranalyse Gruppen zugeordnet. Jede Gruppe soll dabei möglichst homogen sein, sich jedoch gleichzeitig stark von den anderen gebildeten Gruppen unterscheiden. Das Ergebnis sind dann meist drei in sich konsistente, repräsentative und ein breites Spektrum zukünftiger Entwicklungen abdeckende Szenarien.

3.2.5   Konsequenz- und Störereignisanalyse

In dieser Phase werden die mit dem Eintreten der jeweiligen Szenarien verbundenen Chancen und Risiken bewertet. Ziel ist es dann, das wünschenswerteste aller entwickelten Szenarien auszuwählen und kurz- bis mittelfristige Maßnahmen festzulegen, welche die Realisierung dieses Szenarios unterstützen können.

In der Störereignisanalyse werden für eine Reihe von endogenen und exogenen Ereignissen, die zwar eine geringe Eintrittswahrscheinlichkeit aufweisen, aber die Entwicklung der Region stark verändern könnten, die Auswirkungen für die Region abgeschätzt und Maßnahmenkataloge sowie Eventualpläne erstellt, um für den Fall des Eintretens eines solchen Störereignisses die Auswirkungen für die Region möglichst gering zu halten.

3.2.6   Szenariotransfer

Neben der Entwicklung der Szenarien ist die Kommunikation der Ergebnisse von großer Bedeutung, damit die von den einzelnen Szenarien betroffenen Stakeholder auf zukünftige Chancen und Risiken aufmerksam gemacht und gemeinsam die vorgeschlagenen Handlungsoptionen und Maßnahmenkataloge umgesetzt werden (siehe dazu Gausemeier, Fink, Schlake 1996, S. 321 ff.).

Besonders wichtig erscheint auch eine Analyse, welche Personengruppen und welche Teilregionen beim Eintreten der jeweiligen Szenarien besonders – vor allem nachteilig – betroffen sind, um hier frühzeitig zu sensibilisieren und gegenlenkende Maßnahmen einleiten zu können.

Der hier vorgestellte Ablauf einer Szenarioanalyse ist sehr ressourcen- und zeitintensiv, weshalb in der Praxis meist nicht alle Schritte durchgeführt werden. Damit sich der erhebliche Aufwand der Durchführung einer Szenarioanalyse für eine Region auszahlt, ist es daher von großer Bedeutung, dass der Phase des Szenariotransfers viel Aufmerksamkeit geschenkt wird, Handlungsmaßnahmen

---

[9]   Untersucht man ein System mit zwölf Deskriptoren zu je drei Entwicklungspfaden, so sind theoretisch 3^{12}, also mehr als 500.000 Szenarien realisierbar.

festgelegt und die Weichen für deren Umsetzung gestellt werden. Darüber hinaus ist es erstrebenswert, derart aufwendige Vorschauaktivitäten kontinuierlich durchzuführen und die Überwachung der Implementierungsschritte sowie Analysen über die weitere Entwicklung der Region regelmäßig durchzuführen. Nur so können Abweichungen von den bei den Szenarien beschriebenen Entwicklungen festgestellt und möglichst rasch Gegenmaßnahmen eingeleitet werden, um auf den ursprünglich definierten Entwicklungspfad zurückzukehren.

4 Schlussbetrachtung

Regional Foresight untersucht die Entwicklung einer Region interdisziplinär unter Verwendung von quantitativen und qualitativen Methoden. Dieser Ansatz ist besonders nützlich bei der Analyse einer Kombination aus politischen, sozialen, wirtschaftlichen und ökologischen Einflussfaktoren, wie es bei der Erstellung von Szenarien für den Großraum Graz-Maribor der Fall ist. Ferner wird bei Vorschauprozessen im Gegensatz zu rein quantitativen Prognosen ein hoher Grad an Verständnis über die Wirkzusammenhänge vieler die Entwicklung einer Region beeinflussender Variablen gewonnen. Dabei wird der Vernetzung der in einer Region lebenden Menschen, der Entscheidungsträger sowie der Forscher große Bedeutung beigemessen.

Wichtig ist, bei Foresight-Prozessen sicherzustellen, dass die langfristigen Visionen mit Hilfe von kurz- bis mittelfristigen Implementierungsschritten umgesetzt werden. Dafür muss bei Entscheidungsträgern das Bewusstsein geschaffen werden, dass sie mit ihren gegenwärtigen Entscheidungen die langfristige Entwicklung der Region formen und dass Politik, die ausschließlich kurzfristig ausgerichtet ist, ohne die nachhaltige Entwicklung einer Region zu berücksichtigen, die langfristige Prosperität einer Region gefährden kann.

Letztlich muss noch darauf hingewiesen werden, dass die Durchführung von Vorschauaktivitäten nur dann sinnvoll ist, wenn die zu untersuchende Region ein Mindestmaß an lokaler Identität und politischen Steuerungsmöglichkeiten besitzt. Ansonsten würden bei der Analyse ausschließlich externe Variablen, deren Entwicklung von der Region nicht beeinflusst werden kann, berücksichtigt und es ließen sich keine Handlungsmaßnahmen für die Region ableiten.

Es ist ferner ratsam, sich bei der Durchführung von Foresight-Prozessen auf jene Themenbereiche zu konzentrieren, welche die derzeitige Entwicklung der Region maßgeblich beeinflussen oder von denen man ausloten möchte, ob sie die weitere Entwicklung der Region stark prägen werden können. Auch hier ist wieder vor Inangriffnahme einer Vorschauaktivität zu prüfen, inwieweit für regionale Stakeholder Möglichkeiten für eine Beeinflussung der weiteren Entwicklung dieser ausgewählten Themen gegeben ist – ansonsten ist auch hier von der Durchführung eines Foresight-Prozesses abzuraten.

Bibliographie

Albers O., Broux A. (1999): Zukunftswerkstatt und Szenariotechnik, Ein Methodenbuch für Schule und Hochschule, Weinheim.

Amara R., Lipinsky A. (1983): Business Planning for an Uncertain Future: Scenarios and Strategies, New York.

Beck P.W. (1977): Strategic Planning in the Royal Dutch/Shell Group, a paper presented on March 1st 1977, on the Conference of Corporate Strategic Planning.

Berhout F., Hertin J. (2002): Foresight futures scenarios. Developing and Applying a Participative Strategic Planning Tool, University of Sussex, Sussex, UK.

Braun A., Glauner C. (2005): Einführung in die Praxis der „Regionalen Vorausschau", Hintergründe und Methoden, ZTC Working Paper Nr. 2/2005, Düsseldorf.

Coates F.J. (2000): Scenario Planning, in: Technological Forecasting and Social Change 65, S. 115-123.

Einhorn H., Hogarth R. (1982): Prediction, diagnosis and causal thinking in forecasting, in: Journal of Forecasting, 22.

Eversheim W., Grawatsch M. (2001): Combining the Scenario Technique with QFD and TRIZ to a Product Innovation Methodology, Beitrag zur World Conference „TRIZ Future 2001, November, Bath UK.

Fink A., Schlake O., Sebe A. (2001): Erfolg durch Szenariomanagement, Frankfurt/New York.

Futures Group (1994): Scenarios, United Nations University, Washington D.C.

Gausemeier J., Ebbesmeyer P., Kallmeyer F. (2001): Produktinnovation. Strategische Planung und Entwicklung der Produkte von morgen, München.

Gausemeier J. (Hrsg.) (1995): Die Szenario-Technik – Werkzeug für den Umgang mit einer multiplen Zukunft, Paderborn, Heinz Nixdorf Institut, 43-62.

Gausemeier J., Fink A., Schlake O. (1996): Szenario-Management, Planen und Führen mit Szenarien, 2. bearbeitete Auflage, München/Wien.

Gavigan J. P., Scapolo F. *et al*. (2001): A Practical Guide to Regional Foresight, Brussels.

Georgantzas N., Acar W. (1995): Scenario-driven Planning, Learning to Manage Strategic Uncertainty, Westport.

Geschka H., Reibnitz U. von (1983): Die Szenariotechnik – ein Instrument der Zukunftsanalyse und der strategischen Planung, in: Töpfer A., Afheldt, H. (Hrsg.), Praxis der strategischen Unternehmensplanung ,Frankfurt, S. 125-170.

Godet M., Montir R., Meunier F., Robelat F. (2004): Scenarios and Strategies, a toolbox for problem solving, LIPSOR Working Paper, Paris.

Godet M. (2000): The Art of Scenarios and Strategic Planning: Tools and Pitfalls, in: Technological Forecasting and Social Change 65, S. 3-22.

Godet M. (2000): Integration of Scenarios and Strategic Management: Using relevant, consistent and likely scenarios, in: Futures, Vol. 22, Nr. 7, S. 730-739, September 2000.

Godet M. (1997): Manuel de Prospective Stratégique, Tome 1 : Une indiscipline intellectuelle, Paris.

Godet M. (1997): Manuel de Prospective Stratégique, Tome 2 : Líart et la méthode, Paris.

Godet M., Roubelat F. (1996): Creating the future: The use and misuse of scenarios, in: Long Range Planning, Vol. 29, No.2, S. 164-171.

Godet M. (1991): From anticipation to action, A handbook of strategic prospective, Paris.

Graf H. G. (2000): Globale Szenarien, Megatrends im weltweiten Kräftespiel, Zürich.

Helmer, O. (1982): Looking Forward – A Guide to Futures Research, London.

Herzhoff M. (2004): Szenario-Technik in der chemischen Industrie. Untersuchung von Software-Tools am Beispiel einer Studie zum Markt für Flammschutzmittel im Jahr 2010 und der praktischen Bedeutung der Szenario-Technik, Berlin.

Inoue M.S., Riggs J.L. (1971): Describe your system with cause and effect diagrams, in: Industrial Engineering (April), S. 26-31.

Kahn H., Wiener, A. (1967): The Year 2000: A framework for speculation on the next thirty years, New York.

Kirschner E., Prettenthaler F., Habsburg-Lothringen C. (2007): *Die Szenarien – die Ergebnisse im Detail*, in Prettenthaler, F. und Kirschner, E. (Hg.), Zukunftsszenarien für den Verdichtungsraum Graz-Maribor (LebMur), Teil C: Die Zukunft denken, Verlag der Österreichischen Akademie der Wissenschaften, Wien 2008, ISBN 978-3-7001-3912-6.

Keenan M., Uyarra E. (2002): Why Regional Studies? An Overview of Theory and Practice, Paper prepared for the STRATA-ETAN ExpertGroup Action on "Mobilising the regional foresight potential of an enlarged European Union", European Commission, Brussels.

Prettenthaler, Kirschner (Hg.) (2007): Zukunftsszenarien für den Verdichtungsraum Graz-Maribor (LebMur), Teil C: die Zukunft denken, Verlag der Österreichischen Akademie der Wissenschaften, Wien 2008, ISBN 978-3-7001-3912-6.

König M. (1988): Szenariotechnik, Unterrichtsgegenstand und Unterrichtsmethode in kaufmännischen Schulen, in: Becker M., Pleiss U. (Hrsg.), Wirtschaftspädagogik im Spektrum ihrer Problemstellung, Frankfurt.

Krystek U., Müller-Stewens G. (1993): Frühaufklärung für Unternehmen: Identifikation und Handhabung zukünftiger Chancen und Bedrohungen, Stuttgart.

Meadows D.L., Behrens W.W., Meadows D.H., Naill R.F., Randers J., Zahn E.K. (1974): Dynamics of Growth in a Finite World, Cambridge MA.

Meadows D.L., Meadows D.H. (Hrsg.) (1974): Toward Global Equilibrium: Collected Papers, Cambridge MA.

Meadows D. H., Meadows D. L., Randers J. (1992): Beyond the Limits: Confronting Global Collapse, Envisioning A Sustainable Future, Chelsea Green.

Meadows D.H., Meadows D.L., Randers J., Behrens W.W. (1972): The Limits to Growth: A Report for the Club of Rome's Project on the Predicament of Mankind, New York.

Meristo T. (1989): Not forecasts but multiple scenarios when coping with uncertainties in the competitive environment, in: European Journal of Operational Research, Vol. 38, No. 3, S. 350-357, February 15th.

Meyer-Schönherr M. (1992): Szenario-Technik als Instrument der strategischen Planung, Frankfurt/Main.

Michael D. (1973): On Learning to Plan – and Planning to Learn, San Francisco.

Mietzner D., Reger G. (2005): Advantages and disadvantages of scenario approaches for strategic foresight, in: International Journal Technology Intelligence and Planning, Vol. 1, No. 2, S. 220 - 239.

Mißler-Behr M. (1993): Methoden der Szenarioanalyse, Wiesbaden.

Neilson R.E., Wagner C.J. (2000): Strategic Scenario Planning at CA International, No. 12, January/February.

Prettenthaler, F. und Kirschner, E. (Hg.) (2007), Zukunftsszenarien für den Verdichtungsraum Graz-Maribor (LebMur), Teil C: Die Zukunft denken, Verlag der Österreichischen Akademie der Wissenschaften, Wien 2008, ISBN 978-3-7001-3912-6.

Ratcliffe J. (2002): Scenario Planning: An Evaluation of Practice. School of Construction & Property Management, University of Salford, October.

Reibnitz U. von (1991): Szenario-Technik, Instrumente für die unternehmerische und persönliche Erfolgsplanung, Wiesbaden.

Reibnitz U. von (1988): Scenario Techniques, Hamburg.

Reibnitz U. von (1987): Szenarien – Optionen für die Zukunft, McGraw-Hill Book Company.

Reibnitz U. von (1983): Szenarien als Grundlage strategischer Planung, in: Harvard-Manager, 1/83.

Ringland G. (1998): Scenario Planning, Managing for the Future, New York/London.

Rotmans D. S., Rotmans J., Van Asselt M. B., Van Notten P. W. (2003): An Updated Scenario Typology, in: Futures, Vol. 35., S. 423 – 443.

Selien R. (Hrsg.): Gabler Wirtschaftslexikon, 15. Auflage, Wiesbaden.

Schnaars S.P. (1987): How to Develop and to Use Scenarios, in: Long Range Planning, 20/1 S. 105-114.

Schoemaker P., van der Heijden K. (1992): Integrating Scenarios into Strategic Planning at Royal Dutch/Shell, Planning Review 20, 3.

Scholz R.W., Tietje O (2002): Embedded Case Study Methods: Integrating quantitative and qualitative, Zürich.

Schroeder W.W., Sweeney R.E., Alfeld L.E. (Hg. 1975): Readings in Urban Dynamics, Vol. 2, Cambridge MA.

Schwartz P. (1991): The Art of the Long View, New York.

Sontheimer K. (1970): Voraussage als Ziel und Problem moderner Sozialwissenschaft, in: Klages, H., Möglichkeiten und Grenzen der Zukunftsforschung, Wien/Freiburg.

Steinmüller K. (1997): Grundlagen und Methoden der Zukunftsforschung, Szenarien, Delphi, Technikvorschau, WerkstattBericht 21, Sekretariat für Zukunftsforschung, Gelsenkirchen.

Tietje O. (2003): Identification of a small reliable and efficient set of consistent scenarios, in: European Journal of Operational Research.

Van der Heijden K. (1996): Scenarios: The Art of Strategic Conversation, Chichester, Wiley, 1996.

Wack P. (1985): Scenarios, uncharted waters ahead, Harvard Business Review 1985, 5.

Wilms F. E. P. (2006): Szenariotechnik: vom Umgang mit der Zukunft, Bern, Wien.

Zahn E. (1979): Technologische Vorhersagen, in: Kern W. (Hg.), Handwörterbuch der Produktionswirtschaft.

REGIONALE FORESIGHT-PROZESSE IN GRENZÜBERSCHREITENDEN REGIONEN

Kristina Zumbusch

JOANNEUM RESEARCH, Institut für Technologie- und Regionalpolitik

Elisabethstraße 20, 8010 Graz, Austria

Abstract:

Bei der Formulierung einer langfristigen regionalen Entwicklungsstrategie sind die wirtschaftlichen, sozialen und kulturellen Verflechtungen mit anderen Regionen zu berücksichtigen. Diese Arbeit zeigt theoretisch und exemplarisch auf, dass Regional Foresight für die Entwicklung einer grenzüberschreitenden Vision sehr gut geeignet ist: Foresight begünstigt die Bildung von Netzwerken und die Vertiefung von Kooperationen sowie die Identifikation von Synergiepotentialen. Auf die spezifischen Anforderungen grenzüberschreitender *Foresight-Prozesse* wird ebenso eingegangen wie auf die durch institutionelle, kulturelle und sprachliche Barrieren ausgelösten Probleme. Darüber werden die besonderen Anforderungen an die in den Foresight-Prozess eingebundenen Akteure betrachtet.

Für die Großregion SaarLorLuxRhein wurden die einzelnen Akteure sowie deren Entscheidungskompetenzen, die herrschenden Strukturen und die diversen Kooperationsformen vorgestellt. Es folgt eine detaillierte Beschreibung der Entwicklung und der Ziele des „Zukunftsbilds 2020". Ausführlich wurden auch die Aktivitäten im Rahmen der Formulierung einer grenzüberschreitenden, kooperativen Entwicklungsstrategie der Öresund-Region betrachtet.

Keywords: Grenzüberschreitender *Regional-Foresight-Prozeß*, SaarLorLuxRhein, Öresund-Region, PAMINA, Europastadt Görlitz-Zgorzelec.

JEL Classification: J11, R11, R58

In the complex context of border regions, foresight methods can offer an open-ended strategic process that brings together people and systems across national borders and institutional boundaries. Such regional foresight can be instrumental in building effective regions spanning several national borders. (Europäische Kommission 2004)

Inhaltsverzeichnis

Abbildungs- und Tabellenverzeichnis Teil B3

1 Regional Foresight in grenzüberschreitenden Regionen

Herausforderungen regionaler Entwicklung richten sich nicht nach administrativen Grenzen. Funktionale Verflechtungen, gemeinsame Problemstellungen, geographische Verbundenheiten und Konfrontation mit gleichen (räumlichen) Rahmenbedingungen definieren Entwicklungschancen und -risiken über Grenzen hinweg. Diese aufzugreifen oder diesen entsprechend zu begegnen, gestaltet sich in grenzüberschreitenden Regionen weitaus schwieriger als innerhalb administrativ klar begrenzter Einheiten mit entsprechenden formalen Verwaltungs- und Zuständigkeitsstrukturen. Ist die Bündelung von Anstrengungen, Interessen und relevantem Wissen bereits innerhalb klar definierter regionaler Einheiten einzelner Nationalstaaten oftmals als große Herausforderung einzustufen, die über formale Planungsverfahren hinausgehend einen entsprechenden Ressourceneinsatz und ein entsprechendes Committment für einen breiten partizipativen Ansatz verlangt, wird sie durch Differenzen institutioneller, kultureller, sprachlicher, rechtlicher und anderer Art bedingt durch nationale Grenzen noch komplexer. Obwohl der europäische Integrationsprozess bereits große Erfolge erzielte, stellen Grenzen weiterhin Hürden dar. Unterschiedliche Systeme und Herangehensweisen müssen überbrückt und eine gemeinsame Arbeitsbasis sowie eine gemeinsame Kommunikationsebene gefunden werden. Dies kann nur freiwillig und kooperativ erfolgen und erfordert zudem einen langen Atem sowie Kontinuität.

In den letzten Jahrzehnten fanden sich in fast allen europäischen Staaten Regionalisierungs- und Dezentralisierungs-Prozesse und veränderten den Status der lokalen und regionalen Akteure – auch in den Grenzregionen. Obwohl die regionalen Akteure nun zumeist größere Kompetenzen in den Kooperationsprozess einbringen können, unterscheiden sich ihre Möglichkeiten weiterhin massiv. Aus diesem Grund müssen sich auch die in den grenzüberschreitenden Regionen gewählten Wege und Prozesse der Zusammenarbeit unterscheiden, ein Standarderfolgsrezept gibt es nicht. Sie müssen vielmehr aus den Kontakten und Prozessen in der jeweiligen Region selbst resultieren, meist dominiert von bereits bestehenden Kontakten und Netzwerken und damit oftmals auch interessensmäßig schon besetzt. *Regional Foresight* bietet in diesem Zusammenhang die Möglichkeit, den eingeschlagenen Pfad und seine Selektivität für neue Akteure, Prozesse und Interessen zu öffnen.

1.1. FUNKTIONEN VON REGIONAL FORESIGHT IN GRENZÜBERSCHREITENDEN REGIONEN

Durch die Mobilisierung und Aktivierung neuer Akteure im Rahmen eines kollektiven Diskurses sowohl aus der grenzüberschreitenden Region selbst als auch von außerhalb bzw. von anderen Ebenen im Sinne von multiactor und multilevel governance bietet *Regional Foresight* die Möglichkeit, Entwicklungsfragen kooperativ, integrativ und zudem vorausschauend/langfristig zu beantworten. Grenzüberschreitende Entwicklungsfragen können hierdurch sowohl (i) in ihren systemischen komplexen Rahmenbedingungen als auch (ii) im Zeitverlauf bearbeitet werden. Ziel ist, durch *Regional Foresight* in grenzüberschreitenden Regionen eine größere Kohärenz der Entwicklungen zu erreichen. Disparitäten und fragmentierte bzw. isolierte Entwicklungsverläufe können verringert, Synergien genutzt, Kompetenzen und Kapazitäten gebündelt und eine gemeinsame Basis für eine kontinuierliche und vertrauensvolle Zusammenarbeit gelegt werden. Gerade in komplexen und diversen Rahmenbedingungen wie bei grenzüberschreitenden Kooperationen wird angenommen, dass

die Foresight Methode im Sinne einer partizipativen Exploration gemeinsamer Interessen und Visionen einen viel versprechenden Weg bietet, gleichzeitig der Sensibilität durch Grenzen gerecht zu werden und doch die Gemeinsamkeiten über die Grenzen hinweg zu adressieren. Folgende potentielle Vorteile werden Foresight-Prozessen in grenzüberschreitenden Regionen zugeschrieben (European Commission 2004):

- Vertrauensförderung und Aktivierung eines gemeinsamen Lernklimas,

- Aufbau eines gemeinsamen Verständnisses und eines gemeinsamen Bildes insbesondere zur Reduktion regionsinterner Widerstände und institutioneller Barrieren – unter anderem durch Erschließung neuer kreativer Quellen für Politikideen, -informationen und -ressourcen sowie durch eine breite Integration von Akteuren in den Prozess,

- Verbesserung der harmonischen Entwicklung auf Basis eines gemeinsamen Verständnisses und Mappings von Potentialen und Spezifika sowie durch Identifikation einer nachhaltigen Strategie für grenzüberschreitende Räume,

- Kohärenz und Effizienz der grenzüberschreitenden Politiken (Integration der relevanten Themen, Harmonisierung der entsprechenden Anstrengungen),

- gemeinsames Management der grenzüberschreitenden Probleme sowie insbesondere der spezifischen Probleme von Grenzregionen (Entwicklung multilateraler Kooperationsprogramme, Kooperationsschemen im forschungs- und innovationspolitischen Bereich für Entwicklung und wirtschaftliches Wachstum der grenzüberschreitenden Region),

- Verbesserung der Partizipation wesentlicher regionaler Akteure (sektoral, verschiedene Politikebenen) auch durch entsprechendes Training, gezielte Vorbereitung und Bewusstseinsbildung,

- Positionierung der Europaregion als wettbewerbsfähige Region mit den entsprechenden europaregionalen Kompetenzen in der EU.

Um diese Vorteile für die grenzüberschreitenden Regionen auch wirklich realisieren zu können, ist darauf zu achten, dass die wichtigen Stakeholder der unterschiedlichen Politikfelder grenzüberschreitender Kooperation in den Prozess eingebunden sind. Ihre Bedeutung für den Prozess liegt nicht allein in ihrer Rolle als WissensträgerInnen und ExpertInnen zur Steigerung der kollektiven Intelligenz, sondern ebenfalls in der notwendigen Funktion als MultiplikatorInnen und UmsetzerInnen. Denn im Foresight-Prozess sollen künftige Entwicklungen der grenzüberschreitenden Region nicht nur antizipiert, sondern in eine gemeinsame Vision gegossen werden, die sich die Beteiligten aneignen und mittragen und für deren Umsetzung sie sich verantwortlich fühlen.

Abbildung 17:   Drei zentrale Funktionen von Regional Foresight in grenzüberschreitenden Regionen

Quelle: Eigene Darstellung nach European Commission 2004, JR-InTeReg.

Hierfür ist es Voraussetzung, dass diese Vision und die daraus resultierenden Aktivitäten transparent, nachvollziehbar gestaltet sind und auf einer soliden Analyse der Rahmen- und Ausgangsbedingungen gründen. Zudem ist es notwendig, die geforderten Umsetzungsmechanismen und Handlungslinien im Prozess bereits kontinuierlich und integriert mitzudenken.

„[…] the bigger, wider and deeper collective mobilization is, and therefore the appropriation of foresight findings, the greater the strategic willpower will be and the more efficient the capacity for action in the field" (European Commission 2004:7).

Allerdings kann es sich gerade in grenzüberschreitenden Regionen schwierig gestalten, die – sowohl für den gesamten Prozess, für die Wissenspoolung und die inhaltliche Ausrichtung als auch für die Umsetzung der Vision – relevanten Akteure zu identifizieren und für den Foresight-Prozess zu gewinnen. Zugleich ist hierbei eine ausgewogene Zusammensetzung von VertreterInnen aller beteiligten Regionen, die zudem auf regionalspezifische Besonderheiten und Spezifika Bedacht nimmt, unerlässlich. Der Zusammensetzung der Akteure ist große Aufmerksamkeit und auch Zeit zu widmen, da gerade in grenzüberschreitenden Regionen Sensibilitäten und Vorbehalte zu berücksichtigen sind und sie für den Erfolg von Foresight-Prozessen als ausschlaggebend einzustufen ist. Dies weist darauf hin, dass die Vorbereitung von regionalen Foresight-Prozessen im Allgemeinen sowie von grenzüberschreitenden Foresight-Prozessen im Speziellen große Aufmerksamkeit erfordert. Grundsätzlich lassen sich somit zwei Prozessphasen differenzieren: erstens die Vorbereitungsphase und zweitens der Prozess an sich.

1.2.   ZUR VORBEREITUNG VON GRENZÜBERSCHREITENDEN REGIONALEN FORESIGHT-PROZESSEN

Die Vorbereitungsphase grenzüberschreitender Foresight-Prozesse umfasst insbesondere (i) die Klärung der gemeinsamen Zielsetzung, (ii) die Abgrenzung des zeitlichen wie auch (iii) räumlichen Bezugsrahmens, (iv) die Einigung auf genaue Methode und Vorgehensweise sowie (v) die Festlegung der Koordinations- und Managementmechanismen. Im grenzüberschreitenden Kontext verlangt die Klärung dieser fünf Elemente umfangreiche Kommunikations- und Diskussionsprozesse, um den entsprechenden Konsens – bereits auf breiter Basis und unter Einbeziehung der relevanten Keyplayer aller beteiligten Regionen – herzustellen (vgl. AGEG 1997, Keenan *et al*. 2002, European Commission 2004, Bauer-Wolf *et al*. 2005).

1.2.1   Identifikation der zentralen Ziele des Foresight-Prozesses

Die Einigung auf klare, kollektive Zielsetzungen des Foresight-Prozesses kann in ihrer Bedeutung für den Erfolg des Prozesses nicht genug hervorgehoben werden. Sie ist zentrale Voraussetzung für einen fokussierten Ablauf einerseits sowie für die Mobilisierung und Aktivierung der wichtigsten Akteure andererseits. Gerade bei Regionen dies- und jenseits der Grenze ist die Abgrenzung gemeinsamer, verbindender Zielsetzungen wesentlich, die über administrative Grenzen sowie institutionelle, rechtliche Differenzen hinweg Gültigkeit haben. Auch bei bislang noch wenig strukturierten Kooperationserfahrungen und damit auch bei wenig Kenntnis über die Interessen der jeweils anderen Akteure ist diese Einigung und damit die explizite Festlegung der gemeinsam angestrebten Ziele unerlässlich. Dies heißt nicht, dass die Akteure der einzelnen Teilregionen nicht auch – ergänzend – weitere, meist implizite und latente Interessen einbringen und verfolgen, denen der Prozess ebenso gerecht werden muss. Dies gilt bei grenzüberschreitenden Foresight-Prozessen ebenso wie in allen anderen Kooperationen.

Die kollektiven Zielsetzungen sind jedenfalls klar und transparent zu definieren. Wichtig ist, dass sie realistische Einschätzungen widerspiegeln und keine unrealistischen Erwartungen schüren, denen unweigerlich Enttäuschung und entsprechender Rückzug der beteiligten Akteure folgen muss. Die kollektiven Zielsetzungen sind im weiteren Verlauf entscheidend dafür, welche ergänzenden Stakeholder in den Prozess einzubeziehen sind und auch welche Rahmenbedingungen, welche Methodik und wie eine effiziente Prozessgestaltung vorzunehmen ist. Sie prägen somit das Management des gesamten Prozesses.

1.2.2   Planung des Zeitablaufs des Prozesses sowie des Planungshorizonts/Zeitperspektive des Foresight-Projekts

Bei Foresight-Prozessen gilt es, langfristige Perspektiven und Entwicklungsvisionen mit kurz- bis mittelfristigen Implementierungsschritten und sichtbaren Ergebnissen zu füllen. Das Bewusstsein, dass mit gegenwärtigen Entscheidungen langfristige Entwicklungsverläufe determiniert werden, ist hierfür unerlässlich. Gleichzeitig ist ein ausreichend langfristiger Planungshorizont notwendig, um sich von den Zwängen bereits erkennbarer Rahmenbedingungen und vorgegebener Entwicklungslinien bis zu einem gewissen Grad zu lösen und visionär vorgehen zu können. Trotzdem birgt diese Langfristigkeit zugleich das Risiko, gegebene Entwicklungsdeterminanten zu vernachlässigen – so entwickeln sich sowohl die (Teil-) Region selbst spezifisch weiter als auch die relevanten Rahmenbedingungen. Dies kann zudem die Gefahr unterschiedlicher – auch zeitlich divergierender – Entwicklungsverläufe in den Teilregionen grenzüberschreitender Regionen bedeuten. Wichtig ist, bei der Planung der Foresight-Prozesse auch auf die unterschiedlichen zeitlichen Politikagenden der Teilregionen Rücksicht zu nehmen: Die Planungen und entsprechende Vorhaben müssen sich in die unterschiedlichen Agenden, Entscheidungsprozesse und -verläufe der einzelnen Regionen einfügen.

1.2.3   Räumliche Positionierung – Abgrenzung und Einbettung

Ein erster Schritt besteht darin, die grenzüberschreitende Region räumlich abzugrenzen und im Hinblick auf diese Abgrenzung auch ein gemeinsames Verständnis zu erreichen. Hierfür sollten insbesondere funktionale Verflechtungen oder geographische Gegebenheiten ausschlaggebend sein, administrative oder politische Kriterien hingegen eher im Hintergrund stehen. Allerdings können diese Kriterien auch nicht außer Acht gelassen werden, müssen vielmehr bei der Planung des Prozesses entsprechend reflektiert werden. Wichtig ist auch, Fragen regionaler Identität innerhalb der

grenzüberschreitenden Region Verständnis zu widmen – schließlich ist es für den grenzüberschreitenden Foresight-Prozess ausschlaggebend, die (Teil-)Regionen als Bezugsraum für den Alltag der in ihnen lebenden Menschen zu erfassen und ihre Aktivitäten und Aktionsradien dementsprechend zu verstehen. So ist die Abgrenzung der grenzüberschreitenden Region zwar unerlässlich, dennoch ist es ebenso notwendig, im Rahmen des Foresight-Prozesses die Einbettung der Region in den jeweiligen nationalen und auch internationalen Kontext im Sinne ihrer supraregionalen Verflechtungen genügend Aufmerksamkeit zu schenken.

1.2.4   Methode und entsprechendes Know-how-Pooling

Sind Ziele, Zeit- und Raumfragen des Foresight-Prozesses geklärt, sind Vorgehensweise und Methodik abzustecken. Eine entsprechende Vorab-Einigung erspart Diskussionen während des Prozesses und diesbezügliche Ablenkungen von der inhaltlichen Arbeit. Zugleich ist zu klären, wie gemeinsame Arbeitsgrundlagen in Form von grenzüberschreitenden Informationen und Wissen geschaffen werden können. Hierbei muss ein Weg gefunden werden, die jeweiligen Wissensbestände auch grenzüberschreitend aufzubereiten (insbesondere im Hinblick auf die Vergleichbarkeit der Daten) und allen Partnern des Foresight-Prozesses gleichermaßen zugänglich zu machen. Das Agieren auf einem weitgehend gleichen Informationsstand ist unerlässlich. Ergänzend zu vorliegenden Informationen können sich auch spezielle Analysen zu ganz spezifischen grenzüberschreitenden Fragestellungen als notwendig erweisen.

1.2.5   Koordination und Management

Vorteile und Nutzen der Foresight-Aktivität sollen Aufwand und Managementkosten deutlich übertreffen, hierfür ist ein gut geplantes Projektmanagement als Kostenregulation unerlässlich. Allerdings wird der Koordinations- und Managementaufwand des Foresight-Prozesses durch den grenzüberschreitenden Charakter deutlich erschwert und der Organisationsaufwand durch die Komplexität der Bezugsregion, bestehende systemische und institutionelle Differenzen aber vor allem auch durch sprachliche Hürden und räumliche Distanzen vergrößert. Folglich sollte jedenfalls an bereits existierende grenzüberschreitende Kooperationsstrukturen angedockt werden, um ein integriertes Vorgehen sicherzustellen und um bereits erfolgreich etablierte Strukturen zu nutzen. Allerdings müssen hierfür Positionierung und Interessenslagen der existenten Kooperationsstrukturen bedacht werden, die einer neutralen Basis des Foresight-Prozesses entgegenstehen könnten. Aus diesem Grund muss eventuell ein breiterer Fokus oder ein alternativer Ansatz gewählt werden, um die notwendige Neutralität des Vorhabens zu wahren. Zudem muss es dem Foresight-Prozess selbst beim Andocken an bestehende Kooperationsstrukturen möglich sein, in seiner Auseinandersetzung auch neue organisatorische Bedürfnisse der Zusammenarbeit anzudenken und alternative Kooperationsvarianten aufzuzeigen. Als notwendig für ein ressourcensparendes Foresight-Projekt werden sich jedenfalls ein effizientes Steering Comitee sowie eine effektive operationelle Struktur erweisen.

1.3. ZUM PROZESS VON GRENZÜBERSCHREITENDEM REGIONAL FORESIGHT

Die Inhalte des Prozesses sind klarerweise nicht gänzlich von der Vorbereitungsphase zu trennen. So stellt beispielsweise die Definition der Zielsetzungen als Teil der Vorbereitungen zugleich auch ein wesentliches Element des Prozesses dar. Grundsätzlich können jedoch fünf Bausteine des Prozesses genannt werden: (i) Analyse und Diagnose der Ausgangssituation, (ii) Bestimmung der langfristigen Themen und Entwicklungsbedingungen, (iii) Definition der Vision und Zielsetzungen, (iv) Formulierung der Strategie zur Realisierung dieser Vision sowie (v) konkrete Empfehlungen und erste Projekte.

1.3.1 Identifikation der gemeinsamen Ausgangsbasis für den grenzüberschreitenden Foresight-Prozess

Aufbauend auf einer entsprechenden Analyse und Diagnose des Status-quo und der gegenwärtigen Entwicklungsbedingungen ist ein gemeinsames Verständnis über jene Themen und Problemstellungen zu erreichen, die für den grenzüberschreitenden Foresight-Prozess von Interesse sind – das heißt, die für alle Teilregionen eine entsprechende Relevanz aufweisen. Somit eignen sich insbesondere Themengebiete, bei denen durch grenzüberschreitende Kooperation eine kritische Masse erreicht werden kann, bei denen sich durch funktionale Verflechtungen gemeinsame Problemstellungen ergeben oder bei denen die geographischen und räumlichen Gegebenheiten grenzüberschreitend für gleiche Entwicklungsbedingungen sorgen. Auch vorliegende ähnliche bzw. sich entsprechende Potentiale in den einzelnen Teilregionen und die Nutzung potentieller Synergien und Komplementaritäten können als inhaltliche Basis für den grenzüberschreitenden Foresight-Prozess gewählt werden.

Zugleich bestimmt diese gewissermaßen als SWOT zu bezeichnende Analyse das gemeinsame Verständnis und die Erwartungen an den Foresight-Prozess und determiniert maßgeblich die Stakeholder-Einbindung und die zu wählenden Organisationsstrukturen. Wichtig ist, dass die entsprechenden Analysen und Diagnosen transparent und auf einer vergleichbaren grenzüberschreitenden Datenbasis erfolgen. Wie bereits erwähnt, ist auf einen gleichen Wissens- und Informationsstand der einzelnen Partner aus den verschiedenen Teilregionen zu achten, um Missverständnisse und Vorurteile zu vermeiden. Die Analysen können den Auftakt für die Aufbereitung weiterführender breiter und umfassender grenzüberschreitender Informationssysteme – insbesondere zu den vom Foresight-Prozess berührten Themen – bilden[10].

---

[10] Trotz Zur-Verfügung-Stellung umfassender Datengrundlagen als weitgehend objektivierte Analyse- und Entscheidungsgrundlagen darf die Macht von kognitiven Wahrnehmungen und Konstruktionen der Ausgangslage nicht unterschätzt werden. Gerade in grenzüberschreitenden Regionen können sich diese mentalen Dimensionen als große Hürden und Risiken erweisen. Die interaktive und kommunikative Methode des Foresight erlaubt jedoch, diese entsprechend in den Prozess einzubringen und zu berücksichtigen.

1.3.2 Determination der langfristigen Themen/Entwicklungen und der regionalen Rahmenbedingungen (explorative Phase)

In dieser Prozessphase stellt sich die Aufgabe, auf Basis der SWOT und den entsprechend gewählten Themen generelle Trends und Herausforderungen – meist regionsextern generiert – aufzuzeigen. Ziel ist, den Einfluss regionsexterner Entwicklungen und Veränderungen (Global Drivers, Trends etc.) und ihre potentiellen Wirkungen auf die regionsinternen Entwicklungen, ob Chance oder Gefahr, zu erfassen, potentielle Diskontinuitäten im regionalen Entwicklungsverlauf sowie Strukturbrüche oder Richtungswechsel zu antizipieren. Dies bedeutet auch, dass eine Auseinandersetzung mit den Kapazitäten der grenzüberschreitenden Region zum Umgang mit diesen regionsexternen Entwicklungsdeterminanten stattfinden muss, mit ihrer Widerstandsfähigkeit, ihren Anpassungsmöglichkeiten oder ihrem Ausgeliefertsein. Als aufschlussreich erweisen sich in diesem Zusammenhang Matrizen, um identifizierte Entwicklungsvariablen einerseits im Hinblick auf die Bedeutung regionsexterner Entwicklungen oder Inertien für die regionalen Entwicklungsverläufe und andererseits im Hinblick auf die regionalen Möglichkeiten zu ihrer Kontrolle oder Beeinflussung abzubilden. Derartige Einstufungen bilden eine gute Grundlage zur Diskussion zukünftiger Entwicklungsoptionen und der Definition einer gemeinsamen grenzüberschreitenden Vision der Region.

1.3.3 Definition einer langfristigen regionalen Vision (normative Phase)

Die Vision soll eine gemeinsame übergeordnete Orientierung bieten und als handlungsleitende Direktive kurz- bis mittelfristige Aktivitäten der verschiedenen Akteure und Teilregionen koordinieren. Sie bildet die wünschenswerte langfristige Entwicklungsrichtung der grenzüberschreitenden Region ab – basierend auf den skizzierten externen Entwicklungen, Rahmen gebenden Bedingungen, identifizierten Herausforderungen und regionalen Wunschvorstellungen. Die Vielzahl potentieller Entwicklungsverläufe der Region wird somit in einem ersten Schritt auf einige grundsätzlich denkbare und realisierbare Entwicklungsszenarien reduziert, von denen sich wiederum nur wenige als wünschenswerte und von allen mitgetragene Zukunftsvorstellung herauskristallisieren.

Die gemeinsame Vision darf schließlich nicht zu eng sein, um ein breites Committment zu ermöglichen, muss freiwillig, realisierbar und vorausschauend formuliert sein. Sie bildet einen unerlässlichen Mobilisierungsfaktor für die verschiedenen Stakeholder der Region, kann grenzüberschreitende Einigkeit und Geschlossenheit und eine dementsprechende Bündelung an Kräften bewirken. Wichtig ist jedoch, dass die gemeinsam erarbeitete und formulierte Vision mit bestehenden sektoralen und (klein-)regionalen Zukunftsvorstellungen und Leitbildern kompatibel ist, dass sie sowohl *Bottom-up-* als auch *Top-down-Ansätze* umfassen, somit auch Multilevel-Anforderungen gerecht werden und die Einbettung der Region in ihr Umfeld berücksichtigen kann:

> "A vision is a shared picture, described in distinct terms, of the desired future. The vision is made up of the long-term aims and the optimal goals which could show the long-term direction that guides the common strategy of the decision makers, the stakeholders and the citizens" (European Commission 2004: S. 21).

1.3.4 Strategieentwicklung

Ein gemeinsam formuliertes strategisches Programm soll Gegenwart und Vision verbinden und annähern sowie die langfristige Vision mit entsprechender kurz- bis mittelfristiger Umsetzungsorientierung untermauern. Die Strategie soll sowohl konkrete Umsetzungsaktivitäten

benennen als auch Umsetzungsverantwortungen in den einzelnen Teilregionen je nach Kompetenzen und Kapazitäten klären. Für beide Strategieelemente ist eine enge Abstimmung zwischen den Verantwortlichen der Teilregionen vorzusehen. Wichtig ist auch, dass die Strategie und ihre Umsetzungsaktivitäten als integraler Teil der jeweiligen Regionalentwicklung eingestuft und in die anderen Aktivitäten der Region eingebettet werden bzw. auf diesen aufbauen. Die grenzüberschreitende Orientierung soll nicht als Parallelstrategie und Zusatzaufgabe bzw. -belastung wahrgenommen werden. Wichtig ist, dass die kooperativen Netzwerke zur Setzung gemeinsamer Aktivitäten offen für neue Anregungen und Partner aus der grenzüberschreitenden Region und auch im Hinblick auf supraregionale Entwicklungen und Handlungserfordernisse gestaltet werden und damit lern- und anpassungsfähig bleiben.

In diesem Zusammenhang wird ebenso der Intensitätsgrad der Zusammenarbeit zu klären sein: In welchen Politikbereichen bzw. Aktionsfeldern sind enge Netzwerke und Kooperationen bis hin zur vollständigen grenzüberschreitenden Politikintegration notwendig und in welchen kann auf lose Verbindungen der regionsspezifischen Potentiale zurückgegriffen werden. Hierbei wird sich auch weisen, ob entsprechende grenzüberschreitende Kooperationsstrukturen notwendig sind bzw. ob die vorhandenen Strukturen ausreichen und dem neuen Aufgabenportfolio gerecht werden können. Das heißt, die Strategie muss auch die Governance-Frage aufgreifen und sie für die kooperativen grenzüberschreitenden Aktivitäten lösen.

1.3.5   Konkrete Empfehlungen und Prioritätenreihung

Vision und Strategie sollten zudem von einem kurzfristig ausgelegten Aktionsplan mit klaren Aufgabenprioritäten und konkreten Empfehlungen für die regionalen EntscheidungsträgerInnen begleitet werden. Foresight in grenzüberschreitenden Regionen muss kontinuierlich seine Nützlichkeit und auch die Verlässlichkeit seiner Ergebnisse unter Beweis stellen. Folglich ist es unerlässlich, mit konkreten und umsetzbaren Empfehlungen an regionale EntscheidungsträgerInnen und Stakeholder heranzutreten, um sie in ihren Umsetzungsaktivitäten zu leiten und gleichzeitig stets die Verbindung und den Link zur langfristigen Vision in Erinnerung zu rufen. Die konkreten Empfehlungen müssen den jeweils vorliegenden Machbarkeitskriterien entsprechen, insbesondere politischen Machbarkeitskriterien determiniert durch Legislaturperioden und institutionelle wie formelle Vorgaben, sowie den Umsetzungskapazitäten der jeweils Verantwortlichen (Kompetenzen, Budget etc.).

Erste Umsetzungserfolge und -wirkungen können kurzfristige Interessen regionaler Akteure befriedigen und damit Skepsis abbauen sowie Engagement aufrechterhalten: Denn kurzfristig sichtbarer und erlebbarer Nutzen ist für anhaltendes und langfristiges Committment unerlässlich. Voraussetzung ist, dass die erwirkten Erfolge auch entsprechend verbreitet und beworben werden und sie nicht durch regionale Eitelkeiten inneregional beansprucht, sondern mit der grenzüberschreitenden Kooperation und dem Foresight-Prozess entsprechend in Verbindung gebracht werden. Aus diesem Grund sollten die konkreten Empfehlungen durch eine offensive Verbreitungsstrategie und Kommunikationskonzepte ergänzt werden (Workshops, Konferenzen, Evaluierungsprozesse). Kontinuierliche Bewusstseinsbildung lässt den Foresight-Prozess und seine Ergebnisse nicht in Vergessenheit geraten und sichert eine kontinuierliche Nähe zu den relevanten Stakeholdern der Region. Trotzdem wird es ergänzend kontinuierliche und beharrliche „Treiber" des Prozesses benötigen, hierfür eignet sich ein stetes Foresight-Team.

2 BEISPIELE GRENZÜBERSCHREITENDER REGIONALER FORESIGHT-PROZESSE

Im Laufe europäischer Integrationsbemühungen intensivierten sich auch die grenzüberschreitenden Kooperationen. Waren die ersten grenzüberschreitenden Regionalkooperationen, die bereits kurz nach dem Zweiten Weltkrieg initiiert wurden, noch vorwiegend friedenspolitisch motiviert, gewannen mit der Zeit zunehmend wirtschaftliche, soziale oder ökologische Zielsetzungen und Fragestellungen an Bedeutung. Mit dem Fall des Eisernen Vorhangs stieg die Zahl derartiger Kooperationen weiter deutlich an. So findet sich gegenwärtig eine breite Palette an grenzüberschreitenden Kooperationsstrukturen, die allerdings deutliche Unterschiede beispielsweise in ihrem zeitlichen Bestand, ihrem Institutionalisierungsgrad, ihren Akteurszusammensetzungen oder ihren Ziel- und Schwerpunktsetzungen aufweisen.

Die *Arbeitsgemeinschaft Europäische Grenzregionen (AGEG)* nennt im Jahr 2002 etwa siebzig Kooperationsmodelle mit euregionaler Ausrichtung zusätzlich zu den etwa 14 Gebieten großräumiger grenzübergreifender Zusammenarbeit (vgl. ARGE Alp, Euroregio Carpathian, Arc Atlantique etc.). Konzentrationen zeigen sich einerseits im Benelux-Raum inklusive deutschen und französischen Grenzregionen sowie an der ehemaligen EU-Außengrenze vor der Erweiterung im Mai 2004. Beispielsweise bestanden allein zwischen deutschen Grenzregionen und den Niederlanden im Jahr 2002 insgesamt sieben Kooperationen. Zudem bilden sich in Osteuropa und im Mittelmeerraum fortwährend neue grenzübergreifende Zusammenschlüsse. Zu berücksichtigen ist jedoch, dass sich diese Kooperationen im Grad ihrer Intensität und Aktivität deutlich unterscheiden und auch in ihrer räumlichen Ausdehnung und ihren Strukturen große Differenzen aufweisen.

Hinzu kommt, dass nur die wenigsten Kooperationen über gemeinsame Zukunfts- und Entwicklungsvorstellungen verfügen und, wenn derartige Entwicklungsdiskussionen stattfinden, diese meist nicht nach den klassischen Regeln regionaler Foresight-Prozesse ablaufen. Jede grenzüberschreitende Region folgt ihrem eigenen Weg, determiniert durch die spezifischen Rahmenbedingungen der beteiligten Regionen und in Abhängigkeit von den konkreten Erwartungen an den Prozess. Da in den meisten Fällen bereits die Abstimmungs- und Koordinationsprozesse zwischen den zuständigen Verwaltungsbehörden sowie den politischen EntscheidungsträgerInnen als schwierig und aufwändig eingestuft werden, wird durch die breite Öffnung des Prozesses und die Beteiligung von BürgerInnen und Interessensgruppen das Risiko einer neuerlichen Fragmentierung und Zersplitterung wahrgenommen. Die Wahrscheinlichkeit, eine zielorientierte gemeinsame Zukunftsvision zu erreichen, wird als gering eingestuft. Aus diesem Grund wird der Formulierungsprozess meist verwaltungs- bzw. politikintern vorgenommen und erst in einem anschließenden Schritt versucht, die regionalen EinwohnerInnen ebenfalls für diese Vision zu gewinnen, hierdurch die Vision entsprechend zu modifizieren und vor allem regional zu verankern.

Die erste Beispielregion, die im Folgenden etwas detaillierter dargestellt wird, – die Großregion SaarLorLuxRhein – folgte genau diesem Vorgehensmuster und bietet aus diesem Grund interessante Hinweise auch für die Region Graz-Maribor. Zudem sich die Großregion hierbei auch bewusst der Aufgabe stellte, ein langfristiges Zukunftsbild bis zum Jahr 2020 zu entwickeln. Die zweite Beispielregion – die Öresundregion – hingegen zeigt kein derartig bewusstes Vorgehen, allerdings bietet sie von ihren Strukturen und ihren Kooperationsansätzen her eine bessere Vergleichbarkeit zur

Region Graz-Maribor. Somit wird der Bogen gespannt von einer grenzüberschreitenden Region mit einem interessanten Planungsprozess zur Entwicklung eines langfristigen Zukunftsleitbildes und einer „Normalregion" mit ihren vielfältigen Kooperationsbemühungen, aber nur wenig umfassenden Orientierungsbildern. Ergänzend werden anschließend noch drei grenzüberschreitende Kooperationen genannt, die partiell ebenfalls interessante Hinweise für die Region Graz-Maribor liefern und die doch recht enge Perspektive auf die zuvor behandelten zwei Beispielregionen ausweiten und abrunden können[11].

2.1. GROSSREGION – SAARLORLUXRHEIN

Profil	
Gründungsjahr	1971 Regionalkommission, 1988 Euregio
Fläche	65.401 km² (Großregion), 54.331 km² (Regionalkommission)
Einwohner	mehr als 11 Mio. Einwohner (Großregion), 8,4 Mio. Einwohner (Regionalkommission)
Organisationsformen	Vielfältige Kooperationsgremien: Euregio für kommunale Zusammenarbeit, Regionalkommission und Gipfel der Großregion auf regionaler Ebene, die Regierungskommission auf nationaler Ebene sowie kleinräumige und sektorale Kooperationsansätze
Mitglieder	Großherzogtum Luxemburg, Lothringen, Saarland, die grenznahen westlichen Gebiete des Landes Rheinland-Pfalz sowie die an das Großherzogtum Luxemburg grenzenden Gebiete Belgiens (Wallonien, Französische Gemeinschaft Belgiens, Deutschsprachige Gemeinschaft Belgiens)
Themen	Alle Gremien setzen andere Schwerpunkte: die Regionalkommission unterhält Arbeitsgruppen zu Themen wie Bildung & Erziehung, Raumordnung, Verkehr, Tourismus oder Wirtschaft; die EuRegio konzentriert sich auf die Themen Raumordnung, Tourismus, Jugend.

Die genaue Gebietsabgrenzung der Großregion und ihrer Kooperationsgremien variiert: den Kern bilden das deutsche Bundesland Saarland, die Region Lothringen in Frankreich und das Großherzogtum Luxemburg, die von starken historischen Verflechtungen gekennzeichnet sind. Je nach Fragestellung umfasst die Region heute zumeist auch Wallonien, die Deutschsprachige und die Französische Gemeinschaft Belgiens sowie das Land Rheinland-Pfalz oder zumindest Teile davon. Dieses großräumig abgegrenzte Gebiet, auch Großregion genannt, kann als Dach angesehen werden, unter dem sich je nach Fragestellungen andere, zum Teil kleinräumigere Kooperationen zusammenfinden.

Die erste Initiative zur grenzüberschreitenden Zusammenarbeit ging im Jahr 1969 von den Regierungen Frankreichs und Deutschlands aus, die in unverbindlicher Form eine „Deutsch-französische Regierungskommission" ins Leben riefen. Im Jahr 1971 wurde erstmals auch Luxemburg beteiligt. Im Rahmen dieser „Gemischten deutsch-französisch-luxemburgischen Regierungskommission für die Zusammenarbeit im Montandreieck" stand der Austausch zu strukturellen Problemen der Montanindustrie im Vordergrund: Die gemeinsame Tradition der Schwerindustrie und die Herausforderungen des Strukturwandels bildeten verbindende Elemente. Im Jahr 1971 wurde die Bildung einer Regionalkommission beschlossen, die sich mit den besonderen Anliegen des Grenzgebiets befassen sollte. Durch Notenwechsel zwischen Bonn, Paris und Luxemburg wurde die bislang weitgehend informelle Zusammenarbeit im Jahr 1980 stärker formalisiert. Im Laufe der 80er und 90er Jahre verstärkte sich zudem die Zusammenarbeit mit dem belgischen Grenzgebiet (bspw. durch das Interreg-Programm Wallonien-Lothringen-Luxemburg). Aus diesem Grund sind auch in einigen Kooperationsgremien belgische Gebiete (bspw. Gipfel der Großregion) beteiligt.

---

[11] Für die Analyse der Vergleichsregionen konnte teilweise auf Arbeiten aus dem ÖROK-Projekt Europaregionen zurückgegriffen werden (Bauer-Wolf *et al.* 2005). Dies gilt insbesondere für die Erläuterungen zur Großregion sowie zur Öresund-Region.

Abbildung 18:   Lage und Teilregionen der Großregion

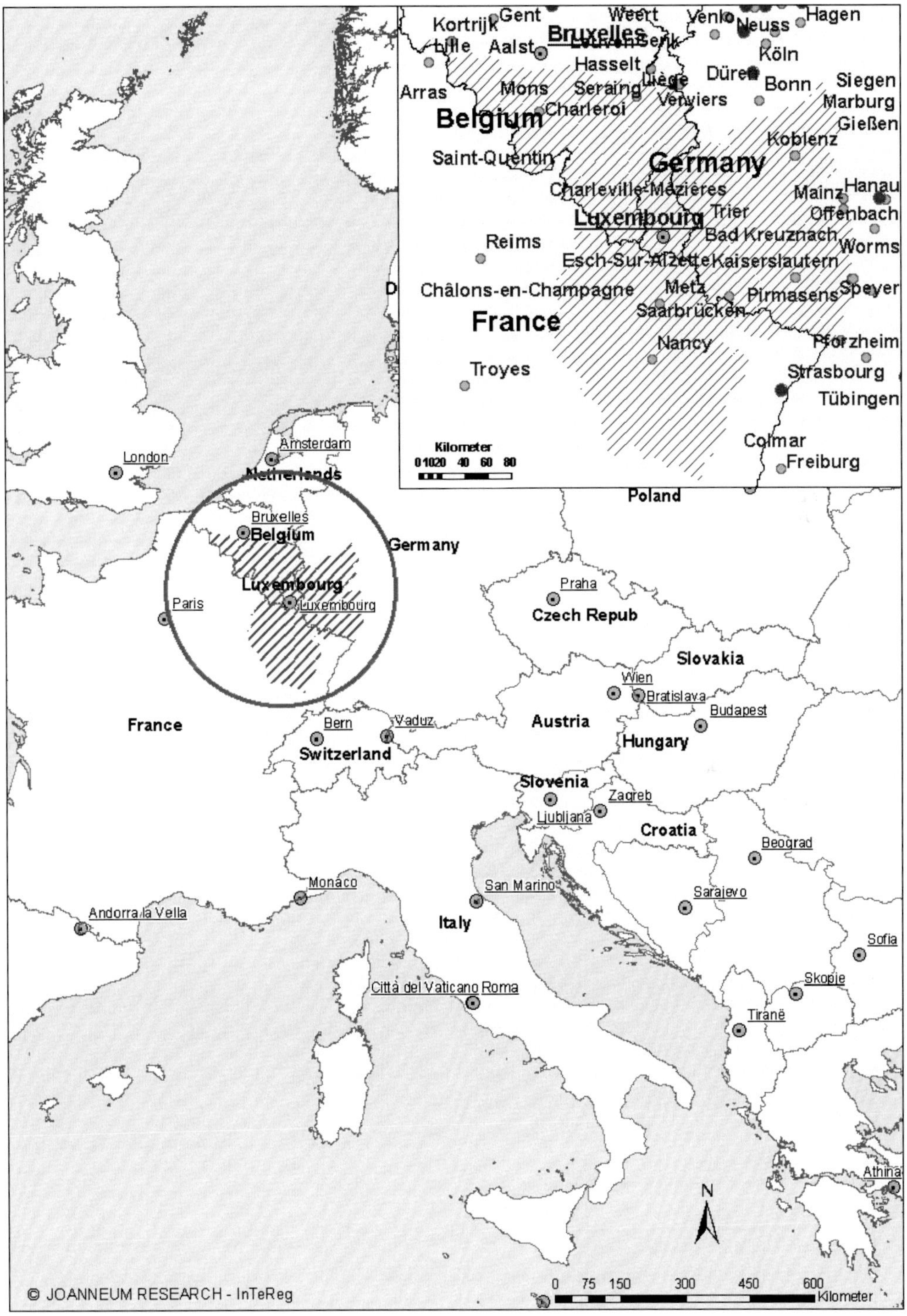

Quelle: Eigene Darstellung 2004, JR-InTeReg.

Die Großregion ist insbesondere auf Wirtschaftsseite von starken Verflechtungen gekennzeichnet, was der grenzüberschreitenden Integration des Gesamtraumes grundsätzlich eine gute Basis bietet. Allerdings bedingen unterschiedliche Steuer- und Sozialsysteme entsprechende Verwerfungen und führen zu einer überproportionalen Arbeitsmigration nach Luxemburg.

Die administrative und institutionelle Architektur der Großregion ist zudem gerade auf der regionalen Ebene der Zusammenarbeit sehr stark durch nationale Vorgaben geprägt. Hinzu kommt, dass das zentrale Gremium der Kooperation auf dieser Ebene – die Regionalkommission – keine demokratische Legitimierung besitzt, da sie sich aus Delegationen der Exekutiven zusammensetzt. Dies führt in Folge auch zu einer mangelnden Entscheidungskompetenz. Damit ist ein weiterer Aspekt verknüpft, der durch die Aktivitäten der kommunal organisierten Euregio etwas entschärft wird:

Die Großregion muss verstärkt auch von den BürgerInnen des Gebietes gelebt werden und nicht nur von der administrativen Ebene der Exekutive verwaltet werden. *Bottom-up-Ansätze* und eine breite Verankerung des Integrationszieles in den verschiedensten Themenbereichen des täglichen Lebens sind notwendig. In diesem Zusammenhang erweisen sich jedoch die Vielfalt an regionalen Abgrenzungen sowie die damit verbundenen unterschiedlichen Bezeichnungen der Kooperationen bzw. des Kooperationsraumes als problematisch. Zur Verankerung der grenzüberschreitenden Region sowie zur Identitätsstiftung wurde auf Initiative des Gipfels der Großregion ein breit angelegter Medienwettbewerb ins Leben gerufen, um einen gemeinsamen „Markennamen" zu finden. Trotz unzähliger Vorschläge der regionalen Bevölkerung konnte jedoch keine konsensfähige Bezeichnung ausgewählt werden.

Als große Chance und einigendes Element zwischen der Vielzahl an Kooperationsinstitutionen der Großregion wird die Ernennung der Großregion zur „Kulturhauptstadt Europas 2007" wahrgenommen, was auf Initiative des Großherzogtums Luxemburg von diesem federführend mit den Partnerregionen der Großregion vorbereitet wird. Zentrum der Veranstaltung wird Luxemburg sein, allerdings sollen thematische Veranstaltungen in allen Partnerregionen der Großregion stattfinden. Das Konzept weist hierfür jeder der Partnerregionen eine eigenständige Thematik zu, wobei jedoch auch alle anderen Regionen jeweils von diesem Thema betroffen sind und in den thematischen Veranstaltungen beteiligt werden sollen. Um diese Chance in vollem Umfang zu nutzen, sollen auch soziale und ökonomische Themen in dem Programm umgesetzt werden.

2.1.1   Organisation und Akteure der Kooperation

Die Strukturen zur grenzüberschreitenden Kooperation sind vielfältig und reichen von informellen, projektbezogenen Formen bis hin zu formalen Strukturen der Zusammenarbeit mit unterschiedlichen VertreterInnen regionaler und lokaler Körperschaften.

Regierungskommission

Die Regierungskommission besteht auf Basis des Notenwechsels von 1980 als formales Organ der grenzüberschreitenden Kooperation und setzt sich aus drei, jeweils von der staatlichen Ebene entsandten Delegationen zusammen. Regionale VertreterInnen haben Beobachterstatus. Die Regierungskommission berät (i) über allgemeine Fragen der regionalen Zusammenarbeit, beschließt (ii) über Empfehlungen an die Kooperationspartner und bereitet Entwürfe für Vereinbarungen vor und kann auch (iii) die Regionalkommission beauftragen, Vorschläge und Entwürfe für Vereinbarungen zu entwickeln sowie Empfehlungen auszusprechen.

Regionalkommission Saar-Lor-Lux-Trier/Westpfalz

Die Regionalkommission bildet sich aus Delegationen (Delegationsleiter und -sekretär) der Exekutiven der vier Mitgliedsregionen Lothringen, Luxemburg, Saarland und Rheinland-Pfalz[12]. Als Delegationsleiter sind derzeit der Präfekt von Lothringen, der Europabeauftragter der Landesregierung des Saarlandes, der Beauftragte des luxemburgischen Innenministeriums in der Direktion Raumplanung und Urbanismus sowie der Beauftragte des Ministerpräsidenten für die grenzüberschreitende Zusammenarbeit der Staatskanzlei Rheinland-Pfalz. Die Regionalkommission, deren Vorsitz turnusmäßig wechselt, tritt einmal jährlich als Plenarversammlung zusammen und verfügt zur Vorbereitung ihrer Beschlüsse über ständige Arbeitsgruppen (mit ständigen oder temporären Unterarbeitsgruppen sowie anlass- und themenbezogenen Projektgruppen). Zu den Projekten zählen beispielsweise:

- Erstellung und Veröffentlichung von Raumordnungsstudien und Raumanalysen;

- Vereinbarungen über verschiedene Verkehrsträger, z.B. zur Verbesserung von Straßenverbindungen;

- Maßnahmen im touristischen Bereich, etwa die Förderung des Industrietourismus, die Schaffung eines interregionalen Museumsausweises usw.

Gipfel der Großregion

Während die Regionalkommission auf eine zwischenstaatliche Vereinbarung zurückgeht, findet der Gipfel der Großregion als zentrales politisches Organ der grenzüberschreitenden Zusammenarbeit seit mittlerweile zehn Jahren auf freiwilliger und informeller Basis statt. Seit 1995 werden regelmäßig Gipfel zwischen dem Premierminister des Großherzogtums Luxemburg, den Ministerpräsidenten von Rheinland-Pfalz und des Saarlandes, den Ministerpräsidenten der Gemeinschaft Wallonien-Brüssel, der wallonischen Region und der Deutschsprachigen Gemeinschaft Belgiens, dem Präsidenten des Regionalrates sowie dem Präfekten von Lothringen (Regionsebene) und den Präsidenten der Generalräte Meurthe-et-Moselle und Moselle (Département-Ebene) abgehalten. Diese Treffen auf höchster politischer Ebene der Regionen sollen der grenzüberschreitenden und interregionalen Zusammenarbeit in der Großregion neue Impulse geben. Jeder Gipfel widmet sich einem speziellen Hauptthema und spricht diesbezügliche Empfehlungen für die weitere grenzüberschreitende Zusammenarbeit aus. Eine gemeinsame Arbeitsgruppe von VertreterInnen des Gipfels der Großregion und der Regionalkommission erarbeitet gegenwärtig Vorschläge zur engeren Verzahnung der beiden Gremien[13].

---

[12] Die VertreterInnen der belgischen Gebietsteile nehmen derzeit noch Beobachterstatus ein.

[13] Sowohl Regionalkommission als auch Gipfel der Großregion stimmten Ende 2004/Anfang 2005 einer neuen Architektur der Institutionen in der Großregion basierend auf dem Subsidiaritätsprinzip und auf der Forderung nach einer transparenten Arbeitsteilung – insbesondere zwischen Regionalkommission und Gipfel der Großregion zu. Eine entsprechende Arbeitsgruppe empfahl die Abgrenzung der Aufgabenbereiche gemäß einer Entscheidungs- (strategische und operationelle Lenkung) und einer Umsetzungsebene. Diese Differenzierung wird derzeit in einen Gesamtrahmen integriert, der im Zuge eines neuen Regierungsabkommens verhandelt wird.

Der Wirtschafts- und Sozialausschuss der Großregion (WSAGR)

Im Jahr 1996 wurde vom Gipfel der Großregion die Bildung des grenzüberschreitenden Wirtschafts-
und Sozialausschusses als beratendes Organ des Gipfels der Großregion im sozioökonomischen
Bereich – insbesondere zu Problemen der wirtschaftlichen, sozialen und kulturellen Entwicklung sowie
der Raumordnung in der Großregion initiiert. Der WSAGR umfasst insgesamt 36, d. h. 6 Mitglieder
pro Teilgebiet, die durch die jeweiligen Behörden der Regionen ernannt werden. Seine Mitglieder sind
drei unterschiedlichen Gruppen zuzuordnen: (i) VertreterInnen der Arbeitnehmervertretungen, (ii)
VertreterInnen aus Arbeitgeberorganisationen und (iii) VertreterInnen sonstiger gesellschaftlicher,
sozioökonomischer Interessensgruppierungen. Seit kurzem verfügt der WSAGR über ein ständiges
Sekretariat in Luxemburg. Zu den aktuellen Diskussionsthemen zählen unter anderem die Problematik
der Überalterung der Bevölkerung verbunden mit einer drohenden Verlangsamung der
Wirtschaftstätigkeit, die Situation der Grenzgänger/Pendler oder die Verkehrsfragen.

Interregionaler Parlamentarierrat (IPR)

Im Jahr 1986 gegründet, setzt sich der IPR aus je sieben Mitgliedern des Regionalrats von Lothringen,
der Abgeordnetenkammer des Großherzogtums Luxemburg, des Landtags Rheinland-Pfalz, des
Landtags des Saarlandes und des wallonischen Parlaments zusammen. Der Rat verfügt zwar über
keinerlei Entscheidungsbefugnis, übt jedoch deutlichen politischen Einfluss aus und versteht sich als
beratende parlamentarische Versammlung der Großregion. Seine Empfehlungen bringen die
Erwartungen der Vertreter der Regionalparlamente gegenüber den Institutionen der
grenzüberschreitenden Zusammenarbeit, insbesondere gegenüber dem Gipfel der Großregion, zum
Ausdruck. Zu seinen Themen zählen unter anderem (i) die Förderung der wirtschaftlichen, sozialen
und kulturellen Position der Großregion, (ii) der Ausbau der grenzüberschreitenden Zusammenarbeit,
(iii) die Einwirkung auf die einzelnen Exekutivorgane zur Umsetzung seiner Resolutionen und die
Arbeit in ständigen Kommissionen (Wirtschaft, Soziales, Verkehr und Kommunikation, Umwelt und
Landwirtschaft, Bildung und Forschung).

Abbildung 19: Organisationsstruktur der Großregion

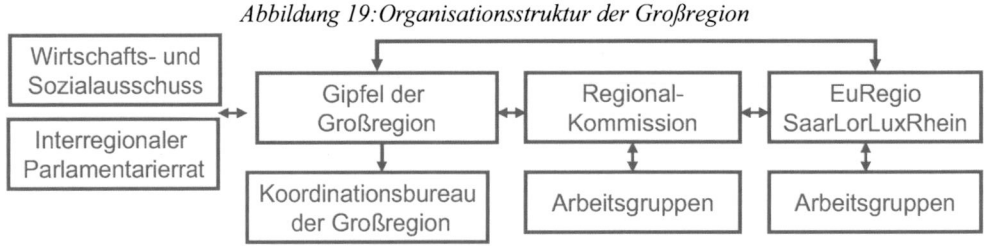

Quelle: Eigene Darstellung 2004, JR-InTeReg.

EuRegio SaarLorLuxRhein

Aufbauend auf der bereits im Jahr 1988 gegründeten Arbeitsgemeinschaft der Kommunen
COMREGIO wurde zur Institutionalisierung der grenzüberschreitenden kommunalen Interessen im
Februar 1995 die Euregio SaarLorLuxRhein als gemeinnütziger Verein nach luxemburgischem Recht
(asbl) gegründet. Mitglieder des Vereins sind auf deutscher Seite Landkreise, Planungsgemeinschaften,
Verbandsgemeinden, aber auch Kommunen, auf luxemburgischer Seite der Verband Syndicat des
Villes et Communes Luxembourgeoises (SYVICOL) als Vertretungsorgan aller alle luxemburgischen

Gemeinden sowie auf französischer Seite Kommunen und verschiedene Kommunalverbände und der regionale Tourismusverband.

Die Generalversammlung ist das oberste Gremium des Vereins und hat rund 70 stimmberechtigte ordentliche Mitglieder (d.h. Kommunen, kommunale Spitzenverbände oder regionale Verbände). Jede natürliche Person sowie jede juristische Person öffentlichen oder privaten Rechts, die keine kommunale Körperschaft ist, kann förderndes Mitglied werden. Die Zahl der VertreterInnen der einzelnen Mitgliedskörperschaften in der Generalversammlung richtet sich nach der Einwohnerzahl des jeweiligen Mitglieds und bestimmt zugleich die Höhe des jeweiligen Mitgliedsbeitrags. VertreterInnen können sowohl Gewählte, Angestellte als auch Beamte der Mitgliedskörperschaften sein. Die Generalversammlung trifft mindestens einmal jährlich zusammen. Sie wählt aus ihrer Mitte den Präsidenten, Vizepräsidenten, Schatzmeister und die Verwaltungsratsmitglieder auf die Dauer von zwei Jahren.

Abbildung 20: Organisationsstruktur der EuRegio SaarLorLuxRhein

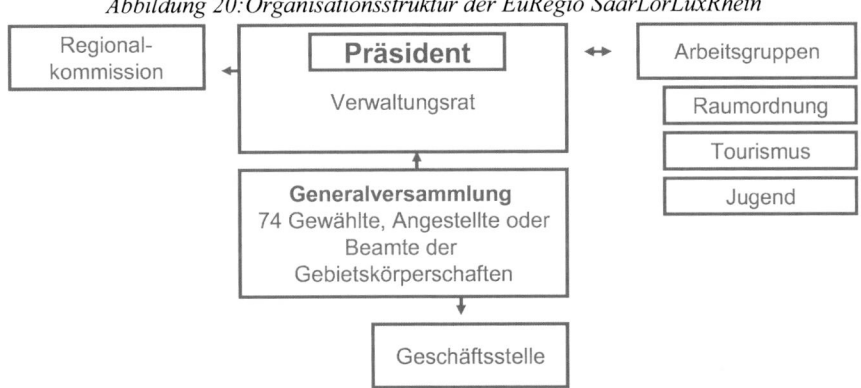

Quelle: Eigene Darstellung 2004, JR-InTeReg.

Der Verwaltungsrat setzt sich aus dem Präsidenten, bis zu vier Vizepräsidenten und bis zu vierzehn weiteren Mitgliedern zusammen, wobei stets der Grundsatz der regionalen und politischen Ausgewogenheit zu beachten ist. Damit stellt der Verwaltungsrat das zentrale politische Gremium der grenzüberschreitenden Kooperation auf kommunaler Ebene dar. Er entscheidet über Budgetfragen, die Bestellung des Geschäftsführers, die Einrichtung und Verfahrensweisen von Arbeitsgruppen, die Vorbereitung und Ausführung der Beschlüsse der Generalversammlung und trifft hierfür mindestens viermal jährlich zusammen. Zurzeit konzentriert sich die gemeinsame Arbeit auf die Themen Raumordnung, Tourismus und Jugend. Im Rahmen entsprechender Arbeitsgruppen treffen insbesondere VertreterInnen der verschiedenen kommunalen Verwaltungen/Fachabteilungen zusammen. Seit dem Jahr 2002 verfügt die EuRegio über einen Beobachterstatus in der Regionalkommission und kann auch an deren Arbeitsgruppen teilnehmen. Somit ist zumindest die gegenseitige Information gesichert.

Kleinregionale Kooperationsformen

Auch kleinregionale Kooperationsräume und Städtenetze bilden einen integralen Bestandteil der Großregion. Sie sind insbesondere mit der Euregio verbunden – wenngleich selbst hierzu nur auf informellem und indirektem Wege über kommunale VertreterInnen in der euregionalen Generalversammlung.

- *QuattroPole:* Der "Kommunikationspol Luxemburg, Metz, Saarbrücken, Trier", kurz QuattroPole, ist ein grenzüberschreitendes Städtenetz zur Stärkung der Region. Ziel der Städtekooperation ist die Vorbereitung, Ausarbeitung und Ausführung von gemeinsamen Projekten innerhalb verschiedener Aufgabenfelder. Seine Aufgaben liegen vor allem in der Verbesserung der Telekommunikationsstrukturen und der Schaffung von Synergieeffekten zwischen den Städten durch Nutzung neuer Medien. Aber auch andere Bereiche wie Tourismus, Verkehr etc. gehören zu seinen Arbeitsfeldern. Das gemeinsame Handeln soll helfen, die Potentiale der Partnerstädte zu konzentrieren und deren Präsenz in der Region zu stärken. Oberstes Gremium ist der "Lenkungsausschuss", der sich aus den vier Bürgermeistern des Städtenetzes zusammensetzt. Er entscheidet über die Auswahl gemeinsamer Projekte und über die Einrichtung der entsprechenden Arbeitsgruppen. Ein von den (Ober-) Bürgermeistern ernannter "Koordinationsausschuss" hat den Auftrag, gemeinsame Projekte zu identifizieren, zu konkretisieren und vorzubereiten. Arbeitsgruppen, die ebenfalls aus MitarbeiterInnen der vier Stadtverwaltungen bestehen, nehmen dann die Umsetzungsaufgaben wahr und erarbeiten Lösungen für konkrete Fragestellungen.

- *SaarMoselle Avenir:* Dieser Verein zur interkommunalen und grenzüberschreitenden Kooperation, der sich aus 26 Städten und Gemeinden des Saarlands und des Departements Moselle (Ost), dem Stadtverband Saarbrücken und dem Bezirk Forbach zusammensetzt, wurde im Jahr 1997 gegründet. Ziel ist, in den Bereichen Wirtschaft und Infrastruktur, Tourismus, Kultur und Ausbildung, Umwelt, kommunale Planung und Städtebau gemeinsame, grenzüberschreitende Projekte zu realisieren. Der Vorstand des Vereins ist paritätisch besetzt, die Präsidentschaft wechselt jährlich zwischen der deutschen und französischen Seite. Sitz des Vereins ist in Sarreguemines, des Kooperationsbüros hingegen in Saarbrücken. Zentrales Anliegen des Vereins ist zurzeit die Weiterentwicklung zu dem Eurodistrict Moselle-Est-Saarbrücken als grenzüberschreitenden europäischen Gemeindeverband, wofür umfangreiche vorbereitende Arbeiten anlaufen.

- *PED (Pôle européen de développement):* Insgesamt 23 Kommunen mit gemeinsam etwas über 100.000 Einwohnern in den direkt an der Grenze liegenden Teilregionen Frankreichs, Belgiens und Luxemburgs gründeten im Jahr 1996 einen grenzüberschreitenden Verband „grenzüberschreitende Agglomeration". Als zentrales Ziel gilt eine abgestimmte räumliche Entwicklung, insbesondere in den Bereichen Wohnen und Verkehr. Zu den ersten Ergebnissen der Zusammenarbeit zählen gemeinsame Planungsgrundlagen in Form eines gemeinsamen geografischen Informationssystems und die gemeinsame Stadtentwicklungsagentur AGAPE (www.agglo-ped.org).

- Zu weiteren kleinräumigen Kooperationen zählen
    - in der Province du Luxembourg-Belge/Sud Luxembourg/Nord Lorraine der Raum Esch-Audun-Villerupt,
    - die EWIV "Islek Ohne Grenzen" im Raum Eifel/Ardennen sowie
    - Kooperationen im Moseltal/Vallée de la Moselle.

2.1.2   Ziele und Aktivitäten der Zusammenarbeit

Zurzeit verfügen die verschiedenen Gremien der Großregion über keine gemeinsame übergreifende Vision oder Entwicklungsstrategie für das gesamte Kooperationsgebiet. Allerdings wurde auf Initiative und im Auftrag vom Gipfel der Großregion das „Zukunftsbild 2020" im Rahmen eines regionalen Foresight-Prozesses (siehe unten) als langfristige Entwicklungsperspektive der Großregion formuliert.

So wie dieses Zukunftsbild 2020 der Großregion auf den Gipfel der Großregion zurückgeht, basieren auch andere wesentliche Maßnahmen in Bezug auf die Integration des Gesamtraumes auf Aktivitäten des Gipfels. Jeder Gipfel widmet sich einem zentralen Thema und fasst diesbezügliche Beschlüsse zur gemeinsamen Umsetzung. So war der siebente Gipfel dem Thema „Bildung und Forschung", der sechste der „Förderung einer Unternehmenskultur und einer konzertierten Politik der KMU in der Großregion", der fünfte dem Thema „Tourismus und Kultur in der Großregion, von Orten und von Menschen" oder der vierte dem Thema „Nachhaltige umweltgerechte Entwicklung in der Großregion" gewidmet. Der Gipfel spricht in Folge Empfehlungen für die weitere Verfolgung spezifischer Aufgaben- bzw. Problemstellungen aus und wendet sich hierfür direkt an die verantwortlichen Stellen. Allerdings kann er auch entsprechende Aufträge an die Regionalkommission zur Operationalisierung und Findung möglicher Umsetzungswege formulieren, die im Rahmen deren Arbeitsgruppen aufgegriffen werden. Derzeit sind bei der Regionalkommission ständige Arbeitsgruppen zu den Bereichen Bildung & Erziehung, Hochschulwesen, Kultur, Raumordnung, Sicherheit & Prävention, Soziale Fragen, Tourismus, Umwelt, Verkehr und wirtschaftliche Fragen eingerichtet.

Die Euregio verfolgt ein weit engeres Aufgabenportfolio, sie greift grundsätzlich jene Themen auf, die von den Kommunen grenzüberschreitend bearbeitet werden sollen. So befinden sich die Themen Raumordnung und Tourismus bereits seit langem im Aktivitätsspektrum der Euregio. Der Bereich Jugend ist vor einigen Jahren neu hinzugekommen. Die Euregio sieht ihre Aufgaben vor allem in einer Förderung und Koordinierung der grenzüberschreitenden kommunalen Zusammenarbeit, indem sie den Austausch entsprechender Informationen über Vorhaben und Projekte sowie gewonnener Erfahrungen ermöglicht, kommunale Interessen untersucht, formuliert und vertritt, Beratungsdienste anbietet, die Trägerschaft von Projekten nach Maßgabe des Subsidiaritätsgrundsatzes übernimmt und grenzüberschreitende Gemeinsamkeiten stärker in das Bewusstsein der Öffentlichkeit bringt.

Zwischen den kommunal und den regional bearbeiteten Themenstellungen finden sich einige Überschneidungen. Die Kohärenz der Bearbeitungen soll durch die Vertretung der Euregio – allerdings nur mit Beobachterstatus – in der Regionalversammlung und deren Arbeitsgruppen sichergestellt werden. Aus Sicht der Euregio ist diese Möglichkeit derzeit grundsätzlich zufrieden stellend. Bei der Formulierung des Zukunftsbilds 2020 wurde allerdings die Berücksichtigung der euregionalen Interessen als zu gering eingestuft. Differenzen bzw. Informations- und Koordinationsdefizite bestehen allerdings auch zwischen der Euregio und anderen kleinräumigen Initiativen. Obwohl es zur Aufgabe der euregionalen Geschäftsführerin zählt, sich über kleinräumige Kooperationsinitiativen auf dem Laufenden zu halten und diese mit den euregionalen Aktivitäten zu koordinieren, wird von einigen dieser kleinräumigen Initiativen diesbezüglich eine zu große Passivität der Euregio bemängelt. Sie setzen – gerade auch in den Themenstellungen der Euregio, wie der Raumplanung – verstärkt auf eigene Projekte und Vorhaben. Da allerdings die Projektträger dieser kleinräumigen Initiativen zumeist Kommunen sind, sind diese auch indirekt in der Euregio vertreten.

2.1.3   Regionaler Foresight-Prozess – „Zukunftsbild 2020"

Auf Initiative und im Auftrag des Gipfels der Großregion wurde das „Zukunftsbild 2020" für die Großregion erarbeitet. Zentrale Aufgabe war, einen umfassenden Blick auf jene unterschiedlichen Entwicklungskomponenten der Großregion zu werfen, die eine kohärente und integrierte Entwicklung der Region beeinflussen. Aufgrund der bereits langjährigen Tradition grenzüberschreitender Zusammenarbeit, der vielfältigen Kooperationsgremien und projektbezogenen Fragmentierung wurde zunehmend der Bedarf an einer verbindenden gemeinsamen Perspektive zu zukünftigen Entwicklungsfragen formuliert. Der entsprechende Wunsch nach einer gemeinsamen strategischen Vision wurde einhellig von allen politischen VertreterInnen des Gipfels der Großregion konstatiert und verfügte damit über den notwendigen politischen Rückhalt. Zugleich manifestierte der politische Konsens zur Erarbeitung einer gemeinsamen Zukunftsvision ein starkes Vertrauen in den politischen Willen und die entsprechenden Kapazitäten aller Partner zur grenzüberschreitenden Zusammenarbeit. Dies war Voraussetzung, eine wirklich umfassende Vision überhaupt formulieren, Anspruch auf einen holistischen Politikansatz erheben und die Interaktionen des Foresight-Prozesses mit anderen Politikfeldern entsprechend strukturieren zu können. Ziel war somit nicht, genaue Handlungsprogramme zu definieren: Vielmehr versteht sich das Zukunftsbild 2020 als eine Art „Charta" der Großregion, als Rahmen und Orientierungslinie für zukünftiges Handeln in der Region.

Zur Erarbeitung der gemeinsamen Vision richtete der Gipfel der Großregion eine politische Kommission ein sowohl mit aktiven politischen EntscheidungsträgerInnen als auch mit älteren anerkannten Staatsmännern der Region unter dem Vorsitz von Jacques Santer (MdEP, ehemaliger EU-Kommissionspräsident und Präsident von Luxemburg), der von allen Seiten gerne in dieser Rolle gesehen und akzeptiert wurde. Das Verständnis hinter dieser politischen Kommission war, eine höchst kompetente und mit den aktuellen Fragestellungen vertraute Gruppe zusammenzubringen, die zwar unabhängig von politischen Vorgaben agieren, aber dennoch die notwendige Integration der Vision ins tägliche Politikgeschehen abschätzen und mitdenken kann. Zugleich wurde hiermit in Kauf genommen, top-down und sehr selektiv vorzugehen[14], was dem vom Foresight-Ansatz vertretenen breiten Partizipationsgedanken eigentlich widerspricht. Das erste Treffen der politischen Kommission fand im September 2002 statt, nach der relativ kurzen Zeit von nur neun Monaten wurden ihre Ergebnisse im Juni 2003 am Gipfel der Großregion präsentiert. Der Gipfel akzeptierte die Vision und die einzelnen Strategiebündel, ohne jedoch gleich alle 90 auch zu verabschieden. Vielmehr wurde mit der grundsätzlichen Anerkennung der Wille bekräftigt, die Vision und ihre Strategien in die Tagespolitik zu integrieren.

Diese Vision sieht die Großregion im Jahr 2020 als europäische Modellregion und als Modell für grenzüberschreitende politische Kooperation, als Kulturlandschaft der Vielfalt, die einen gemeinsamen Bildungs- und Forschungsraum sowie einen gemeinsamen Wirtschafts- und Sozialraum und im Infrastrukturbereich einen Knotenpunkt der europäischen Zentralachsen mit einer integrierten Infrastruktur- und Raumplanung bildet. Die Großregion soll sich als Pionier europäischer Integration positionieren. Hierfür ruht das Zukunftsbild 2020 auf drei Säulen, die das Selbstverständnis der Großregion und die weitere Entwicklung der Region prägen sollen: Die Großregion soll zu einer Region mit europäischer Identität und Lebensart werden, einer Region von europäischer Kompetenz als Modellregion für alle anderen europäischen Regionen. Die Vision und die drei Säulen bilden den roten Faden für die strategische Orientierung und für die Definition konkreter Maßnahmen. Diese

Maßnahmen als Konkretisierung der Strategie wurden für acht ausgewählte Themengebieten formuliert. Als prioritär wurden jene Themenfelder eingestuft, bei denen akuter Bedarf an grenzüberschreitenden Zusammenarbeit geortet werden konnte, die einer Diskussion aus unterschiedlichen Perspektiven am stärksten bedurften und bei denen bislang noch keine umfassenden Kooperationserfahrungen gesammelt wurde: Kultur, Aus- und Weiterbildung, Wirtschaft und Beschäftigung, soziale Netzwerke, Verkehr, Umwelt und räumliche Entwicklung sowie die Institutionenfrage. In diesen Feldern wurde jeweils die Vision für 2020 den gegenwärtig auszumachenden Stärken und Schwächen sowie bereits bestehenden Ansätzen und Potentialen gegenübergestellt. Hiervon wiederum wurden entsprechende Strategien abgeleitet. Im Hinblick auf die Umsetzung der einzelnen Strategien wurde nicht nur zwischen kurz-, mittel- und langfristigem Handlungsbedarf differenziert, sondern auch zwischen so genannten …

- Agenda-Projekten, die von allen Partnern gemeinsam auf hoher politischer Ebene zu implementieren sind,

- Impulsprojekten als spezifische punktuelle und kurzfristige Maßnahmen an klar definierten Standorten, jedoch mit einer entsprechenden Ausstrahlung auf die Gesamtregion und

- Agenturlösungen, die eine kontinuierliche Fortsetzung der Zusammenarbeit in den Themengebieten Kultur und Vielsprachigkeit, Arbeit und Beschäftigung, Wissenschaft und Forschung, Verkehr sowie Tourismus durch weiche Institutionalisierung garantieren und die Netzwerkaktivitäten am Laufen halten sollen.

---

[14] Beispielsweise war unter den 13 Mitgliedern der Kommission keine einzige Frau.

Tabelle 6 Zukunftsbild 2020 der Großregion – exemplarische Nennung des Kulturbereichs

Vision	Ansätze und Potenziale		Agendaprojekte	Impulsprojekte	Institutionelle Lösungen
	Stärken	Schwächen			
Eine Kulturgemeinschaft der Vielfalt in der Mitte Europas					
Französisch und Deutsch als gleichberechtigte Verkehrssprachen	Reiches Erbe der Industriekultur	Mangelnde Kenntnis der jeweils benachbarten Kulturen	Mit dem Kindergarten obligatorisches Erlernen des Deutschen und Französischen	Interregionales Haus der Kulturen	Einrichtung einer interregionalen Agentur für Mehrsprachigkeit und Kultur
Interregionale Öffentlichkeit durch gemeinsame Medien	Vielseitiges Kulturleben	Fehlende Koordination der Kulturaktivitäten	Kulturhauptstadt 2007	Interregional abgestimmter Kulturkalendar	
Lebensqualität durch kulturelle Vielfalt und Alltagspräsenz der Künste	Innovative grenzüberschreitende Kulturinitiativen	Uneinheitliche Rahmenbedingungen für Künstler und Kulturschaffende	Erleichterung der künstlerischen Zusammenarbeit	Vernetzte Kulturaktivitäten und gemeinsames Marketing	
Interkulturelle Forschung als Markenzeichen der Großregion	Wegweisende Beschlüsse zu einer koordinierten Kultur- und Tourismuspolitik	Finanzielle Engpässe bei der grenzüberschreitenden kulturellen Zusammenarbeit	Schaffung eines interregionalen Kulturfonds	Zentrum für interkulturelle Forschung	
			Herbeiführen einer einheitlichen europäischen Regionalförderung für die Großregion	Interregionales Radio- und Fernsehprogramm	

Quelle: Eigene Darstellung nach Santer et al. 2003, JR-InTeReg.

Tabelle 7: Zukunftsbild 2020 der Großregion – exemplarische Nennung des Hochschul- und Forschungsbereichs

Vision	Ansätze und Potenziale		Agendaprojekte	Impulsprojekte	Institutionelle Lösungen
	Stärken	Schwächen			
Eine Hochschullandschaft als europäisches Modell					
Integrierter Hochschul-, Forschungs und Innovationsraum	Vielfältige Hochschullandschaft	Keine koordinierte Hochschul- und Forschungspolitik	Exekutiven und alle Hochschulen in der „Charta der universitären Zusammenarbeit"	Hochschule der Großregion	
Mehrsprachigkeit ist die Norm	Kompetenz in Kerngebieten	Priorität nationaler Orientierungen	Potenzialanalyse für die Großregion	Postgraduales Kolleg für europäische Führungskräfte	
Standorte mit eigenem Profil und komplementärer Vernetzung	Kurze Wege	Nebeneinander statt Miteinander	Abstimmung der Hochschul- und Wissenschaftspolitik	Zentrum für Grenzraumforschung	
Integrierter Wissenschaftstransfer	„Charta der universitären Zusammenarbeit"		Vernetzung von Forschung, Lehre und Studium	Niederlassung einer weltweit agierenden Forschungseinrichtung	
Einzigartige Leistungen durch multinationale Synergien	Zahlreiche Kooperationen		Austausch von Wissen und Personen	Stelle für Wissenstransfer und internationales Clustermanagement	
			Modularisierung der Studiengänge	Regionales Entwicklungsobservatorium	
			„Diploma Supplement"		
			Gemeinsame Einführung von Bachelor-und Masterabschluss		
			Vernetzung von Science-Parks und Gründerzentren		
			Gemeinsame Außendarstellung		

Quelle: Eigene Darstellung nach Santer et al. 2003, JR-InTeR.

Tabelle 8: *Zukunftsbild 2020 der Großregion – exemplarische Nennung des Wirtschaftsbereichs*

Vision	Ansätze und Potenziale		Agendaprojekte	Impulsprojekte	Institutionelle Lösungen
	Stärken	**Schwächen**			
Eine Wirtschaftsregion am Puls Europas					
Gemeinsamer Wirtschaftsraum und Arbeitsmarkt	Standortaufwertung durch fortschreitenden EU-Prozess	Barrieren aufgrund unterschiedlicher Steuer-, Sozial- und Ausbildungssysteme	Errichtung von integrierten Informationsplattformen	Stelle für Wissenstransfer und interregionales Clustermanagement	Agentur für Tourismusmarketing
Vollendeter Binnenmarkt	Europäische Zentrallage	Unzureichende Markttransparenz	Gemeinsamer Internetauftritt	Grenzüberschreitender Gesellenbrief	Agentur für Wirtschaft und Beschäftigung
Neuer Mittelstand nach gelungenem Strukturwandel	Hochqualifizierte Arbeitnehmerschaft	Kein Budget für grenzüberschreitende Projekte	Branchenforen zur grenzüberschreitenden Vernetzung	Grenzüberschreitende Meisterausbildung	
Hohes Innovationspotenzial durch permanenten Wissenstransfer	Hohe Sprachkompetenz in Teilregionen	Kein gemeinsames Standort- und Tourismusmarketing	Mediatorennetzwerk Wirtschaft	Integriertes Internet-Informationsangebot	
Arbeitskräftemangel statt Arbeitslosigkeit	Breitgefächerte Branchenstruktur und internationale Orientierung	Unzureichende Verkehrsinfrastruktur	Grenzüberschreitende Gewerbeparks	Budget der Großregion	
Bevorzugte Wirtschaftsregion für internationale Investoren	Sitz von wichtigen EU-Institutionen		Interregionales Innovationszentrum		
Europaweit bekannte „harte" und „weiche" Standortfaktoren	Gute Kooperation auf institutioneller Ebene		Kooperationsnetz Hochschulen und Wirtschaft		
			Infrastrukturangleichung bei Wirtschaftsförderung, Raumordnung und Landesplanung		
			Tarifgleichheit bei Post, Telekommunikation und im Zahlungsverkehr		
			Gemeinsames Standortmarketing		
			Grenzüberschreitende Freizonen		

Quelle: Eigene Darstellung nach Santer et al. 2003, JR-InTeReg.

Wenngleich bemerkenswerte Disseminationsanstrengungen für das Zukunftsbild 2020 unternommen wurden, kann dies nicht darüber hinweg täuschen, dass es von einer begrenzten Anzahl von EntscheidungsträgerInnen im Rahmen der eingesetzten politischen Kommission und somit in einem relativ engen Kreis erarbeitet wurde. Auch die Anliegen der kommunalen Ebene wurden wenig berücksichtigt: Die Anliegen der EuRegio wurden zwar zweimal angehört, flossen aber nur bedingt ein. Dies widerspricht dem vom Foresight-Ansatz prinzipiell vertretenen breiten Partizipationsgedanken. Aus diesem Grund ist es nun in einem nächsten Schritt zentrale Aufgabe des durch die Formulierung des Zukunftsbildes 2020 in Gang gesetzten Prozesses, die breite Verankerung der gemeinsamen Vision in den einzelnen Teilregionen und in der lokalen Bevölkerung sicherzustellen. Man wird sehen, inwieweit dieses Ziel auch noch im Nachhinein ohne entsprechende Mitwirkungsmöglichkeiten erreicht werden kann bzw. wie viel Gestaltungsspielraum im Sinne nachfolgender Anpassungen an der Vision und ihren Strategien zugestanden werden müsste.

2.2. DIE ÖRESUND-REGION

Profil	
Gründungsjahr	1993 (Öresundskomiteen)
Fläche	20,859 km²
Einwohner	3,5 Millionen Einwohner (Kopenhagen und Großraum Malmö jeweils rund 500.000 Einwohner),
Organisationsform	Vielfältige Governance-Lösungen ohne klare Strukturierung, beispielsweise *Öresundkomiteen* als politisches Diskussions- und Austauschforum oder die *Öresund Science Region* für den Technologiebereich
Mitglieder	Öresundskomiteen: Bornholms Regionskommune, Frederiksberg Kommune, Frederiksborg Amt, Helsingborgs Stad, Københavns Amt, Københavns Kommune, Landskrona Kommun, Lunds Kommun, Malmö Stad, Region Skåne, Roskilde Amt, Storstrøms Amt, Vestsjællands Amt
Themen	Wirtschaft und Handel, Arbeitsmarkt und Qualifikation, Kommunikation und Infrastruktur, Kultur, Umwelt, Ostseeraum, Information

Die Öresund-Region zählt zu den Regionen des Ostseeraumes mit der höchsten Einwohnerdichte und den höchsten Produktivitätswerten. Aus diesem Grund genießt ihr Integrations- und Kooperationsprozess hohe Aufmerksamkeit, sowohl bei den zwei beteiligten Staaten Dänemark und Schweden als auch darüber hinaus. Insbesondere seitens der EU wurde und wird diesem Kooperationsraum große Bedeutung beigemessen, das Interreg-Programm der Region wird gar als flagship-Programm bezeichnet. Die Region ist geprägt von der geografischen Trennung durch den Sund einerseits und die relativ neue Verbindung über den Sund durch die Öresund-Brücke andererseits. Der Bau der Brücke übte eine deutliche Impulswirkung zur Intensivierung grenzüberschreitender Kooperation aus, wenngleich die tatsächlichen Verkehrsströme als Zeichen von Interaktion zwischen den beiden Teilregionen Öresunds deutlich hinter den prognostizierten Erwartungen zurückblieben. Trotzdem zeigen jüngere Wirtschaftsdaten, dass sich die innerregionalen Disparitäten in den letzten Jahren reduzierten und die funktionale Integration der Region verbessert werden konnte. Im Jahr 2000 lag beispielsweise die Beschäftigtenquote der dänischen Region Zealand bei 75,7 %, im schwedischen Skane bei 66,5 %. Die Arbeitslosenrate betrug in Zealand nur 3,8 %, in Skane hingegen 6,5 %. Insbesondere die Anfang bis Mitte der neunziger Jahre sowohl beim Bruttoregionalprodukt als auch bei der Beschäftigtenquote hinterherhinkende schwedische Region Skane konnte aufholen und sich dem – im Vergleich zu den jeweiligen nationalen Durchschnittswerten – sehr guten Öresundschnitt annähern. So bildet Öresund gegenwärtig den produktivsten Agglomerationsraum im gesamten Ostseeraum (in BIP/Kopf bzw. in BIP/Beschäftigten).

Abbildung 21: Lage und Teilregionen der Öresund-Region

Quelle: Eigene Darstellung 2004, JR-InTeReg.

Was hiervon auf die intensivierten Bemühungen grenzüberschreitender Integration zurückzuführen ist, ist schwer zu isolieren. Unbestritten jedoch ist, dass entsprechende kooperative Initiativen – parallel zur Planung und zum Bau der Brücke – forciert und verstärkt wurden. Basis hierfür bildeten die bereits bestehenden engen Verflechtungen im Öresund-Raum, die neben kulturellen, traditionellen und sprachlichen Ähnlichkeiten unter anderem auf strukturell-wirtschaftlichen Faktoren beruhen. So sind dies- und jenseits des Sundes Konzentrationen von Unternehmen und Forschungseinrichtungen in komplementären Nischen wissensbasierter Sektoren auszumachen. Insbesondere in den regionalen Stärkefeldern (Pharmaindustrie, Medizin- und Biotechnologie, IKT, Umwelttechnologien und Lebensmitteltechnologien) sind potentielle Synergieeffekte auszumachen. Kooperation verspricht hierbei nicht nur die Nutzung dieser Synergien, sondern ebenso die Erreichung kritischer Größe, um sich positionieren und Wettbewerbsvorteile erlangen zu können. Die gesamte Region verfügt zudem über hoch qualifiziertes Arbeitskraftpotential, das sich aus 20 Universitäten und rund 130.000 Studierenden in der Region speist. Diese Faktoren bedingen eine starke wissenschaftlich-wirtschaftliche Ausrichtung der Kooperation, vor allem auf die Steigerung von Produktivität und Wettbewerbsfähigkeit fokussiert. Des Weiteren bilden ebenso Verkehrs- und Umweltprobleme treibende Kräfte der Zusammenarbeit.

Die bedeutenden INTERREG-Förderungen (insgesamt 30 Mio. EUR in der Periode 2000-2006) wirkten als zusätzlicher Katalysator. So entstand in *Bottom-up-Prozessen* eine Vielzahl thematischer Kooperationsinitiativen mit unterschiedlichen Organisationsformen, die gemeinsam ein innovatives Governance-System der Region bilden. Trotz dieser Vielfalt wurde bislang die Gründung einer übergreifenden formalisierten Koordinationsorganisation bewusst vermieden. Allerdings gilt das Kooperationspotential als noch nicht ausgeschöpft. Für eine weitere Intensivierung der Zusammenarbeit – insbesondere im privaten Sektor – wird von vielen Seiten nun zunehmend ein leicht institutionalisiertes Gremium als notwendig erachtet. Denn diese Vielfalt an Initiativen birgt doch auch das Risiko einer mangelnden Kohärenz, einer Fragmentierung der Bemühungen sowie von Doppelgleisigkeiten, wie auch die OECD in ihrem Bericht über die Öresundregion feststellte.

„Öresund is facing the risk of fragmentation and lack of consistency among cross-border activities. In particular, the custom of bilateral consultations on specific issues might hinder the design and implementation of a coherent strategy for the region" (OECD 2003: S. 15).

Und weiter:

„In the Öresund Region, no single common body has the explicit legal or administrative authority to co-ordinate and implement joint development strategies in the region. The strategic question is whether or not the current governance structure is adequate to tackle the problems of the new functional area and whether an umbrella body should take a strong lead in the definition and implementation of cross-border projects" (ibid.).

Insbesondere verweist die OECD darauf, dass das Governance-System der Öresundregion einerseits allen relevanten Akteuren eine entsprechende Mitsprachemöglichkeit einräumen und andererseits zugleich Effektivität, Transparenz und Verantwortlichkeiten sicherstellen muss. Aus diesem Grund wird eine weiche Institutionalisierung der grenzüberschreitenden Kooperation als sinnvoll erachtet, von der eine neue Dynamik für den Integrationsprozess erwartet wird. Diese Institutionalisierung soll zudem die notwendigen Bedingungen für Entwicklung und Implementierung einer breit getragenen Strategie zur zukünftigen Entwicklung der Region schaffen.

2.2.1   Organisation und Akteure der Kooperation

Bei den grenzüberschreitenden Initiativen kann zwischen dem Öresundskomiteen als politischem Diskussions- und Kooperationsforum einerseits und unterschiedlichen themenbezogenen Kooperationsforen von ExpertInnen, privaten Akteuren und VertreterInnen der Verwaltung andererseits differenziert werden. Dem Öresundskomiteen kommt durch seine starke politische Funktion sowie durch die organisatorische Koppelung mit dem INTERREG-Programm eine zentrale Rolle zu.

Öresundskomiteen

Das Öresundskomiteen wurde im Jahr 1993 vom County Kopenhagen sowie von den Kommunen Kopenhagen und Frederiksberg gemeinsam mit anderen lokalen und regionalen PolitikerInnen der schwedischen Region Skane gegründet. Im Jahr 1999 wurde die Mitgliedschaft ausgeweitet und umfasst nun auch die Kommunen Vestsjælland, Storstrøm und Bornholm. Somit sind von schwedischer Seite sowohl lokale Gebietskörperschaften als auch die Region Skane beteiligt, die im Rahmen der Dezentralisierungsversuche in Schweden als Pilotregion fungiert. Auf dänischer Seite hingegen nehmen VertreterInnen der regionalen Ebene an der Kooperation teil. Die 32 lokalen und regionalen PolitikerInnen aus 13 unterschiedlichen Körperschaften treffen sich viermal im Jahr. Bei diesen Treffen nehmen VertreterInnen der nationalen schwedischen wie dänischen Regierungen als Beobachter teil. In Ergänzung zu diesen Vollversammlungen werden thematische Treffen und politische Debatten organisiert, zum Beispiel zu „Öresund und Europa" oder „Infrastruktur und Kommunikation". Zudem wurden thematische Kooperationsforen eingeführt (vgl. Samverkansforum als Ergebnis des gemeinsamen Umweltprogramms). Das Öresundskomiteen finanziert sich großteils durch Mitgliedsbeiträge (7,8 Mio. DKK), durch Zuschüsse des Nordic Council of Ministers (1,9 Mio. DKK) und externe Projektfinanzierung insbesondere im Rahmen der Gemeinschaftsinitiative INTERREG (3,5 Mio. DKK).

Abbildung 22:Organisationsstruktur des Öresundskomiteen

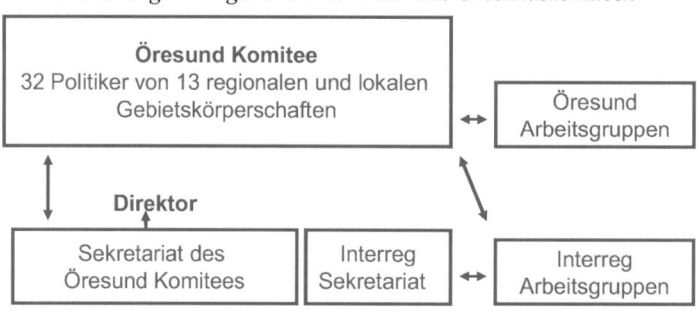

Quelle: Eigene Darstellung 2004, JR-InTeReg.

Zu den Aufgaben des Öresundskomiteen zählen neben (i) der Erstellung und Verwaltung des INTERREG-Programms (ii) Themen gemeinsamen Interesses zu diskutieren, (iii) Barrieren wie Lösungen für die grenzübergreifende Integration zu identifizieren und (iv) neue grenzüberschreitende Netzwerke zu unterstützen. Ziel ist, durch grenzüberschreitende Kooperationen in den unterschiedlichsten Themenbereichen und durch eine Vielzahl an Netzwerken den Integrationsgedanken in der regionalen Bevölkerung fest zu verankern.

Öresund Science Region

Die Öresund Science Region setzt sich aus vier Teilorganisationen zusammen: aus Medicon Valley Academy, Öresund IT Academy, Öresund Environment und Öresund Food Network. Diese vier Netzwerke entsprechen Kooperationen von vier bestehenden Clustern dies- und jenseits des Sunds und sehen sich als Plattform, wo sich Universitäten, Forschungseinrichtungen, Unternehmen und VertreterInnen des öffentlichen Sektors austauschen und zusammenarbeiten können. Die vier Organisationen entstanden zwischen 1997 und 2000 und wurden zumeist als *Bottom-up-Initiative* mit Unterstützung durch das bereits bestehende Netzwerk Öresund University und das grenzüberschreitende Öresund Business Council gegründet. Im Zuge der grenzüberschreitenden Arbeit erkannte man, dass ein gemeinsamer Rahmen für grenzüberschreitende Kooperationen im Bereich Forschung, Technologie und Innovation benötigt wurde. So wurde im Jahr 2001 die Öresund Science Region gegründet, finanziert neben privaten Sponsorgeldern durch die Foundation for Technology Transfer in Lund als staatliche Organisation in der Region, dem dänischen Ministerium für IT und Forschung sowie zum Teil auch durch das Kooperationsforum Öresund University. Die Finanzierungsinstitutionen sind neben den VertreterInnen der vier Teilorganisationen und der Kooperation Öresund University auch im Vorstand der Öresund Science Region vertreten.

Öresund University

Das Kooperationsforum der insgesamt zwölf Universitäten der Region wurde im Jahr 1997 von den Universitäten selbst ins Leben gerufen. Ziel ist, alle universitären Einrichtungen und Angebote für alle Studierende und alle WissenschafterInnen der Region zu öffnen, um sich zu ergänzen, Synergien und kritische Massen zu entwickeln. Seit kurzem laufen auch die ersten gemeinsam konzipierten und organisierten Ausbildungsprogramme. Öresund University spielt eine zentrale Rolle für die Öresund Science Region und ihre Teilorganisationen.

Öresund Network

Dieses breite Kooperationsnetzwerk besteht seit Frühling 2000 und versteht sich einerseits als Katalysator für grenzüberschreitende Kooperationen in den verschiedensten Bereichen sowie andererseits zugleich als Marketingplattform der Öresund-Region. Eigentümer sind das schwedische Außenministerium, das dänische Wirtschaftsministerium sowie regionale und lokale Körperschaften. Zurzeit sind etwa 150 Organisationen/Unternehmen/Körperschaften beteiligt.

Öresund Committee for Research and Development (Öforsk):

Dieses Gremium wurde 1998 durch eine vertragliche Vereinbarung der schwedischen und dänischen Regierungen gegründet. Öforsk verwaltet einen gemeinsamen Forschungsförderungsfonds für erstens die Beleuchtung und Untersuchung regionsspezifischer Fragestellungen und zweitens kooperative Forschungsprojekte.

2.2.2 Visionen, Ziele und Aktivitäten der Zusammenarbeit

Rund um die Diskussionen zum Bau der Öresundbrücke wurden auf den unterschiedlichsten Ebenen und von den unterschiedlichsten Akteuren vielfältige Diskussionen zur Entwicklung der Region geführt. In diesem Zusammenhang ist auch die gemeinsame Vision „*Öresund – the Birth of a Region*" zu verstehen, die von den beiden nationalen Regierungen Schweden und Dänemark im Jahr 1999, somit ein Jahr vor Fertigstellung der Brücke, formuliert wurde. Als umfassende Vision wird hierin die

Entwicklung der Öresundregion hin zu der am stärksten integrierten und funktionalen grenzüberschreitenden Region Europas definiert und hierfür folgende Handlungsbereiche abgesteckt: (i) die Wahrnehmung der Grenze als Hindernis zu reduzieren, (ii) die Öresundregion als gemeinsame Region für Bewohner, Unternehmen, Bildung und Forschung voranzubringen und (iii) Solidarität wie gemeinsame Identität sowohl der regionalen Bevölkerung als auch in der Wahrnehmung nach außen zu fördern. Wenngleich diese Vision einen stark städtischen Fokus aufweist und Wissenschaft wie Wirtschaft im Mittelpunkt des Interesses stehen, unterstreicht sie zugleich auch die Notwendigkeit einer nachhaltigen Entwicklung und verpflichtet sich zu einer offensiven Berücksichtigung ökologischer Erfordernisse. Wenngleich diese Vision auf oberster Ebene formuliert wurde, spiegeln sich ihre Stoßrichtungen in der Ausrichtung der grenzüberschreitenden Aktivitäten wider[15].

Grundsätzlich berücksichtigt weder die nationale Regionalpolitik von Schweden noch jene von Dänemark die Öresundregion als spezielle Zielregion. Die Öresundregion findet sich somit in den formalen Strategiedokumenten nicht wieder. Vielmehr wurde bereits in der Vision aus dem Jahr 1999 fixiert, dass die Koordination zwischen den regionalen Strategien, die in der Öresundregion aufeinander treffen, auf eher informellem Wege zwischen den beteiligten Ministerien stattfinden soll – sichergestellt wurde nur, dass diese Koordination und die Bestrebung zur grenzüberschreitenden Koordination grundsätzlich den Rückhalt der nationalen Ministerien genießt. So lassen sich die grundsätzliche Ausrichtung der grenzüberschreitenden Zusammenarbeit, ihre Ziel- und Aufgabenstellungen am besten aus den jeweiligen INTERREG-Programmen ablesen, die explizit auf die grenzüberschreitende und kooperative Ebene fokussiert sind. So nennt das gegenwärtig laufende INTERREG-Programm (2000-2006) – der nationalen Vision folgend – ebenfalls das ambitionierte Ziel, die Öresund-Region zu einer der integriertesten und funktionalsten grenzüberschreitenden Regionen Europas zu entwickeln. Wie zuvor bereits erwähnt, dominieren dabei stets wirtschaftliche Gesichtspunkte. Die Kooperation wird als wesentliches Instrument zur Steigerung von regionaler Wettbewerbsfähigkeit und wirtschaftlichem Wachstum eingestuft. Insbesondere soll aus der starken Konzentration an wissensbasierter Industrie, an Forschungseinrichtungen und an hoch qualifizierten Arbeitskräften (12 Universitäten, 10.000 WissenschafterInnen und 130.000 Studierende) an beiden Uferseiten der Brücke größtmöglicher gemeinsamer Nutzen gezogen werden und die Region als Wissenschafts- und Wirtschaftsstandort der Ostsee positioniert werden. Vier Politikfelder bilden hierbei die zentralen Herausforderungen:

- physische Infrastruktur,
- Mobilität der Arbeitskräfte,
- Zusammenarbeit der Unternehmen sowie Bildungs- bzw. Forschungseinrichtungen und
- Harmonisierung des Steuer- und Sozialversicherungssystem.

Zudem veröffentlichte das Öresundskomiteen auf Basis von Entwicklungsszenarien in sechs verschiedenen Themenbereichen – erarbeitet durch ExpertInnen – und einem internetbasierten Partizipationsdialog eine gemeinsame Vision als Grundlage und Orientierungsrahmen für kooperative Aktivitäten im kommenden Jahrzehnt. Zurzeit wird an deren Konkretisierung und einem

---

[15] Gerade der Umweltaspekt findet sich in vielerlei Kooperationen als Aufgabenstellung wieder. Ein gutes Beispiel hierfür ist unter anderem das STRING-Projekt, das über die Öresundregion hinausgehend auch norddeutsche Regionen mit einschließt und im Rahmen eines Foresight-Prozesses Umweltprobleme der südwestlichen Ostsee thematisiert.

entsprechenden Aktionsplan „*From ought to, to shall*" gearbeitet. Zu den Aufgaben des Öresundskomiteen zählen hierbei insbesondere:

- Breite Verankerung des Integrationsprozesses in der Bevölkerung;

- Beeinflussung nationaler wie regionaler Akteure zur Beseitigung von Integrationsbarrieren;

- Kontinuierliche Weiterentwicklung von Infrastruktur und nachhaltiger Entwicklung;

- Verwaltung des INTERREG-Programms;

- Information und Öffentlichkeitsarbeit zur Öresund-Region und der Arbeit des Öresundskomiteen.

Trotzdem sieht die OECD weiterhin dringenden Handlungsbedarf für die integrative Entwicklung der Öresundregion, insbesondere in den folgenden drei Feldern: (i) das Überdenken existierender, grenzüberschreitender Infrastrukturen und die damit verbundene Preispolitik als Basis von Interaktion und Kooperation, (ii) weitere Erleichterungen für die Mobilität von Arbeitskräften, (iii) die weitere Intensivierung von grenzüberschreitender Zusammenarbeit insbesondere im privaten Sektor zwischen Unternehmen (Quantität und Qualität) und (iv) ein koordiniertes Steuersystem zur Behebung von Asymmetrien zwischen den schwedischen und den dänischen Teilregionen.

In Ergänzung zu den Aktivitäten und Zielen des politischen Kooperationsgremiums verfolgen die verschiedenen anderen Foren der Zusammenarbeit jeweils ihre spezifischen themenbezogenen Zielsetzungen. Um wiederum den Themenbereich von Forschung, Technologie und Innovation aufzugreifen, seien an dieser Stelle exemplarisch die Ziele und Aktivitäten der Öresund Science Region genannt. Hierzu zählen:

- Stärkung und Förderung der wissenschaftlichen Cluster und Netzwerke gerade im interdisziplinären Bereich,

- Stimulierung neuen Wissens,

- Entwicklung und Sicherung eines innovativen Produktionsumfeldes,

- global branding,

- grundsätzliche Förderung der Integration (Disziplinen, Grenzen zwischen Unis, Unternehmen und öffentlichem Sektor etc.)

Die Öresund Science Region versteht sich damit als Katalysator für die regionale wissenschaftliche Attraktivität für internationale Forscher, zur Organisation von Kursen und Seminaren, Konferenzen und Symposien sowie für sektorspezifische Förderungen im Rahmen von thematischen Programmen. Im Vordergrund steht stets der Integrationsgedanke, der sich nicht nur auf das Überschreiten der Staatsgrenze, sondern insbesondere von wissenschaftlichen Disziplinen mit Hilfe von Kooperationsprojekten zwischen den vier Teilorganisationen oder von Grenzen zwischen Unternehmen und öffentlichen Forschungseinrichtungen bezieht.

Die zwei zentralen Charakteristika der Kooperationen in der Öresund-Region sind ihre breite regionale Verankerung in der Gesellschaft einerseits und ihre Verzahnung zwischen lokaler, regionaler und auch nationaler Ebene andererseits, ergänzt durch großräumigere Perspektiven. Denn gerade die Einbettung der Öresundregion in den Ostseeraum und die Anbindung an die europäischen Kernräume ist von

großem Interesse. Entsprechende Strategien und Projekte werden verfolgt und sollen die kleinräumigere grenzüberschreitende Perspektive auf die Öresundregion selbst abrunden und ergänzen.

2.2.3   Öresunds Beteiligung am Foresight-Projekt STRING

Im Jahr 2001 schlossen sich im südwestlichen Teil der Ostsee regionale Körperschaften von Schweden, Dänemark und Deutschland zusammen, um im Rahmen eines zweieinhalb-jährigen Strategie-Prozesses (Jänner 1999 – Juli 2001) eine gemeinsame nachhaltige Basis für Wachstum und Entwicklung der Region in einer sich globalisierenden Umwelt zu schaffen. Der Prozess des so genannten STRING-Projektes (South-Western Baltic Sea Trans Regional Area Inventing New Geography) basierte maßgeblich auf dem methodischen Ansatz von *Regional Foresight* mit dem Ziel, eine koordinierte Artikulation, Nutzung und Umsetzung der unterschiedlichen Interessen und Anstrengungen in der Region sicherzustellen. So zählte zu den expliziten Projektzielen, eine gemeinsame Strategieplattform zu bilden und kooperativ die gemeinsamen, grenzüberschreitenden Bedingungen, Möglichkeiten und Herausforderungen anzusprechen. Implizit sollte auch die politische Agenda im Hinblick auf eine mögliche zukünftige Verbindung zwischen Deutschland und Dänemark über den Fermer Belt beeinflusst werden. Das Projektbudget betrug insgesamt 1,3 Millionen EUR, wovon 0,7 Millionen EUR durch INTERREG IIc finanziert werden konnten. Der Planungshorizont betrug zehn Jahre, bis zum Jahr 2010.

Eine eigene Steering Group und ein Projektsekretariat, ohne fixen physischen Ort, betreuten und koordinierten den Prozess mit mehr als 100 beteiligten ExpertInnen von Universitäten, Forschungsinstitutionen, den Wirtschaftskammern, von lokalen und regionalen Gebietskörperschaften, Vereinen und Interessensverbänden. Angesichts der breiten Beteiligung wurde zugleich großer Wert auf eine behutsame Rückkopplung mit demokratisch legitimierten Prozessen gelegt, um jeden Schritt des Foresight-Prozesses auch mit den demokratisch legitimierten Institutionen der Region zu verbinden. Hierfür diente insbesondere die Bildung eines politischen Forums, in dem die politischen VertreterInnen der beteiligten regionalen und lokalen Gebietskörperschaften die Möglichkeit zur Mitsprache, Diskussion und Austausch fanden. Die breite Öffentlichkeit wurde zudem durch eine intensive Öffentlichkeitsarbeit in Form von politischen Resolutionen, Newslettern, Studien und Berichten und einer Homepage über den Projektverlauf und erreichte Ergebnisse informiert. Um den Mehrwert und Nutzen der Zusammenarbeit auch entsprechend sichtbar machen zu können, wurde von Anfang an ein sehr alltagsnaher Fokus der Arbeit gewählt. Das heißt, im Rahmen der Zusammenarbeit und des Foresight-Prozesses sollten alltagstaugliche und – nützliche Ergebnisse für das tägliche Leben in der grenzüberschreitenden Region gefunden werden (Transport, Anerkennung von Qualifikationen, Kredittransfersysteme, Steuersysteme, kulturelles Leben, integriertes Küstenmanagement etc.).
Die ExpertInnen arbeiteten in thematischen Projektgruppen zusammen, die jeweils von einem offiziellen Vertreter der STRING-Projektpartner auf Basis ihrer Erfahrungen und inhaltlichen Verdienste und nicht auf Basis ihrer formalen Funktionen in ihren Mutterinstitutionen eingesetzt wurden. Dies erlaubte eine stark themenzentrierte Zusammenarbeit, bei der die jeweiligen Eigeninteressen weitest möglich in den Hintergrund traten und neue Netzwerke gebildet wurden. Innerhalb der thematischen Projektgruppen wurden drei Arbeitsschritte unternommen:

1. Identifikation treibender Faktoren zukünftiger Entwicklung insbesondere im Hinblick auf die wirtschaftliche und industrielle Entwicklung definiert (i.S. von lokaler versus globaler räumlicher Orientierung, Lernkapazitäten auf Tradition, Geschichte und Stabilität orientiert versus rapiden Wandel und Innovation etc.);

2. Entwicklung vier plausibler Szenarien („Ellipse of Change", „Global Province", „Local Gold Rush", „Home sweet Home");

3. Auf Basis dieser Szenarien Formulierung einer gewünschten Vision für die STRING-Region charakterisiert durch eine hohe Lebensqualität basierend auf Innovation, Unternehmergeist und Nachhaltigkeit. Diese Vision wurde von allen thematischen Projektgruppen unterstützt und anschließend dem politischen Forum der STRING-PartnerInnen in Form eines strategischen Aktionsplanes präsentiert.

Das Ergebnis des Strategieprozesses war somit die Entwicklung einer gemeinsamen Vision und eines entsprechenden Strategieplans, der eine gewisse Anzahl an Aktionsfeldern wie beispielsweise Wirtschaftsentwicklung, Bildung, Infrastruktur, Kultur etc. umfasst. In Ergänzung wurden bereits in diesem Stadium auch einzelne konkrete Projekte in diesen Aktionsfeldern geplant und zum Teil zugleich in die Umsetzung übergeführt, die als Leuchtturmprojekte den gemeinsamen Willen erproben und auch illustrieren konnten. Diese Projekte bildeten zugleich den Startpunkt für weitere konkrete Kooperationen zwischen den PartnerInnen der grenzüberschreitenden Region und somit den Übertritt in eine neue Phase der Zusammenarbeit.

So zeigt sich eine bunte Mischung aus vorwiegend bottom-up entstandenen Initiativen mit top-down initiierten bzw. finanzierten Netzwerken. Der Kooperations- und Integrationsgedanke konnte so in den verschiedensten Themenbereichen Fuß fassen und sich zugleich eines starken Rückhalts seitens der nationalen Ebene erfreuen. Dies birgt allerdings die Gefahr der Fragmentierung. Bislang verfügen die vielen thematischen Kooperationen über keinerlei gemeinsamen Rahmen, sie verlaufen weitgehend isoliert zueinander und lassen oftmals den notwendigen Austausch sowie Kohärenz und Transparenz vermissen.

Zudem fehlen weiterhin gemeinsame klare Strategien für Kernbereiche wie Verkehr oder Raumplanung. Die Kooperationen sind derzeit eindeutig von den Bereichen Wirtschaft-Wissenschaft sowie grenzüberschreitender Arbeitsmarkt einerseits und Fragen aus dem Umweltbereich andererseits dominiert. Dies weist darauf hin, dass die Kooperationserfolge durchaus sektoral konzentriert sind und anderen Themenbereichen eine integrierte Herangehensweise noch fehlt. Es zeigten sich in den letzten Jahren allerdings nicht nur sektorale Konzentrationen, sondern auch räumliche. Die Kooperationsinitiativen bezogen sich großteils auf die beiden großstädtischen Räume rund um Kopenhagen auf der einen und Malmö/Lund auf der anderen Seite. Eine der zentralen Herausforderungen der Zukunft wird sicherlich darin bestehen, etwas peripherere Teilregionen der Öresund-Region (insbesondere den Südosten von Skane und Bornholm) ebenfalls in die Kooperationsdynamik zu integrieren.

Eine andere Herausforderung wird in der weiteren Angleichung und Harmonisierung formaler und administrativer Gegebenheiten und Regelungen in den schwedischen und dänischen Teilregionen bestehen. Gerade im Hinblick auf die Schaffung eines grenzüberschreitenden funktional integrierten Arbeitsmarktes werden formale Barrieren abzubauen sein. Hierbei wurde mit den nationalen Reformen des Steuersystems ein wichtiger Schritt gesetzt. Allerdings bestehen weiterhin Defizite bei der Koordination des Sozialversicherungssystems, insbesondere beim Pensionssystem. Zu weiteren Faktoren, die den gemeinsamen Arbeitsmarkt und die Mobilität des Humankapitals in der Öresund-Region behindern, zählen aber auch das Nein Schwedens zum Euro oder die teure Brücken-Maut.

2.3.   GRENZÜBERSCHREITENDE KOOPERATIONEN MIT KOOPERATIVEN ENTWICKLUNGSSTRATEGIEN

Ergänzend zu den beiden grenzüberschreitenden Kooperationen Großregion und Öresundregion sollen in Folge noch einige weitere Beispiele genannt werden, die interessante Ansatzpunkte insbesondere im Hinblick auf gemeinsame räumliche Entwicklungsstrategien aufweisen. Wie bereits erwähnt, verfügen nur wenige Regionalkooperationen über derartige Leitbilder und Entwicklungskonzepte. Einige allerdings weisen weitgehend allgemeine Entwicklungsvorstellungen, die sich vergleichsweise leicht über die Grenze hinweg koordinieren lassen, auf. Insbesondere die Prozesse jedoch unterscheiden sich größtenteils deutlich vom Foresight-Ansatz, sind sie doch zumeist auf die zuständigen Verwaltungsstellen in den Regionen sowie eventuell auch auf politische EntscheidungsträgerInnen beschränkt.

In Folge wird erstens die Region PAMINA genannt, die sowohl über ein gemeinsames Raumentwicklungskonzept als auch über abgestimmte Entwicklungsleitlinien verfügt. Anschließend werden zwei mit der Region Graz-Maribor strukturell vergleichbare Regionen dargestellt, die insbesondere auf dem Modell der Städtekooperationen insbesondere auf dem Twin-City-Modell basieren. Auch diese arbeiten an gemeinsamen grenzüberschreitenden Entwicklungsvorstellungen.

2.3.1   PAMINA-Kooperation mit gemeinsamen Leitlinien für die Regionalentwicklung

Der PAMINA-Raum umfasst drei Teilräume von Frankreich und Deutschland: die Südpfalz (PA), die Region Mittlerer Oberrhein (MI) und das Nordelsass (NA), und bildet somit einen Teil des Oberrheintales. Offiziell geht die PAMINA-Kooperation auf die Unterzeichnung der "Willenserklärung von Wissembourg" im Jahr 1988 zurück. Diese dokumentiert den Willen zur Intensivierung der grenzüberschreitenden Zusammenarbeit und wurde in Folge kontinuierlich bekräftigt, die Zahl der grenzüberschreitenden Projekte wuchs beständig an. Eine wertvolle Unterstützung erfuhr die grenzüberschreitende Kooperation im PAMINA-Raum hierbei durch seine Teilnahme an drei INTERREG-Programmen mit einem EU-Fördergesamtvolumen von rd. 30 Mio. EUR.

Als wichtige Erfolge der grenzüberschreitenden Zusammenarbeit aus den vergangenen Jahren sind z.B. die Einrichtung der Informations- und Beratungsstelle für grenzübergreifende Fragen im alten Zollhaus in Lauterbourg, die Gründung der Touristikgemeinschaft Vis-à-Vis, die Gründung des PAMINA-Rheinpark e.V., die Gründung der PAMINA-Volkshochschule (UP PAMINA VHS), die Schaffung eines grenzüberschreitenden Radwegenetzes, die Wiedereröffnung grenzüberschreitender Schienenstrecken oder der erzielte grenzüberschreitende Schulterschluss in Bezug auf die Abstimmung großflächiger Einzelhandelsprojekte zu nennen. Im Jahr 2001 wurde eine Kooperationsvereinbarung und im Jahr 2003 ein Präfektoralerlass zur Gründung des grenzüberschreitenden Zweckverbands Regio PAMINA unterzeichnet. Trotz der vielfältigen Ansätze und Kooperationsaktivitäten gilt das Kooperationspotential des Raumes jedoch noch nicht als ausgeschöpft und die Vernetzung bleibt weiterhin verbesserungswürdig. Denn weiterhin sind Defizite und Barrieren abzubauen, wie die mangelnde Zweisprachigkeit und andere.

Im Jahre 1993 erkannte man die Notwendigkeit einer gemeinsamen Rahmenplanung für den PAMINA-Raum: Die Orientierungslinien für die wirtschaftliche und räumliche Entwicklung des PAMINA-Raumes wurden auf französischer Seite durch VertreterInnen des französischen Staats, der Région Alsace und des Départements Bas-Rhin sowie auf deutscher Seite durch VertreterInnen der

Länder Rheinland-Pfalz und Baden-Württemberg, des Regionalverbands Mittlerer Oberrhein und der Planungsgemeinschaft Rheinpfalz erarbeitet und 1996 unterzeichnet. Basierend auf diesen Orientierungslinien startete im Jahr 1997 mit Unterstützung durch INTERREG II das Projekt "Raumentwicklungskonzept PAMINA". Als Ziel galt, durch ein grenzüberschreitendes Raumentwicklungskonzept PAMINA auf Basis einer objektiven Raumdiagnose ein gemeinsames Ziel für die Zukunft zu bestimmen und zu einer gemeinsamen Umsetzung von Pilotprojekten zu kommen. Das Projekt endete im Jahr 2002 mit dem Weißbuch „Raumentwicklungskonzept PAMINA".

Die Orientierungslinien und das Raumentwicklungskonzept bilden wiederum die Basis für die erneuerten Leitlinien regionaler Entwicklung als informeller Orientierungsrahmen für die verschiedenen EntscheidungsträgerInnen in der Region. Der Zweckverband REGIO PAMINA hat das nach vierjähriger Arbeit vorgelegte Weißbuch in sein Arbeitsprogramm übernommen und beschlossen, daraus einen kompakten und schlüssigen Orientierungsrahmen in Form klarer Entwicklungsleitlinien für die künftige Entwicklung des PAMINA-Raumes abzuleiten. Mit den vorliegenden Leitzielen und Handlungsbereichen wird den Städten und Gemeinden ein solcher Orientierungsrahmen als Entwurf vorgestellt und in Folge im Rahmen einer kommunalen Umfrage entsprechend diskutiert und angepasst. Die Leitziele, die die vorhandenen raumbezogenen Plandokumente auf Oberrhein-, PAMINA- und Teilraumebene berücksichtigen, haben informellen Charakter. Sie entfalten keine formale Verbindlichkeit, sondern dienen der Selbstbindung des Zweckverbandes, seiner Mitglieder und Partner wie auch der Kommunen.

Tabelle 9: Grenzüberschreitende Leitlinien regionaler Entwicklung des PAMINA-Raums

Stärkung der PAMINA-Region als Zukunftsmodell für Europa
- Förderung des Erlernens der Sprache des Nachbarn,
- Ausschöpfung und Weiterentwicklung der Kooperationsmöglichkeiten,
- Initiierung und Förderung von Kontakten, Vernetzungen, Projekten und Partnerschaften auf allen Ebenen,
- Regionales Kompetenzzentrum für grenzüberschreitende und Europa-Fragen,
- Kommunikationspolitik und Öffentlichkeitsarbeit nach innen (Identität) und außen (Bekanntheitsgrad, Image).

Bewahrung der Lebensqualität für alle Einwohner des PAMINA-Raumes
- Erhalt der Stadt- und Ortskerne als lebendige, multifunktionale Versorgungs- und Kommunikationsstätten,
- Aufrechterhaltung eines engmaschigen Netzes von Grundversorgungsangeboten für alle Bevölkerungsteile,
- Koordination des großflächigen Einzelhandels und Erarbeitung eines Einzelhandelskonzeptes,
- bedarfsgerechte Entwicklung der sozialen Infrastruktur und der Serviceangebote,
- Schaffung attraktiver Wohn- und Wohnumfeldbedingungen,
- Unterstützung der lokalen Integration von Zuwanderern aus dem Nachbarraum bzw. aus anderen Regionen,
- Schaffung und Weiterentwicklung bedarfsgerechter Naherholungs-, Sport und Freizeitmöglichkeiten.

Wirtschaft und Arbeitsmarkt
- Ausbau der Europapotentiale durch institutionelle und betriebliche Kooperationen sowie in der Ausbildung,
- Förderung von Vernetzungen sowohl innerhalb des PAMINA-Raumes als auch mit den Nachbarräumen,
- verstärkte Zusammenarbeit mit der TechnologieRegion Karlsruhe,
- Verbesserung der Kooperation mit dem "Club der Wirtschaftsförderer " auf partnerschaftlicher Basis,
- Maßnahmen zugunsten der Schaffung transparenter, grenzüberschreitender Arbeitsmärkte,
- Schaffung von Arbeitsplätzen in zukunftsfähigen Bereichen,
- verstärkte wirtschaftliche Nutzung naturräumlicher Potentiale (z.B. Biomasseverwertung, Solarenergie und besonders Geothermie) in Verbindung mit vorhandenen Wissens- und High-tech-Kapazitäten,
- Ausweitung des Angebotes deutschfranzösischer Ausbildungsgänge,
- Förderung von grenzüberschreitenden Austauschen / Praktika,
- Gemeinsame Präsentation auf Messen, Ausstellungen,
- Förderung durchgängiger Angebote zum Ausbau der bilingualen Kompetenz,
- Prüfung der Realisierungs- und Erfolgschancen grenzüberschreitender Gewerbeflächenangebote.

Verkehr
- ► Förderung von Siedlungsstrukturen, mit möglichst geringen umweltbelastenden verkehrlichen Auswirkungen,
- ► Ausbau des ÖPNV insbes. für eine umweltschonende Abwicklung innerregionaler Alltagsverkehre,
- ► Bedarfsorientierte Ausweitung des Angebotes grenzüberschreitender ÖPNV-Verbindungen,
- ► Förderung der Verkehrsverlagerung von der Straße auf die Schiene für geeignete Güter auf dem Wasserweg,
- ► Verbesserung der Leistungsfähigkeit der Verkehrsnetze durch Schließung grenzbedingter Lücken,
- ► Förderung und Unterstützung überregionaler Kooperationen oder Verbundlösungsmodelle,
- ► Entwicklung eines umweltverträglichen Güterverkehrsmanagements unter Einbindung der Häfen,
- ► Verbesserung der funktionellen, ökonomischen Leistungsfähigkeit der oberrheinischen Flughafeninfrastruktur,
- ► Anbindung des PAMINA-Raumes an das europäische Hochgeschwindigkeitsnetz.

Kultur und Tourismus
- ► Verstetigung der Kooperation zwischen den Touristikgemeinschaften,
- ► Grenzüberschreitende Vernetzung der Akteure im Kulturbereich,
- ► Intensivierung der grenzüberschreitenden Verknüpfung der Bereiche Tourismus und Kultur,
- ► Unterstützung der Stadt Karlsruhe als Kulturhauptstadt Europas 2010,
- ► Förderung qualitativ hochwertiger touristischer und kultureller Angebote,
- ► Schonende Nutzung der naturräumlichen Vielfalt der PAMINA-Region für „sanften" Tourismus,
- ► Einbindung der Landwirtschaft als Partner eines naturnahen Tourismus,
- ► Förderung der Inanspruchnahme umweltfreundlicher Verkehrsmittel für Freizeit- und Urlaubsverkehr,
- ► Förderung des Erlernens der Sprache des Nachbarn in den Bereichen Kultur und Tourismus.

Zukunftsmodell für eine nachhaltige Regionalentwicklung
- ► Vernetzung und Ausbau der Prozesse und Aktivitäten zur Lokalen Agenda 21 im PAMINA-Raum,
- ► Sensibilisierung der Bevölkerung für Erfordernisse der Nachhaltigkeit und Handlungsoptionen im Alltag,
- ► Vorbildfunktion öffentlicher Einrichtungen und Akteure für ein nachhaltiges Verwaltungsmanagement,
- ► Maßnahmen der Innenentwicklung zwecks Reduzierung des Flächen- und Ressourcenverbrauchs
- ► nachhaltige Energienutzung,
- ► grenzüberschreitende Kooperationen im Umweltbereich.

Quelle: Eigene Zusammenfassung nach Regio PAMINA (2005), JR-InTeReg.

In Anbetracht der Leitlinien stellt sich der Zweckverband selbst die Aufgabe, gemeinsame planerische Konzepte und Empfehlungen zur Gewährleistung einer mittel- und langfristig kohärenten Entwicklung des PAMINA-Raumes zu entwickeln. Dies umfasst insbesondere die Fortschreibung des grenzüberschreitenden Raumentwicklungskonzeptes sowie die Erarbeitung eines grenzüberschreitenden Wirtschaftsentwicklungs- und -förderungskonzeptes, eines grenzüberschreitenden Konzeptes zur Erhaltung und Entwicklung der natürlichen Ressourcen und zur Förderung des Umweltschutzes, eines grenzüberschreitenden Verkehrskonzeptes sowie eines grenzüberschreitenden Rohstoffsicherungskonzeptes.

Als nächsten größeren Schritt zur Integration der Region und zur Intensivierung der Zusammenarbeit hat der Zweckverband REGIO PAMINA am 8. Dezember 2003 die Bildung eines Eurodistrikts als Leitbild für den PAMINA-Raum beschlossen. Dieses Leitbild gründet auf dem in der deutsch-französischen Erklärung zum 40. Jahrestag des Elysée-Vertrages erfolgten Aufruf zur Schaffung von Eurodistrikten zwecks Intensivierung der bisherigen grenzüberschreitenden Zusammenarbeit. Für den Zweckverband verbindet sich mit diesem Leitbild insbesondere die Zielvorstellung von originären grenzüberschreitend wahrnehmbaren Kompetenzen, soweit sich grenzüberschreitend relevante Aufgaben dadurch wirksamer und effizienter koordinieren und durchführen lassen.

2.3.2   Eurocité Basque Bayonne – San Sebastián

Die Eurocité erstreckt sich an der französisch-spanischen Atlantikküste als urbaner Korridor mit etwa 600.000 Einwohnern auf einer Länge von ungefähr 50 km. Trotz starker gemeinsamer historischer Wurzeln auf Basis der baskischen Kultur implizierte die nationale Grenze auch für die beiden Städte eine entsprechende Barrierewirkung und über die Jahre eine entsprechende Entfernung. Mit den

Entwicklungen der Europäischen Union und einer entsprechenden Aufweichung der innereuropäischen Grenzen näherten sich die beiden Städte erneut einander an und nahmen erste Kooperationsaktivitäten auf. Im Jahr 1993 unterzeichneten Verantwortliche beider Seiten, in Spanien der Diputación Foral de Gipuzkoa und in Frankreich der Communauté d'agglomération de Bayonne-Anglet-Biarritz (District) ein Kooperationsabkommen, um die grenzüberschreitende Region gemeinsam im europäischen Wettbewerb zu positionieren. Ziel war somit, trotz der erheblichen institutionellen, rechtlichen, sprachlichen und anderen Differenzen einen integrierten Agglomerationsraum zu schaffen. Aufgrund der unterschiedlichen Kompetenzlagen war es notwendig, mehrere Ebenen in die Zusammenarbeit einzubeziehen, von lokal über regional bis zu national, das heißt, von den Kommunen angefangen bis hin zur Département-Ebene und Régions-Ebene in Frankreich, der baskischen Regierung in Spanien sowie anlassbezogen den beiden nationalen Regierungen. Um der Zusammenarbeit einen institutionellen Rahmen zu geben, wurde die *„Agence transfrontalière de développement de l'Eurocité basque Bayonne-San Sebastiàn"* in Form einer Europäischen Wirtschaftlichen Interessensvereinigung (EWIV), die als eine seit 1985 auf Gemeinschaftsrecht basierende juristische Person die grenzüberschreitende Zusammenarbeit erleichtert und fördert, gegründet.

Anliegen war, eine gemeinsame Entwicklungsstrategie zu formulieren, die insbesondere auch die räumlichen Dimensionen städtischer Entwicklung berücksichtigt. Mit dieser Aufgabe wurde 1998 ein *„Atelier pour la réflexion sur l'aménagement du territoire de la conurbation"* befasst, das als Gremium von ExpertInnen und VertreterInnen zuständiger Verwaltungsabteilungen ein Weißbuch für die grenzüberschreitende Agglomerationsregion formulieren sollte. Dieses Weißbuch sollte einen Orientierungsrahmen nicht nur für die grenzüberschreitenden Aktivitäten – sondern ebenso für die Strategien und Maßnahmen der jeweiligen Planungsverantwortlichen in den beiden Regionen und den einzelnen Kommunen bieten. Im Jahr 1999 wurde das Weißbuch in drei unterschiedlichen Etappen erarbeitet: (i) einer ausführlichen Analyse zu unterschiedlichen Frage- und Problemstellungen der grenzüberschreitenden städtischen Entwicklung somit zur Ausgangssituation der Zusammenarbeit, ihrem Mechanismen und ihren Herausforderungen, (ii) einer Auseinandersetzung mit generellen europäischen bzw. auch globalen Anforderungen an Städte und Agglomerationsräume und ihre Strategieinstrumente (Liberalisierung und Harmonisierung öffentlicher Dienstleistungen etc.) sowie die Erarbeitung entsprechender Strategieelemente und (iii) der Formulierung eines gemeinsamen Verständnisses bzw. einer gemeinsamen Vision für die Eurocité. Die Vorschläge des Weißbuchs wurden schließlich breit diskutiert, präsentiert und in konkreten kurz-, mittel- und langfristigen Maßnahmenpaketen konkretisiert.

Im Weißbuch werden drei große Zielsetzungen für die Eurocité genannt: Die Eurocité als Plattform der Atlantikküste für Intermodalität, Kommunikation und Information zu etablieren, einen linearen polyzentrisch vernetzten Metropolraum zu strukturieren und die naturräumlichen Ressourcen der Region zu schützen. Hieraus wurden zehn Handlungslinien abgeleitet: ein Eurocorridor multimodalen Transports, logistische Zentren, exzellente Ausstattung, eigenständiges, aber gemeinsames Marketing, Strukturierung des Metropolenraums, wettbewerbsfähige öffentliche Dienstleistungen, Förderung des öffentlichen Nahverkehrs und Kontrolle des motorisierten Individualverkehrs, Aufwertung der städtischen Umwelt, exzellente Umweltqualität und Stärkung bestehender Stärken. Für jede dieser Handlungslinien wurden entsprechende Maßnahmen und Zuständigkeiten definiert. Zugleich wurde die konkrete Zusammenarbeit in den verschiedenen Sektoren den entsprechenden Politikfeldern und deren Zuständigen übertragen (Wirtschaft, Umwelt, Tourismus, Kultur, Wohnungswesen, Sozialpolitik etc.).

2.3.3   Europastadt Görlitz/Zgorzelec

Görlitz war über Jahrhunderte eine einheitliche Stadt, erst im Jahr 1945 wurden Görlitz und Zgorzelec voneinander getrennt. Große und radikale Umsiedelungsaktionen führten trotz der bislang gemeinsamen Geschichte dazu, dass die neue Grenze auch mit klaren sprachlichen, ethnischen und vor allem aber auch politischen Barrierewirkungen verbunden war und eine beinahe hermetische Trennung stattfand. Erst mit der Wende kam es nach 1989 wieder zu einer schrittweisen Annäherung. Im Jahr 1992 wurde ein Kooperationsvertrag unterzeichnet und 1998 proklamierten die beiden Städte die Europastadt Görlitz/Zgorzelec. Viele Kontakte in den verschiedensten Politikbereichen wurden aufgebaut und mit der Aufnahme Polens in die Europäische Union konnte der Prozess der Zusammenarbeit und der Integration einen neuerlichen Entwicklungsschub verzeichnen. Im Rahmen des vom Bundesministeriums für Bildung und Forschung in Deutschland ausgerufenen Ideenwettbewerbs „Stadt 2030" wurde versucht, für die geteilten Grenzstädte eine Zusammenführung zu skizzieren, mögliche und wünschbare langfristige Entwicklungsmöglichkeiten zu entwickeln, entsprechende Gestaltungsspielräume aufzuzeigen und auf diesem Wege gemeinsames Handeln vorzubereiten. Ziel war somit die Erstellung eines gemeinsamen Leitbildes für die Europastadt Görlitz/Zgorzelec. Hierfür wurden zudem drei Zukunftsszenarien entwickelt: (i) das wahrscheinliche Szenario „Wahrscheinliche Entwicklung durch kommunale Zusammenarbeit", und die beiden alternativen Szenarien (ii) „Europaregion der Information und des Wissens" und (iii) „Europaregion der Nachhaltigen Entwicklung". Diese sollten durch unterschiedliche Perspektivenwahl aufzeigen, welche wahrscheinlich möglichen und welche wünschbaren Entwicklungen denk- und auch realisierbar sind. Alle drei Szenarien basierten auf ausführlichen Analysen sowohl der Basistrends globaler Entwicklungen im wissenschaftlich-technologischen Bereich, bei den Umweltbelastungen, der Bevölkerungsentwicklung, den Migrationsströmen, der Mobilität etc. als auch der spezifischen Ausgangslage und den Entwicklungsbedingungen der Europaregion selbst (Einkommensunterschiede, politische und wirtschaftliche Transformationsprozesse, Landwirtschaftsentwicklung, Stadt- und Infrastrukturentwicklung, Wohnungssituation, Finanzausstattung etc.). Die Analysen und Szenarien flossen in den Diskussionsprozess zur Leitbildentwicklung ein. Obwohl letztendlich ein abgestimmtes Papier der Verantwortlichen beider Teilstädte beschlossen werden konnte, sah der Prozess grundsätzlich keine definitive Leitbilddefinition vor. Vielmehr war er auf einen kontinuierlichen grenzüberschreitenden Dialog über die Zukunft der Europastadt Görlitz/Zgorzelec ausgerichtet, der allmählich eine gemeinsame Vorstellung im Bewusstsein der beteiligten Akteure verankern sollte. Somit wird dieser Diskussionsprozess auch weitergeführt, obwohl das Projekt „Stadt 2030" offiziell Ende Februar 2004 beendet wurde. Das vorliegende Papier zum abgestimmten Leitbild bildet eine Basis für die weiterführenden Diskussionen und enthält auch Empfehlungen für den Partnerschaftsvertrag zwischen Görlitz und Zgorzelec, um die grenzüberschreitenden Alltagswelten und den Wirtschaftsraum entsprechend zu gestalten. Eine wesentliche Bedeutung wird in diesem Zusammenhang der Erarbeitung einer querschnitts-orientierten Entwicklungsstrategie der Europastadt zugedacht. In diesem Zusammenhang wird auf die notwendige Fortführung des begonnenen grenzüberschreitenden Leitbildprozesses verwiesen, der unter breiter gesellschaftlicher Beteiligung beider Städte und des Umlandes in die Zusammenführung wichtiger strategischer Ansätze und Konzepte beider Städte (Strategieplan, Integriertes Stadtentwicklungskonzept, Lokale Agenda u.a.) münden soll. Besondere Bedeutung wird dabei auch der gemeinsamen Erarbeitung einer querschnittsorientierten Entwicklungsstrategie der Europastadt beigemessen. Auch die Einrichtung eines kompetenten und integrierten deutsch-polnisch besetzten Europastadtsekretariats für die grenzüberschreitende Koordination in der Europastadt wird als wesentlicher Erfolgsfaktor eingestuft.

Bibliographie

AGEG (1997): *Praktisches Handbuch zur grenzüberschreitenden Zusammenarbeit. Arbeitsgemeinschaft Europäischer Grenzregionen*, Gronau.

BAUER-WOLF, S./ HUMMELBRUNNER, R./ KOJAN, M./ SCHEER, G./ SCHERER, R./ WALSER, M./ ZUMBUSCH, K. (2005): *„Europaregionen" – Herausforderungen, Ziele, Kooperationsformen.* Österreichische Raumordnungskonferenz (ÖROK) Schriftenreihe Nr. 169, Wien.

BYGVRA, S./ WESTLUND, H. (2002): Short Term Effects of the Öresund Bridge on Crossborder Interaction and Spatial Behavior. In: *Journal of Borderlands Studies*, Vol. 17, No.1, 2002.

CASTEIGTS, M. (2003): *Enjeux et limites de la coopération transfrontalière.* DATAR, Analyses et Débats, Paris.

DELORS, J. (2001): *La nouvelle Europe s'invente-t-elle sur ses marges? Coopération transfrontalière et transnationale. Groupement d'études et de recherches*, Notre Europe, Paris.

EISENHAMMER, D. (Hrsg.) (2004): Wegweiser für die nachbarschaftliche Zusammenarbeit von Rheinland-Pfalz mit Frankreich, Luxemburg und Belgien sowie der Schweiz, *Schriftenreihe zur grenzüberschreitenden Zusammenarbeit*, Band 30, Mainz.

EUROCITE BASQUE (2001): *La Stratégie: Objectif et Action. L'Eurocité Basque Bayonne-San Sebastián.*

EUROPEAN COMMISSION (2004): *TRANSVISION – Bridging historically and culturally close neighbouring regions separated by national borders.* Blueprints for Foresight Actions in the Regions. Dissemination Conference September 2004, Brüssel.

GREVE, B./ RYDBJERG, M. (2003): *Cross-border Commuting in the EU: Obstacles and Barriers – Country Report: The Öresund Region.* Research Papers No 11/03, Department of Social Sciences, Roskilde University, Dänemark.

GUALINI, E. (2003): *Cross-border governance – Inventing regions in a transnational multilevel Polity.* DISP 152, Zürich.

IZT (2003): *Zukunftsszenarien für die Europaregion Görlitz/Zgorzelec.* Institut für Zukunftsstudien und Technologiebewertung, Werkstattbericht Nr. 60 im Rahmen des Projektes „Stadt 2030" – Gemeinsames Leitbild für die Europastadt Görlitz/Zgorzelec.

JÖRGENSEN, B.H. (2001): *Foresight in Cross-Border Cooperation.* IPTS Report vol. 59, Risoe National Laboratory, Denmark.

JÖRGENSEN, B.H. (2001): *Foresight in Cross-border Cooperation – The STRING Experience.* FOREN Conference December 2001, Dublin.

KEENAN, M./ UYARRA, E. (2002): *Why Regional Foresight? An Overview of Theory and Practice.* Paper prepared for the STRAT-ETAN Expert Group Action on "Mobilising the regional foresight potential for an enlarged European Union", Europäische Kommission, GD Forschung, Direktorat K, Brüssel.

KERNGRUPPE STADT 2030 (2004): *Stadt 2030 – Gemeinsames Leitbild für die Europastadt Görlitz/Zgorzelec. Empfehlungen für den Partnerschaftsvertrag.* Görlitz/Zgorzelec.

MASKELL, P./ TÖRNQUIST, G. (1999): *Building a cross-border Learning Region – Emergence of the North European Öresund Region, Kopenhagen.*

OECD (2003): *Territorial Review of Öresund.* Paris.

ÖSTHOLT, A. (2001): Cross-border Co-operation in the Making of the Öresund Region, In: Persson, H-A./ Eriksson, I. (Hrsg.), *Border Regions in Comparison, Häften for Europastudie*, nr. 2, Lund.

PERKMANN, M. (2002): *The rise of the Euroregion. A bird's eye perspective on European cross-border co-operation,* Department of Sociology, Lancaster University.

RAICH, S. (1995): *Grenzüberschreitende und interregionale Zusammenarbeit in einem „Europa der Regionen": Dargestellt anhand der Fallbeispiele Großregion Saar-Lor-Lux, EUREGIO und „Vier Motoren für Europa",* Baden-Baden.

REGIO PAMINA (2002): *Raumentwicklungskonzept PAMINA.* Scheibenhard.

REGIO PAMINA (2005): *Leitziele für den PAMINA-Raum – PAMINA Zukunftsregion Europas.* Scheibenhard.

SANTER, J. et al. (2003): *Zukunftsbild 2020 für den interregionalen Kooperationsraum Saarland, Lothringen, Rheinland Pfalz, Wallonische Region,* Französische Gemeinschaft und deutschsprachige Gemeinschaft Belgiens, erstellt im Auftrag des saarländischen Vorsitzes des 7. Gipfels der Großregion, durch die politische Kommission „Zukunftsbild 2020", Saarbrücken.

SCHMITT-EGNER, P. (2001): Cross-border co-operation among European regions in different perspectives. In: Persson, H-A./ Eriksson, I. (Hrsg.), *Border Regions in Comparison, Häften for Europastudie*, nr. 2, Lund.

Teil B4

EUROPÄISCHE RAHMENSZENARIEN*

Franz Prettenthaler

JOANNEUM RESEARCH, Institut für
Technologie- und Regionalpolitik

Elisabethstraße 20, 8010 Graz

e-mail: franz.prettenthaler@joanneum.at, Tel:
+43-316-876/1455

Thomas Schinko

[JOANNEUM RESEARCH, Institut für
Technologie- und Regionalpolitik]

e-mail: thomas.schinko@gmx.at

Abstract:

Dieses Kapitel gibt einen Überblick über die rezente europäische Szenarioliteratur und diskutiert daraus drei Szenarien als Rahmen für die regionalen Szenarien des Verdichtungsraumes Graz-Maribor, wobei der Konnex dieser Szenarien zu den für die Klimaforschung relevanten internationalen SRES-Szenarien des IPCC ebenfalls dargestellt wird.

Im Szenario *Triumph der globalen Märkte* werden die Leistungen des Sozialstaates weitgehend reduziert und die Liberalisierung der Märkte weiter vorangetrieben. Europa weist aufgrund der hohen Wettbewerbsfähigkeit im Hochtechnologiebereich hohe Wirtschaftswachstumsraten auf, die Nachhaltigkeit in der Produktion wird jedoch sehr stark vernachlässigt, wodurch Umweltprobleme weiter zunehmen.

Im *Kulturerbe Europa* liegt das Hauptaugenmerk der Wirtschaftspolitik auf dem Erhalt des Wohlfahrtsstaates und auf dem Vorantreiben der sozialen Kohäsion innerhalb Europas. Die Wirtschaft reagiert auf die veränderte Alters- und Nachfragestruktur durch die Spezialisierung auf Kultur-, Medizin- und Freizeitdienstleistungen. Weite Teile der Produktion wandern ab – insbesondere nach Asien –, während die Beschäftigungszahlen im Dienstleistungssektor ansteigen.

Im *Nachhaltigkeitsstandort Europa* wird die Nutzung erneuerbarer Energieträger sowie biologischer Rohstoffe forciert, beispielsweise durch die starke Verteuerung fossiler Energie durch hohe Emissionssteuern. Durch eine stärkere Fokussierung der Forschungsausgaben auf den Umwelttechnologiebereich gelingt die Entwicklung von Technologien, mittels derer das Wirtschaftswachstum vom Energieverbrauch entkoppelt wird.

Keywords: Zukunftsszenarien, Europäische Rahmenbedingungen, das Jahr 2030, Wettbewerbsfähigkeit.

JEL Classification: O10, J 11

---

* unter Mitarbeit von Nicole Höhenberger, der wir für Inputs zu einer früheren Version dieses Kapitels danken.

Inhaltsverzeichnis Teil B4

Abbildungs- und Tabellenverzeichnis Teil B4

1 Einleitung

Der Einfluss globaler und europäischer Entwicklungen auf die Zukunft des Verdichtungsraums Graz-Maribor ist von zentraler Relevanz. Daher wurden ausgehenden von globalen Modellgeschichten – den SRES-Szenarien des IPCC – drei europäische Rahmenszenarien entwickelt, welche wiederum als Grundlage für die Erstellung regionaler Szenarien für die Region LebMur dienen werden. Die im Folgenden dargestellten möglichen Zukunftsbilder *Triumph der globalen Märkte*, *Kulturerbe Europa* und *Nachhaltigkeitsstandort Europa* decken hierbei eine große Bandbreite potentiell möglicher politischer, wirtschaftlicher und ökologischer Entwicklungstendenzen ab. Sie basieren auf einer ausführlichen Literaturrecherche[1] mittels derer zunächst treibende Faktoren der zukünftigen Entwicklung Europas sowie deren mögliche Entwicklungspfade identifiziert wurden. In einem weiteren Schritt wurden die Wirkzusammenhänge zwischen den einzelnen Faktoren analysiert.

Die szenarienbestimmenden Kernthemen werden in drei inhaltliche Dimensionen eingeteilt – die Blickrichtung aus der Wechselwirkung von Mensch (und Politik), die wirtschaftliche Betrachtungsweise sowie der Blickwinkel der Umwelt (und Energie).

Die Dimension Mensch gibt ihrerseits Aufschluss über Kernthemen wie die demographische Entwicklung, insbesondere über die Alterstruktur sowie auch die Rolle der Migration und den möglichen Entwicklungen am Arbeitsmarkt. Weiters werden die Schwerpunkte Bildungspolitik, Wertewandel der Gesellschaft und hier vor allem das Umweltbewusstsein der europäischen Bevölkerung, die Zukunft des Sozialstaates sowie das Thema europäische Integration behandelt. Im Kernbereich Wirtschaft werden die künftigen Tendenzen der wirtschaftlichen Entwicklung, der Globalisierung und des weltweiten Handels, des technologischen Fortschrittes sowie der Energieintensität eines zukünftigen Wirtschaftssystems beschrieben. Im Bereich Umwelt und Energie wird hauptsächlich auf die Kenngröße Entwicklung der Treibhausgasemissionen eingegangen, welche wiederum unweigerlich an Themen wie Energieverbrauch und Ressourceneinsatz auf der Energiebereitstellungsseite sowie auf der Anwendungsseite gekoppelt sind.

Zu den Erfolgsfaktoren des Szenarios *Triumph der globalen Märkte* zählen die hohen Forschungs- und Entwicklungsausgaben, welche die Basis für die stark wachsende Hochtechnologiebranche legen. Durch die Anhebung des Pensionsantrittsalters und die hohe Immigration von hoch Qualifizierten kann drohenden Engpässen am Arbeitsmarkt erfolgreich entgegengewirkt werden. Die Defizite in diesem Szenario liegen im Bereich der Nachhaltigkeit – der Anteil erneuerbarer Energieträger wird kaum erhöht, die regionalen Umweltressourcen (vor allem die Luftqualität) werden durch die steigenden CO_2-Emissionen rar.

Positiv im Szenario *Kulturerbe Europa* sind die starke soziale Kohäsion sowie die Förderung strukturell benachteiligter Regionen durch die europäische Wirtschaftspolitik zu sehen. Problematisch hingegen sind die mit der Überalterung Europas verbundenen Probleme am Arbeitsmarkt und für das Pensionssystem sowie die niedrige Forschungs- und Entwicklungsquote zu beurteilen.

---

[1] Ein tabellarischer Überblick über die rezente europäische Szenarioliteratur findet sich im Anhang.

Die größten Veränderungen der europäischen Wirtschaft und der Umweltpolitik sieht das Szenario *Nachhaltigkeitsstandort Europa* vor. Durch hohe Forschungs- und Entwicklungsausgaben im Umwelttechnologiebereich gelingt es, das Wirtschaftswachstum vom Ressourcen- und Energieverbrauch loszulösen. Auch die Emissionsbelastung sinkt. Die Realisierung dieses Szenarios ist jedoch an hohe Anfangsinvestitionen in eine nachhaltige Wirtschaftsweise verbunden, wodurch weniger Mittel für die Erhaltung des Sozialstaates zur Verfügung stehen. Es ist daher fraglich, ob sich die Politik zur Forcierung dieses Szenarios aufraffen kann und ob die Bevölkerung weitere Steuerbelastungen aufgrund der einzuführenden Emissions- und Ressourcensteuern unterstützen würde.

Die drei dargestellten europäischen Rahmenszenarien geben mögliche wünschenswerte Entwicklungen Europas bis zum Jahr 2030 wieder. Wirtschaftlich ist die Entwicklung in allen drei Szenarien positiv, sie unterscheiden sich jedoch stark im Hinblick auf den Grad an technologischer Neuerung, die Spezialisierungsfelder der europäischen Wirtschaft, das Nachfrageverhalten der Konsumenten, das Umweltbewusstsein der Gesellschaft sowie den Grad an sozialer Kohäsion. In allen drei Szenarien sind Herausforderungen zu meistern, sei es die „Dualisierung[2]" der Gesellschaft, die geringen Forschungs- und Entwicklungsausgaben oder eine vollkommene Neuausrichtung der Wirtschaft in Richtung Nachhaltigkeit. Es gelingt Europa jedoch auf sehr unterschiedlichen Wegen die Wettbewerbsfähigkeit der Wirtschaft (zumindest in Teilbereichen) zu sichern.

---

[2] Darunter wird die Polarisierung in gut verdienende Facharbeitskräfte in sicheren Positionen und niedrig entlohnte Randbelegschaften in gefährdeten Arbeitsverhältnissen verstanden.

2 Internationale Rahmenszenarien

Bevor wir uns der Erstellung der drei europäischen Rahmenszenarien, welche einen maßgeblichen Einfluss auf die Entwicklung im Verdichtungsraum Graz-Maribor haben, widmen, wird an dieser Stelle zunächst einmal ein grober, aber dennoch repräsentativer Überblick über die bereits in der Literatur vorhandenen globalen internationalen Rahmenszenarien gegeben werden. Hauptsächlich baut die weitere Vorgehensweise auf den vom Intergovernmental Panel on Climate Change (IPCC) erarbeiteten globalen Rahmenszenarien (IPCC, 2000) auf, erweitert um Rahmenbedingungen, welche aus einer umfangreichen Szenarienliteratur (siehe Anhang) extrahiert werden.

2.1. GLOBALE, INTERNATIONALE UND EUROPÄISCHE RAHMENSZENARIEN

Das Intergovernmental Panel on Climate Change wurde im Jahr 1998 vom Umweltprogramm der Vereinten Nationen (UNEP) und der Weltorganisation für Meteorologie (WMO) ins Leben gerufen. Die Hauptaufgaben des IPCC liegen in der Systematisierung der Klimaforschungsergebnisse aus verschiedenen Disziplinen sowie deren Veröffentlichung in regelmäßigen Abständen in den so genannten Sachstandsberichten (Assessment Reports). Neben der Darstellung der Forschungsergebnisse werden in diesen Berichten die Risiken der Globalen Erwärmung sowie mögliche Vermeidungsstrategien aufgezeigt. Den aktuellsten Sachstandsbericht bildet der *IPCC Fourth Assessment Report 2007: Climate Change*, welcher derzeit die Basis für die wissenschaftliche und politische Diskussion zum Thema Global Warming liefert.

Um Aussagen über die zentrale Frage der Klimaforschung – die Entwicklung des globalen Klimas beeinflusst durch den steigenden Treibhausgasausstoß und die daraus resultierenden Folgen – tätigen zu können, bedarf es Modelle, welche die zukünftigen Emissionen möglichst korrekt antizipieren. Die Haupteinflussfaktoren für die Entwicklung der Treibhausgasemissionen, welche von der zukünftigen sozialen, ökonomischen und politischen Entwicklung der Gesellschaft abhängig sind, sind grundsätzlich nicht vorhersagbar. Die Klimaforschung geht daher von einer breiten Varianz der Einflussfaktoren auf die zukünftige Entwicklung der Menschheit aus und erstellt daraus ein breites Spektrum an möglichen Emissionsszenarien, welche sich wiederum in einzelne Szenarienfamilien zusammenfassen lassen. Auf Grundlage dieser Emissionspfade werden dann Projektionen der zukünftigen Entwicklung des Weltklimas erstellt.

In einem im Jahr 2000 erschienen Special Report on Emissions Scenarios (SRES) (IPCC 2000) präsentierte das IPCC mehr als 40 verschiedene Emissionsszenarien, welche eine äußerst detaillierte Differenzierung der möglichen Entwicklungspfade resultierend aus ökonomischen, sozialen, technologischen und ökologischen Veränderungen im 21. Jahrhundert darstellen.

Je nach Ausprägung der einzelnen Merkmale wurden die zahlreichen Szenarien in die vier Szenarien-Hauptgruppen A1, A2, B1 und B2 unterteilt, welche im Folgenden genauer erläutert werden (vgl. Abbildung 23, folgende Seite).

Die Szenarienfamilie A1 beschreibt eine Welt mit äußerst raschem und erfolgreichem wirtschaftlichen Wachstum. Durch die Annäherung der regionalen Pro-Kopf-Einkommen kommt es im Rahmen dieser Modellgeschichte zu einer Konvergenz der heutzutage als „arm" bzw. „reich" deklarierten Nationen. Bis zur Mitte des 21. Jahrhunderts ist diese Szenarienfamilie durch ein eher langsames Bevölkerungswachstum gekennzeichnet, welches in der zweiten Hälfte des 21. Jahrhunderts sogar ins Negative umschlägt und sich somit die Weltbevölkerung im Jahre 2100 auf etwa sieben Milliarden Menschen einpendelt. Es kommt zu einer raschen Einführung von neuen und effizienteren Technologien und die internationale Mobilität von Menschen, Ideen und Technologien wird als ein Schlüsselfaktor für die starke wirtschaftliche Performance in der Hauptgruppe A1 genannt. Weitere wichtige Themen in dieser Szenarienfamilie sind die Annäherung von Regionen, die Entwicklung von Handlungskompetenzen sowie die Zunahme von kulturellen und sozialen Interaktionen.

Abbildung 23:   Die Szenarienfamilie des IPCC

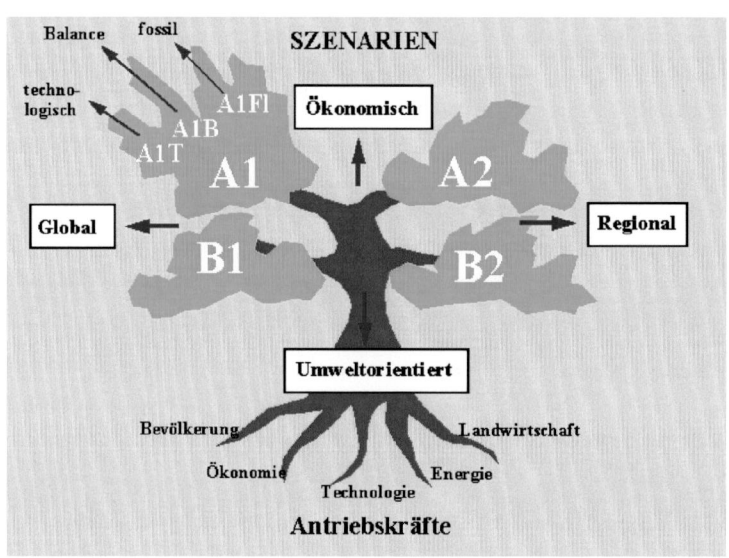

Quelle: IPCC (2000), mit freundlicher Genehmigung.

Die Szenarienfamilie A1 unterscheidet ihrerseits wiederum drei Subszenarien unterschiedlicher Ausprägungen in der technologischen Entwicklung. Die Gruppe A1B ist durch eine ausgewogene Nutzung aller vorhandenen Energieträger und ein ähnliches Potential für die Weiterentwicklung aller vorhandenen Energieerzeugungs- und Energieversorgungstechnologien gekennzeichnet. Demgegenüber steht die Szenariengruppe A1FI, welche auf einer aggressiven Ausbeutung fossiler Energieträger basiert und Emissionskontrollmechanismen nur für Nicht-Treibhausgasemissionen vorsieht. Das Antonym dazu bildet die Subszenarienfamilie A1T, welche durch eine nicht-fossile Zukunft charakterisiert ist und rasche Etablierung von Solar- und Atomenergie auf der Erzeugerseite sowie den Einsatz von Mikro-Turbinen und Brennstoffzellen auf der Verbraucherseite annimmt.

Die Modellgeschichte A2 charakterisiert eine sehr heterogene Welt mit den Hauptthemen Autarkie und Bewahrung der nationalen Identität. Das globale Wirtschaftswachstum fällt eher bescheiden aus und weist darüber hinaus starke regionale Unterschiede auf. Die Einkommenskluft sowie die Produktivitätsunterschiede zwischen den Industrieländern und den Entwicklungsländern werden nicht

überwunden. Da die Mobilität von Menschen, Ideen und Kapital aufgrund von stark abgeschotteten Nationalstaaten in dieser Szenarienfamilie kaum gegeben ist, finden technologische Veränderungen nur sehr langsam statt. Die Bevölkerung wächst rasch an, da regionale Fruchtbarkeitsmuster nur sehr langsam konvergieren und dem Familien- sowie dem Gemeinschaftsleben in dieser Szenarienfamilie ein hoher Stellenwert zukommt.

Die Szenarienfamilie B1 beschreibt eine konvergierende, umweltbewusste Welt mit der gleichen Bevölkerungsentwicklung wie in der Szenariengruppe A1. Allerdings zeichnet sich diese Modellgeschichte durch einen raschen wirtschaftlichen Strukturwandel hin zu eine Dienstleistungs- und Informationsgesellschaft aus. Gleichzeitig sinkt die Materialintensität der Weltwirtschaft und es kommt zu einer raschen Etablierung sauberer und effizienter Technologien. Das Ziel eines jeden Szenarios dieser Familie liegt im Auffinden von globalen Lösungen, um eine nachhaltige Entwicklung auf sozialer, ökologischer sowie ökonomischer Ebene zu gewährleisten.

Die Modellgeschichte B2 legt den Schwerpunkt auf ein zunehmendes Nachhaltigkeitsdenken in der Gesellschaft. Allerdings wird in dieser Szenarienfamilie versucht, diese soziale, wirtschaftliche und umweltgerechte Nachhaltigkeit verstärkt durch regionale und lokale Lösungen zu verwirklichen. In diesem Zukunftsbild findet ein moderates Bevölkerungswachstum statt, auch die wirtschaftliche Entwicklung liegt auf mittlerem Niveau.

Der technologische Fortschritt geht etwas langsamer, dafür vielfältiger voran als in den Szenarienfamilien A1 und B1. Soziale Gerechtigkeit und Umweltschutz spielen in dieser Hauptgruppe eine zentrale Rolle, allerdings verstärkt auf regionaler und lokaler Ebene – was zu sehr unterschiedlichen Umsetzungsmaßnahmen und Umsetzungsausmaßen in einer eher heterogenen Welt führt.

Neben den vier vom IPCC ([Sz17]) etablierten globalen Rahmenszenarienfamilien haben es sich zahlreiche andere Studien zur Aufgabe gemacht, unterschiedliche Entwicklungspfade in oftmals unterschiedlichen geografischen Ausmaßen zu erstellen. Diese Projektionen mit einer weiteren Themenvielfalt bilden in der umfangreichen Literatur eine äußerst wichtige Ergänzung zu den IPCC-Zukunftsbildern für die Erstellung europäischer Rahmenszenarien. Da diese Arbeit als Basis für die Szenarienentwicklung der NUTS 3 Regionen des Verdichtungsraumes Graz-Maribor dienen wird, ist es ausschlaggebend ein Downscaling der globalen IPCC-Szenarien durch deren Verknüpfung mit Zukunftsprognosen in weniger breit gefassten geografischen Regionen (z.B. auf EU Ebene) zu bewerkstelligen, um dem Faktum einer sich im Generellen nicht homogen entwickelnden Welt gerecht zu werden und somit ein weiteres Verlagern auf eine regionale Ebene – im Kontext zu den Regionen des Verdichtungsraumes Graz-Maribor – zu erleichtern. In diesem Abschnitt wird nun die rezente Szenarienliteratur (siehe Anhang) diskutiert und deren Inhalte und Richtungen werden analysiert. Abgesehen von den sehr detaillierten IPCC-Szenarien finden sich die folgenden weiteren Studien, welche ebenfalls ein sehr breites Spektrum an Kenngrößen behandeln:

- So wurde etwa von der European Comission Forward Studies Unit eine Szenarien-Studie in Auftrag gegeben ([Sz1]). Die Ausprägung der politischen, wirtschaftlichen, sozialen und technologischen Indikatoren manifestiert sich im Rahmen dieser Arbeit in auf Europa zugeschnittenen Szenarien wie Triumph der Märkte, Kreative Gesellschaften oder Turbulente Nachbarschaft.

- Eine ähnlich breite Palette an Projektionsgrößen wertet eine Studie der European Environment Agency aus ([Sz2]) und bietet demzufolge eine umfangreiche

Szenariensammlung, welche von einem hochgradig globalisierten und diversifizierten Zukunftsbild mit stark ausgeprägtem Arm-Reich-Gefälle und klimawandelbedingten Krisen bis zu einer Zukunft mit einer sehr umweltbewussten Gesellschaft reicht.

Im analysierten Literaturpool kann darüber hinaus eine weitere Gruppe mit dem Hauptaugenmerk auf wirtschaftliche und (informations-)technologische Projektionsgrößen ausgemacht werden:

- So etwa betrachtet das United Nations Environment Programme ([Sz15]) im Rahmen seiner Szenarienentwicklung für die globale Weiterentwicklung vor allem wirtschaftspolitische Fragestellungen, z.B. die Regulierungstätigkeiten seitens der Regierungen oder internationaler Institutionen.

- Neben dieser reinen wirtschaftspolitischen Betrachtungsweise legen andere Studien ihr Hauptaugenmerk auf die Entwicklung der Wirtschaftsstrukturen in Zusammenhang mit Innovationstätigkeit und Nutzung sowie Weiterentwicklung der Informationstechnologien. So betrachtet etwa das Institute for Prospective Technological Studies der Europäischen Kommission ([Sz7]) in dessen Projektionen neben dem wirtschaftspolitischen Einfluss der EU auf die Weltwirtschaft bzw. dem umgekehrten Einfluss einer immer stärker werdenden Welthandelsorganisation auf die Wirtschaft der Union insbesondere den Einfluss einer variierenden Innovations- und Energiepolitik auf die wirtschaftliche Performance der Europäischen Union und ihrer Mitgliedsstaaten.

- Das Institut für Policy Research in Engineering, Science and Technology ([Sz8]) kam in seinen Ausführungen zu dem Schluss, dass die wirtschaftliche Entwicklung der Europäischen Union in den einzelnen Szenarien vom unterschiedlich starken Einsatz moderner Informationstechnologien abhängig ist.

- Ringland ([Sz9]) geht in seinen Szenarien vor allem auf die unterschiedlichen Ausprägungen von Forschungsaktivitäten ein, die schlussendlich die Wirtschaftsstruktur und den Technologieeinsatz bestimmen. In dieser Szenariengruppe wird auch der Akzeptanz der Bevölkerung hinsichtlich der Etablierung neuer Technologien eine wesentliche Rolle zugesprochen.

- In zwei Studien des *Institute for Prospective Studies* ([Sz4], [Sz6]) wird auf europäischer Ebene einerseits die Bedeutung der Informationstechnologien bei der Entwicklung des Transportaufkommens sowie der Arbeitsteilung in der Produktion und andererseits die Auswirkung des Nachfrageverhaltens von Konsumenten auf die Gewichtung der einzelnen Wirtschaftssektoren sowie die möglichen Effizienzsteigerungen in den Produktionsprozessen betrachtet.

Neben diesen hauptsächlich auf die möglichen Entwicklungen der Wirtschaft bezogenen Forschungsarbeiten kristallisiert sich weiters eine beachtenswerte Anzahl an Projektionen mit dem gemeinsamen Hauptinteresse auf Energie-, Klima- und umweltpolitische Kenngrößen heraus:

- Eine vom International Centre for Integrative Studies ([Sz5]) in Auftrag gegebene Studie unterscheidet die entwickelten Zukunftsszenarien vor allem anhand unterschiedlich stark eintretender klimawandelbedingter Phänomene und Katastrophen sowie deren Auswirkungen auf den sozialen, ökologischen und ökonomischen Handlungsraum der Menschheit.

- Komplementär zu der eben erwähnten Szenariengruppe entwickelten die European Environment Agency ([Sz12]) sowie das E^{3}M Lab ([Sz13]) langfristige Zukunftsszenarien für die Europäische Union, die sich nicht unbedingt Klimaphänomenen, sondern vielmehr den energiepolitischen Fragestellungen widmen. Diese beiden Arbeiten können je nach Ausprägung des zugrunde liegenden Energiesystems grob in fossil ausgerichtete, Nukleartechnologie basierte und überwiegend regenerativ ausgeprägte Szenarienfamilien zusammengeführt werden.

- Eine weitere Szenarienforschungsgruppe des *Sustainable European Research Institute* ([Sz14]) erstellte im Rahmen ihrer Zukunftsprojektion drei verschiedene Ressourcennutzungspfade für die Europäische Union im Jahr 2020.

- Den Bogen von Quellen mit inhärenten energie- und klimapolitischen Themengebieten hin zu sozialen Fragestellungen spannt eine Arbeit des Institutes für Zukunftsstudien und Technologiebewertung ([Sz16]). In drei etablierten Modellgeschichten werden die Auswirkungen von einer nicht zufriedenstellenden Energie- und Klimapolitik auf das internationale Sozialgefüge betrachtet. Zudem werden Themen wie Erneuerbare Energien und Klimawandel oder auch Kriege um noch verbliebene Ressourcen diskutiert.

Eine weitere Hauptgruppe unter den zahlreichen Zukunftsmodellierungen beschäftigt sich hauptsächlich mit der demografischen Entwicklung:

- Ein Modellierungsteam des *European Spatial Planning Observation Network* ([Sz3]) geht in seinen Szenarien primär auf die Alterspyramide innerhalb der EU bzw. auf das Thema Migration ein.

- Der Räumlichen Mobilität widmen sich die Forschungsgruppen des *Central European Forum for Migration Research* ([Sz10]) sowie des *Directorate General for Employment and Social Affairs* der Europäischen Kommission ([Sz11]). In ihren Ausführungen zu den unterschiedlichen Zukunftsbildern gehen sie vor allem auf die Anzahl der Migranten sowie deren Migrationshintergrund und Ursprungsländer ein.

Abschließend seien noch jene Arbeiten erwähnt, welche ihre Schwerpunkte auf politikwissenschaftliche Analysen legen. In dieser Gruppe werden die Szenarienstudien des Centrum für angewandte Politikforschung ([Sz18]) sowie des National Intelligence Council ([Sz19]) repräsentativ für derartige politikwissenschaftliche Modellierungsversuche der Zukunft erwähnt. Diese beiden Institutionen befassen sich im Rahmen ihrer Szenariengruppen überwiegend mit politischen Vorgängen auf Ebene der Europäischen Union und im internationalen Konnex.

2.2. WEITERE VORGEHENSWEISE

Im Zuge der Aufarbeitung der umfangreichen Literatursammlung zum Themengebiet Szenarienentwicklung, welche im vorigen Abschnitt vorgestellt wurde, kristallisierten sich drei repräsentative Rahmenszenarien für die zukünftige Entwicklung Europas heraus. Diese wurden als *Triumph der globalen Märkte*, *Kulturerbe Europa* und *Nachhaltigkeitsstandort Europa* betitelt und orientieren sich im Allgemeinen an einzelnen IPCC-Szenarienfamilien sowie im Speziellen an kleinräumigeren, regionalen Modellgeschichten. Bevor allerdings diese drei Zukunftsbilder präsentiert werden, ist ein kurzer Exkurs in die Methodik zur Differenzierung der einzelnen Modellgeschichten notwendig.

2.3. DIE DREI DIMENSIONEN DER SZENARIEN

Im Rahmen der Entwicklung der drei europäischen Rahmenszenarien werden diese aus drei groben inhaltlichen Blickwinkeln betrachtet – dem des Menschen, dem der Umwelt und Energie und dem der Wirtschaft. Um die Vergleichbarkeit der Modellprojektionen zu gewährleisten, werden diese drei Bereiche der europäischen Zukunftsbilder jeweils anhand dieser Themengebiete erläutert. Im Folgenden werden die drei Blickrichtungen und deren Schlüsselthemen, welche sich im Zuge der Literaturrecherche als am aussagekräftigsten für die Entwicklung Europas erwiesen haben, genauer erläutert werden.

Tabelle 10:   Die drei Dimensionen der Szenarien

	Die 3 Dimensionen der Szenarien		
	Mensch	Wirtschaft	Umwelt/Energie
Themengebiete	Demographische Entwicklung	Pro-Kopf-Einkommen	Treibhausgasemissionen
	Arbeitsmarkt	Wirtschaftswachstum	Energieverbrauchswachstum
	Bildungspolitik	Forschung & Entwicklung	Primärenergieträger
	Sozialstaat	Globalisierung	Mobilität – Infrastruktur/Verkehr
	Europäische Integration	Energieverbrauch in der Wirtschaft	Raumordnung
	Wertehaltung/Umweltbewusstsein	Wirtschaftsstruktur	

Quelle: Eigene Darstellung JR-InTeReg.

- **Mensch:** Im Themengebiet Mensch und Politik wird vor allem der demographischen Entwicklung in den drei europäischen Rahmenszenarien besondere Beachtung geschenkt. Diese wird primär anhand der unterschiedlichen Entwicklung der Altersstruktur der europäischen Gesellschaft und der Rolle von Migration analysiert. Da die implizit enthaltenen endogenen Einflussfaktoren für die weitere Entwicklung der

Demographie einer Region (Geburtenrate und Lebenserwartung) nur schwer zu beeinflussen sind, kommt dem exogenen Faktor der Migration die größte Bedeutung für die zukünftige Bevölkerungsentwicklung zu. Als wichtiger Entwicklungsbestandteil einer Region ist auch der Arbeitsmarkt zu sehen. Hier werden die Qualifikationsstruktur der arbeitenden Bevölkerung und die Bildungspolitik in den drei Zukunftsmodellen miteinander verglichen. Ein weiterer bedeutender Indikator im Bereich Mensch und Politik ist die Wertehaltung der Gesellschaft – vor allem das Ausmaß an Umweltbewusstsein –, da dieser Schlüsselfaktor eine Grundlage für die nachhaltige Entwicklung in Europa darstellt. Ob und in welchem Ausmaß eine soziale Kohäsion in Europa im Rahmen der drei Szenarien erreicht werden kann, hängt von der Zukunft des Sozialstaates oder auch der Verteilung des Wirtschaftswachstums, d.h. des Einkommenszuwachses, innerhalb der Bevölkerung ab. Inwiefern sich der Einfluss Europas auf die Weltwirtschaft und die Weltpolitik entwickelt, wird maßgeblich davon bestimmt, wie die Europäische Union die Herausforderung weiterer Erweiterungs- und Vertiefungsschritte, also das Vorantreiben der Europäischen Integration bewältigt.

- **Wirtschaft:** Im Bereich der Wirtschaft wird der Wohlstand einer Region anhand des Pro-Kopf-Einkommens gemessen, die Wirtschaftswachstumsraten geben Auskunft über die Wettbewerbsfähigkeit der Region. Hier ist festzustellen, dass sich die drei Szenarien nicht nur hinsichtlich der allgemeinen wirtschaftlichen Entwicklung unterscheiden, sondern auch im Hinblick auf die Verteilung des Wirtschaftswachstums zwischen urbanen Agglomerationszentren und ländlichen Gebieten. Ein weiteres bedeutendes Themenfeld in der wirtschaftlichen Betrachtungsweise ist die Entwicklung der Wirtschaftsstruktur der Region. Durch die Analyse dieses Bereichs können Schlüsse über die Veränderung der Anteile der Wirtschaftssektoren (Ausmaß der Tertiärisierung) gezogen werden. Eine Untersuchung des Schlüsselthemas Forschung und Entwicklung gibt darüber hinaus Auskunft, in welche Richtung bzw. in welchem Ausmaß Forschungsschwerpunkte gesetzt werden, und beantwortet damit auch die Frage, ob und in welche Richtung ein technologischer Wandel im Wirtschaftssystem realisiert wird. Besonderes Interesse verdient der Vergleich der internationalen Handelsbeziehungen der Region in den drei Szenarien, da diese die globalen Rahmenbedingungen (z.B. den Fortschritt der Globalisierung) sowie die Einbettung der Region in die Weltwirtschaft verdeutlichen. Entscheidend für eine weitere Expansion des weltweiten Handels ist das Ausmaß an Reglementierungen, welchen sich dieser zu unterwerfen hat. Der Grad der Globalisierung hat wiederum Auswirkungen auf die internationale Arbeitsteilung, die Reallokation von Produktionsstätten und damit von Beschäftigung. Der Energieverbrauch in der Produktion ist ein weiterer bedeutender Vergleichsindikator zwischen den drei Szenarien, da er Aussagen über die Energieintensität in der Produktion und somit eine mögliche Entkoppelung des Wirtschaftswachstums vom Ressourcenverbrauch sowie über den strukturellen Wandel der Wirtschaft zulässt.

- **Umwelt:** Eine relevante Kenngröße im Blickwinkel Umwelt und Energie bildet in Anlehnung an das Intergovernmental Panel on Climate Change das Ausmaß an Treibhausgasemissionen. Diese sind hauptverantwortlich für den anthropogenen Klimawandel, welcher auf Basis neuester Forschungsergebnisse (IPCC, 2007) mit

großer Wahrscheinlichkeit nachhaltige[3] negative Folgen für die „Zivilisation selbst"
(siehe ibid) mit sich bringen wird. Ausschlaggebend für die zukünftige Entwicklung der
Treibhausgasemissionen in den unterschiedlichen Szenarien ist neben dem
Energieverbrauchswachstum natürlich auch das dem Endenergieverbrauch zugrunde
liegende Portfolio an Primärenergieträgern. Eine Welt, in der das Wirtschaftswachstum
vom Ressourcenverbrauch entkoppelt werden kann und/oder in der ein Großteil des
Energieverbrauchs durch regenerative Energieträger gedeckt wird, stößt natürlich
weniger Treibhausgase aus als eine Welt mit einem inhärenten energieintensiven und
fossil basierten Wirtschaftsmodell. Somit ergeben sich unterschiedliche Risiken für
negative   klimawandelbedingte   Effekte.   Ein   wesentlicher   Anteil   des
Energieverbrauchswachstums in den Modellgeschichten kann durch die vorherrschende
Infrastrukturpolitik (Förderung des Individualverkehrs oder Ausbau des öffentlichen
Verkehrs) in der Europäischen Union sowie durch die Raumordnungskonzepte, welche
den drei Szenarien zugrunde liegen, erklärt werden. Es darf aber auch nicht übersehen
werden, dass neben den Auswirkungen auf die Umwelt eine effiziente Infrastruktur und
die gute Erreichbarkeit unerlässliche Vorbedingungen für die wirtschaftliche Prosperität
einer Region sind. Zusammenfassend ist festzustellen, dass sich, wie bereits im Zuge der
Behandlung   der   IPCC-Szenarien   im   oberen   Teil   dieser   Arbeit   erwähnt,   die
unterschiedlichen Emissionsszenarien aus dem Zusammenspiel unterschiedlicher
Faktoren ergeben: Einerseits wird die Emissionsentwicklung in den Szenarien durch das
Energieverbrauchswachstum beeinflusst, welches wiederum durch die demografische,
technologische und wirtschaftliche Entwicklung und das regulatorische Umfeld einer
Region, aber auch durch die Wertehaltung und das allgemeine Umweltbewusstsein der
Bevölkerung bestimmt wird. Andererseits beruht ein Emissionsszenario auch auf der
Zusammensetzung des Primärenergieeinsatzes.

---

[3] Oder „not-marginal consequences", siehe Stern, 2007

3   Drei europäische Rahmenszenarien

Nachdem nun die Vorgehensweise zur Erstellung von miteinander vergleichbaren Szenarien dargelegt wurde, werden im nächsten Schritt drei europäische Rahmenszenarien bzw. Zukunftsbilder – *Triumph der globalen Märkte, Kulturerbe Europa* und *Nachhaltigkeitsstandort Europa* – skizziert, welche in weiterer Folge als Deskriptoren für die Szenarienentwicklung des Verdichtungsraumes Graz-Maribor dienen. Zudem wird die inhaltliche Einbettung der europäischen Zukunftsbilder in die drei Dimensionen Mensch, Umwelt und Wirtschaft verdeutlicht.

3.1.   RAHMENSZENARIO 1: TRIUMPH DER GLOBALEN MÄRKTE

> *Das Szenario Triumph der globalen Märkte wird vor allem durch ein hohes Wirtschaftswachstum in Europa – welches auf der hohen Wettbewerbsfähigkeit Europas im Hochtechnologiebereich beruht – charakterisiert. Die Göteborg Ziele – eine Entkoppelung des Ressourcenverbrauchs vom starken Wirtschaftswachstum – können nicht erreicht werden und da darüber hinaus dem Thema Nachhaltigkeit kaum Beachtung geschenkt wird, nehmen die Umwelt- und Klimaprobleme auch in Europa weiter zu. Die voranschreitende Liberalisierungswelle macht auch vor den Leistungen des Sozialstaates nicht halt, welche weitgehend reduziert werden. Die von der Gewinn- und Leistungsmaxime geleitete Gesellschaft ist nicht bereit, eine weitere Kohäsion politisch oder auch finanziell zu unterstützen, und somit kommt es in diesem europäischen Rahmenszenario bis in das Jahr 2030 zu keiner sozialen Annäherung in Europa. Dies spiegelt sich auch in dem zwar europaweit steigenden, aber auf starken sektoralen und regionalen Unterschieden beruhenden Pro-Kopf-Einkommen wider. Das besonders hohe Bevölkerungswachstum wird vor allem durch eine äußerst liberale Migrationspolitik gespeist – welche auch notwendig ist, um die steigende Nachfrage nach hochqualifizierten Schlüsselkräften zu befriedigen.*

Das europäische Rahmenszenario *Triumph der globalen Märkte* basiert auf der SRES-Szenarienfamilie A1. Demnach ist Europa in diesem Bild der Zukunft eingebettet in eine wirtschaftlich prosperierende Welt mit einer sich einpendelnden und sich näher kommenden Weltbevölkerung, starken internationalen Handelsbeziehungen und raschem technologischem Fortschritt, in der allerdings Umwelt- und Klimathemen nur eine untergeordnete Rolle spielen. Wie sich nun ein Zukunftsszenario für Europa im Rahmen dieses globalen Zukunftsbildes positioniert, wird im Folgenden anhand der zuvor vorgestellten drei Dimensionen der Rahmenszenarien unter Miteinbeziehung der weiteren Szenarienliteratur präsentiert.

3.1.1   Der Mensch in Szenario 1

Charakteristisch für das Zukunftsbild *Triumph der globalen Märkte* ist ein besonders hohes Bevölkerungswachstum in Europa, welches auf einer äußerst liberalen Migrationspolitik sowie auf einer im Jahr 2030 relativ hohen Fertilitätsrate und einer stetig steigenden Lebenserwartung beruht.

- Eurostat (2000) prognostiziert für Europa ein starkes Bevölkerungswachstum bis 2050. Dies ist einerseits auf die jährlich rund 900.000 Migranten zurückzuführen, welche aufgrund der großen Lohndisparitäten vor allem aus der Türkei und Nordafrika kommen. Andererseits steigt die Fertilitätsrate in Europa auf 1,67 bis 2,07 Kinder pro

Familie aufgrund der aktiven Familienpolitik und der steuerlichen Erleichterungen für Mehrkindfamilien. Es bestehen jedoch weiterhin große regionale Unterschiede – die Fertilitätsraten in Spanien liegen weiterhin unterhalb der Reproduktionsrate, während Irland das höchste Bevölkerungswachstum aufweist. Die Lebenserwartung steigt weiter an, weshalb der Anteil der über 60-Jährigen an der Gesamtbevölkerung bis 2030 weiterhin leicht zunimmt.

- Auch das Central European Forum for Migration Research ([Sz10]) spricht in seinem „High Scenario" von einer sehr liberalen Immigrationspolitik in Europa, da die Arbeitsnachfrage nach Schlüsselkräften so hoch ist, dass Europa auf Zuwanderung aus anderen Teilen der Welt angewiesen sein wird. Weiters charakterisiert dieses Szenario ein überproportional hoher Migrationsstrom von hoch Gebildeten auf der Suche nach neuen Beschäftigungsmöglichkeiten. Das European Spatial Planning Observation Network ([Sz3]) sieht ebenfalls in der Überalterung der Gesellschaft in Kombination mit steigendem Bedarf an hochqualifizierten Arbeitskräften den Hauptgrund für eine offene Immigrationspolitik der Europäischen Union.

Am Arbeitsmarkt kommt es im europäischen Zukunftsbild *Triumph der globalen Märkte* zu einer Verschiebung der Arbeitsnachfrage zugunsten von hochqualifizierten Arbeitskräften und zur internationalen Annäherung der Einkommen dieser Schlüsselkräfte.

- Das Directorate General for Employment and Social Affairs der Europäischen Kommission ([Sz11]) geht in seinem "High Migration Scenario" von 2,8 Millionen Immigranten aus zentral- und osteuropäischen Ländern in die alten EU-15 Staaten bis 2020 aus. Weiters nimmt diese Studie für dieses Szenario eine allmähliche Konvergenz des Pro-Kopf-Einkommens hochqualifizierter Arbeitnehmer innerhalb der Europäischen Union an, was unter anderem auf die hohe Arbeitskräftemobilität zurückzuführen ist. Im Szenario *Triumph der globalen Märkte* kommt es darüber hinaus zu einer eher heterogenen Entwicklung der Arbeitslosigkeit in Europa: Während in den EU-15 die Arbeitslosenrate um ein Drittel sinkt, steigt sie in den neuen mittel- und osteuropäischen Mitgliedsstaaten um ein Drittel an (*ibid.*). Ebenfalls ist die Arbeitslosigkeit hinsichtlich der geografischen Regionen ungleichmäßig verteilt – in den ländlichen Gebieten herrscht eine höhere Arbeitslosigkeit als in den urbanen Zentren.

- Durch Migration und Anhebung des Pensionsantrittsalters – der Anteil der 60-bis 65-jährigen Erwerbstätigen steigt auf 70 Prozent an – kann das Arbeitskräfteangebot um durchschnittlich 0,2 Prozent pro Jahr angehoben werden, das Beschäftigungswachstum beträgt aufgrund des hohen Wirtschaftswachstums 0,4 Prozent pro Jahr (Lejour 2003, S. 37). Vor allem für hoch Qualifizierte werden neue Beschäftigungsmöglichkeiten im Hochtechnologiesektor geschaffen; der Bedarf an Absolventen technischer Hochschulen, an Forschungs- und Entwicklungspersonal kann durch geeignete Ausbildungsschwerpunkte sowie Immigration aus Nicht-EU-Ländern gedeckt werden. Die Arbeitsnachfrage nach Personen mit niedriger Qualifikation geht hingegen zurück; neu geschaffene Arbeitsplätze für schlechter Qualifizierte sind meist sehr schlecht bezahlt und es handelt sich vorwiegend um atypische Beschäftigungsverhältnisse, die weder Sozial-, Arbeitslosen-, noch Pensionsversicherung bieten.

Die Modellgeschichte *Triumph der globalen Märkte* ist auf der Wertebene durch abnehmende Solidarität der Bevölkerung gekennzeichnet, welche eine soziale Kohäsion in Europa nicht unterstützt und auch dem Thema Umwelt und Klimaschutz geringe Beachtung schenkt. Demnach kommt es zum Abbau des Sozialstaates und zum Scheitern der politischen Europäischen Union.

- Im Rahmenszenario *Triumph der globalen Märkte* wird das US-amerikanische Wirtschafts- und Gesellschaftsmodell zum Vorbild für die europäische Wirtschaftspolitik. Das Streben nach Gewinn- und Leistungsmaximierung wird zur gesellschaftlichen Maxime erhoben; die Bereitschaft des Einzelnen, Mehrkosten zum Wohle der Gesellschaft zu tragen, ist gering. Daher ist auch das Umweltbewusstsein des Einzelnen als gering einzustufen – die Privaten sind nicht bereit Geld für den Umwelt- und Klimaschutz auszugeben – was sich auch in der sprichwörtlich nicht vorhandenen Umwelt- und Klimapolitik ausdrückt. Aufgrund der abnehmenden Solidarität der Bürger unterstützt die Mehrheit der Wähler den Abbau des Staatsapparates zugunsten von Marktlösungen und nimmt damit auch eine Schmälerung des Sozialstaates und eine Privatisierung von ehemals öffentlichen Dienstleistungen in Kauf. Die Rolle des Staates in Bezug auf die Reallokation von Vermögen und die Beseitigung von Ungleichheiten zwischen Regionen und Individuen tritt in den Hintergrund. Dadurch kommt es zu einer Dualisierung der Gesellschaft – die Unterschiede zwischen Armen und Reichen werden immer größer und Europa hat mit zunehmenden sozialen Spannungen zu rechnen. Durch die Herabsetzung des Mindestlohnes werden die Einkommensdifferenzen zwischen gut und schlecht Qualifizierten immer größer, da letztere häufig Realeinkommenseinbußen erleiden. Auch von der Reduktion der Arbeitslosenunterstützung – sowohl in Höhe als auch Dauer – sind besonders schlechter Qualifizierte und Personen mit überholten Qualifikationen betroffen. Der Anteil der „Working Poor" – jener Personen, die trotz eines oder sogar mehrerer Beschäftigungsverhältnisse nahe am Existenzminimum leben - steigt an (European Commission Forward Studies Unit [Sz1]; European Environment Agency [Sz2]; Policy Research in Engineering, Science and Technology [sz8]).

- Die zukünftige Entwicklung der Europäischen Union in diesem „neoliberalen" Marktwirtschaftsszenario fällt in politischer Hinsicht weit negativer aus als aus dem wirtschaftlichen Blickwinkel. Die Europäische Union entwickelt sich immer mehr in Richtung einer „Freihandelszone de luxe" und wird ständig erweitert – die Türkei ist bis 2030 Vollmitglied der EU –, jedoch behindert dies den politischen und sozialen Vertiefungsprozess der EU. Schließlich wird das Ziel der Errichtung der politischen Union aufgegeben, da die einzelnen nationalstaatlichen Interessen im Zuge des verstärkten wirtschaftlichen Wettbewerbs immer weiter divergieren. Ökonomisch betrachtet kann die Europäische Union große Erfolge verbuchen: Der Binnenmarkt wird weiter ausgebaut und stellt somit eine der Säulen der europäischen Wettbewerbsfähigkeit dar. Die soziale Kohäsion Europas – zu Beginn des 21. Jahrhunderts ein wichtiges Thema in Europa – ist von der politischen Agenda verschwunden. Dies wird auch durch die Kürzung der Subventionen zur regionalen Entwicklung strukturschwacher Regionen verdeutlicht (Centrum für angewandte Politikforschung [Sz18]; National Intelligence Council [Sz19]).

3.1.2   Die Wirtschaft in Szenario 1

Europa ist im Jahr 2030 eine wirtschaftlich gundsätzlich prosperierende Region, die stark von der globalen Konjunktur abhängig ist. Das europäische Pro-Kopf-Einkommen steigt rasant an – allerdings mit starken sektoralen und regionalen Unterschieden. Maßgeblich verantwortlich für dieses hohe Wirtschaftswachstum ist die Fokussierung auf die Hochtechnologiebranche – ohne dabei eine Entkoppelung des Wirtschaftswachstums vom Ressourcenverbrauch zu erreichen. In einer hochgradig globalisierten Welt profitiert Europa vor allem von der steigenden Nachfrage nach High-Tech-Produkten und damit verbundenen Dienstleistungen in den Tigerstaaten.

- Die ausgezeichnete wirtschaftliche Performance Europas im Szenario *Triumph der globalen Märkte* basiert laut dem Institute for Policy Research in Engineering, Science and Technology ([Sz8]) und Ringland ([Sz9]) vor allem auf hohen Wachstumsraten im Hochtechnologiebereich sowie in den wissensintensiven Industriezweigen. Nebenbei spielt auch die Umstrukturierung der alten Industrien eine wichtige Rolle für die florierende Wirtschaft. Durch die Erhöhung der Forschungs- und Entwicklungsquoten auf das im Lissabonziel formulierte Niveau gelingt die Transformation zu einer dynamischen und wissensintensiven Gesellschaft. In der Forschung konzentriert man sich auf die Bereiche Präventivmedizin, Umwelt- und Nanotechnologien. Die Einstellung der Bevölkerung gegenüber neuen Technologien ist positiv, was die Einführung radikaler Technologien fördert. Die teilweise Einführung energieeffizienter Technologien in der Produktion wird in dieser Welt nur aus Kostengründen durchgeführt und die daraus resultierende Energieverbrauchsreduktion wird vom raschen Wirtschaftswachstum wieder mehr als kompensiert. Problematisch ist, dass nur die Zentralräume ein hohes Wirtschaftswachstum aufweisen, während in den ländlichen Regionen vermehrt strukturelle Probleme auftreten (European Spatial Planning Observation Network [Sz3]).

- Das Pro-Kopf-Einkommen wächst in Europa stark an, allerdings auf nationalstaatlicher Ebene mit sehr großen Unterschieden. Wie bereits im Abschnitt Mensch gezeigt, werden in einem auf Hochtechnologiebereiche spezialisierten Europa die Einkommen der immer stärker nachgefragten Hochqualifizierten relativ stärker ansteigen, während die Löhne des schrumpfenden Anteils an Arbeitsplätzen mit niedrigem und mittleren Qualifikationsanspruch sinken werden. Die Einkommensschere innerhalb der Europäischen Union geht weiter auf (European Commission Forward Studies Unit [Sz1]; European Environment Agency [Sz2]; Policy Research in Engineering, Science and Technology [Sz8]).

- Trotz der durch den Einsatz effizienter Produktionstechnologien etwas abgeschwächten Energieintensität der Produktion sind vor allem der steigende Verkehr durch die zunehmende Globalisierung und die damit verbundene internationale Arbeitsteilung sowie der anhaltende Trend zu einem Anstieg des Individualverkehres und die zunehmenden privaten Flugreisen hauptverantwortlich für das Nichterreichen der Göteborg Ziele – eine Entkoppelung des Ressourcenverbrauchs vom Wirtschaftswachstum (Institute for Prospective Studies-European Commission DG Joint Research Centre [Sz4]).

- Es ist generell eine äußerst stark ausgeprägte Globalisierungs- und Internationalisierungstendenz in diesem Rahmenszenario zu erkennen. Lejour (2003)

geht in seinem für unser Zukunftsbild *Triumph der globalen Märkte* als Referenz dienenden Szenario „Global Economy" davon aus, dass die noch letzten bestehenden Handelshemmnisse durch die Welthandelsorganisation abgeschafft werden und somit die Liberalisierung der internationalen Handels- und Wirtschaftsbeziehungen forciert wird. Aus diesem Grund steigen die Werte der Ex- und Importe gemessen an der Summe der Bruttoinlandsprodukte zwischen 2000 und 2040 in den westlichen EU-Mitgliedsländern um beinahe 50 Prozent und gemessen an der Summe der Bruttoinlandsprodukte der mittel- und osteuropäischen Staaten um über 60 Prozent. Diese Steigerung ist zu einem hohen Anteil auf die steigende Nachfrage Asiens nach hochwertigen europäischen Technologieprodukten zurückzuführen. Aufgrund der durch die Liberalisierung stärker werdenden weltweiten Konkurrenz fallen etwaige ehemals bestehende Wettbewerbsvorteile weg und es besteht nun für die einzelnen Wirtschaftsregionen die Notwendigkeit neue Wachstumsfelder zu erschließen. Europäische Unternehmen können sich mit der Herstellung standardisierter Produktlösungen ohne die Kombination mit individuellen Dienstleistungskomponenten nicht mehr gegen kostengünstigere Produktionsstandorte außerhalb Europas durchsetzen, da diese Länder bei der Nachahmung der Produktqualität stark aufgeholt haben, hinsichtlich der Generierung neuen Know-hows jedoch noch Wettbewerbsnachteile aufweisen. Daher entsteht der Großteil der Wertschöpfung Europas nicht mehr in der Produktion selbst, sondern ist in den zu den Produkten zusätzlich angebotenen Dienstleistungen verankert (*ibid.*).

3.1.3   Die Umwelt in Szenario 1

Das Thema Umwelt- und Klimaschutz bekommt in diesem Szenario des rasanten wirtschaftlichen Wachstums – ohne eine drastische Verringerung der Energieintensität – einen sehr geringen Stellenwert zuerkannt. Dies spiegelt sich in dieser immer noch auf fossilen Energieträgern vertrauenden Modellgeschichte in rasant zunehmenden Treibhausgasemissionen – welche auch Klimakatastrophen überregionalen Ausmaßes verursachen – wider.

- Im europäischen Rahmenszenario *Triumph der globalen Märkte* spielt die Umwelt-Dimension eine sehr geringe Rolle. Das *International Centre for Integrative Studies* ([Sz5]) geht in seiner Modellgeschichte davon aus, dass das Kyoto-Protokoll sowie die Verhandlungen für die Post-Kyoto-Periode 2012+ scheitern und danach keine nachhaltige globale oder auch regionale Klima- und Umweltpolitik mehr etabliert wird. Ermöglicht durch die wesentliche Ausweitung des fosilen Energimix und dadurch sabiler Preise, wachsen die Treibhausgasemissionen aufgrund des rasant steigenden Energieverbrauchs zwischen 2010 und 2030 innerhalb der um die Türkei erweiterten Europäischen Union jährlich un ein Prozent an. Der stetig steigende Energieverbrauch ist hauptsächlich auf das hohe Wirtschaftswachstum, die Zunahme des internationalen Verkehrsaufkommens sowie die energieintensive und wenig nachhaltige Lebensweise der Bevölkerung zurückzuführen (European Environment Agency [Sz12]).

- Das IPCC (2000) geht in seiner Entwicklung der Subszenarien zur Modellgeschichte A1 genauer auf das globale Energieregime ein. Es kommt zu dem Schluss, dass, je nachdem welche Technologien und Primärenergieträger sowohl auf der Energiebereitstellungsseite als auch auf der Anwendungsseite eingesetzt werden, auch bei hohen Wirtschaftswachstumsraten eine nachhaltige Entwicklung möglich ist. Der

Kohlendioxidausstoß im stark auf Fossilenergie ausgerichteten Szenario A1FI, welches das Szenario *Triumph der globalen Märkte* am besten widerspiegelt, verdreifacht sich im Zeitraum von 1990 bis 2050. Die Versorgungssicherheit mit fossilen Energieträgern kann durch die Ausweitung der gesicherten Reserven, welche mit dem Einsatz moderner und effizienter Fördertechniken zur Erschließung von zuvor unzugänglichen oder nicht ökonomisch ausbeutbaren Ressourcen bewerkstelligt werden kann, sowie durch das Auffinden neuer Lagerstätten gewährleistet werden. Im Szenario A1T hingegen, welches ein gleich hohes Wirtschaftswachstum aufweist wie Szenario A1FI, jedoch auf einem nachhaltigen Energiesystem beruht, sinkt der Kohlendioxidausstoß bis 2100 sogar deutlich unter das Niveau von 1990 (Vgl. Abbildung 24).

Abbildung 24:   Szenarien für die globalen Treibhausgasemissionen (1)

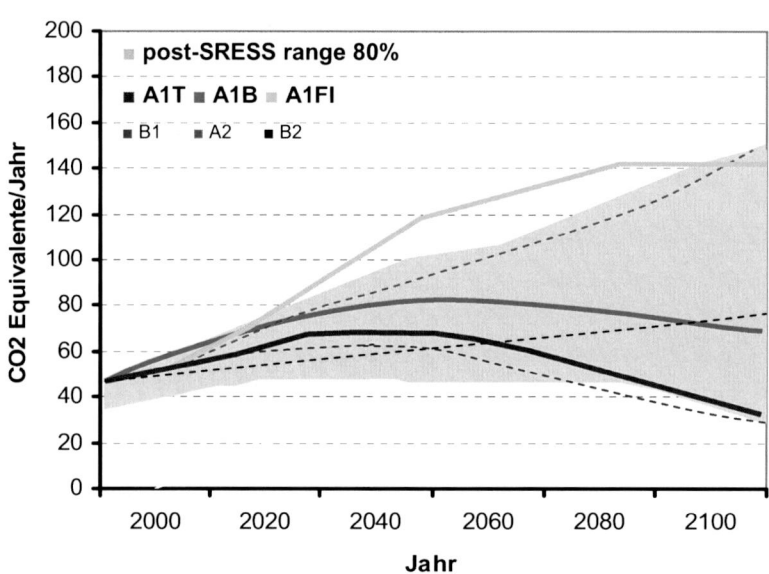

Quelle: IPCC (2000), eigene Darstellung JR-InTeReg. Globale Emissionen CO2- Equivalent/Jahr [Gt CO2-eq / yr] ohne Berücksichtigung von zusätzlichen [künftigen] Vermeidungsstrategien, die Emissionen beinhalten CO2, CH4, N2O H2 sowie treibhausfördernde Fluorkohlenwasserstoffe [F-Gase].

- Aufgrund der fehlenden Umwelt- und Klimapolitik und des daraus resultierenden „Worst Case Szenarios" des möglichen Anstieges an Treibhausgasemissionen kommt es im Szenario *Triumph der globalen Märkte* bereits zu gravierenden Klimaeffekten – ausgelöst durch die rasch voranschreitende Erderwärmung. Für Europa bedeutet dies eine Zunahme der Häufigkeit und der Intensität von heftigen Überschwemmungen in den feuchten nördlichen Breiten sowie Hitzewellen und Dürrekatastrophen verbunden mit immer häufiger auftretenden Waldbränden im Süden Europas. Damit einhergehend entstehen gravierende Probleme im Bereich der Trinkwasser- und Nahrungsmittelversorgung sowie der Energieversorgung und das Risiko von humanitären Katastrophen, z. B. durch eine voranschreitende Devastierung in Südeuropa, steigt dramatisch an. Trotz dieser nun häufiger und stärker auftretenden

klimawandelbedingter Wetterkapriolen wird dem Thema Klimawandel und Klimaschutz immer noch wenig Aufmerksamkeit zuteil (International Centre for Integrative StudiesSz5]).

Im Zukunftsbild *Triumph der globalen Märkte* kommt es zu einer weiteren Forcierung des Individualverkehrs und der Bildung von urbanen Agglomerationszentren, welche den Großteil der Bevölkerung beherbergen. Die Anbindung ländlicher Gebiete an die Städte mittels öffentlichen Verkehrs stellt keine Priorität mehr dar und auch der Flugverkehr steigt stark an.

- Die Infrastrukturpolitik spezialisiert sich hauptsächlich auf den Ausbau und die Forcierung des Individualverkehrs, Investitionen in den öffentlichen Verkehr finden kaum statt. Dabei fokussiert sich die europäische Infrastrukturpolitik vorwiegend auf die Verbesserung bereits bestehender Straßennetze zur Verbindung von Metropolen und deren Umgebung – zu Ungunsten der Entwicklung des ländlichen Raumes. Dies hat wiederum Auswirkungen auf die Siedlungsstruktur in der Europäischen Union und im Speziellen auf das Siedlungsverhalten der arbeitsfähigen Bevölkerung. Aufgrund der abnehmenden Erreichbarkeit der Peripherien siedeln sich Unternehmen noch stärker als bisher in den Agglomerationszentren an. Durch die sinkende Nachfrage nach Arbeitskräften in den Peripherien werden starke Anreize gesetzt, von dort abzuwandern. Dies dreht weiter an der Negativspirale aus sinkenden Bevölkerungszahlen, Reduktion des Angebotes an Nahversorgung und anderer Infrastruktur. Während in den urbanen Ballungszentren hauptsächlich arme Migranten leben, die geringeren Zugang zu Individualverkehrsmitteln haben, treiben jene, die es sich leisten können, die Suburbanisierung voran und siedeln sich am Stadtrand an, was wiederum den Pendlerverkehr und damit den Treibhausgasausstoß drastisch erhöht (European Environment Agency [Sz12]; European Commission Forward Studies Unit [Sz1]; European Environment Agency [Sz2]).

- Bis ins Jahr 2030 findet darüber hinaus eine Verdoppelung des Flugverkehrs statt, was vor allem auf zwei Faktoren zurückzuführen ist: die Erhöhung des weltweiten Handels und des damit zusammenhängenden Transport- und Reisevolumens sowie die starke internationale Reisetätigkeit im Freizeitsektor aufgrund kostengünstiger Flugpreise, welche die negativen externen Effekte des Flugverkehrs auf die Umwelt nicht berücksichtigen (European Environment Agency [Sz12]).

3.2.   RAHMENSZENARIO 2: KULTURERBE EUROPA

Im Szenario „Kulturerbe Europa" liegt das Hauptaugenmerk der europäischen Wirtschaftspolitik auf der Aufrechterhaltung bzw. Ausweitung des Sozialstaates. Durch die langsam wachsende und unter einer starken Überalterungstendenz leidende Bevölkerung – nicht zuletzt bedingt durch eine strikte Immigrationspolitik – besteht eine weitere Hauptaufgabe in der Bereitstellung ausreichender Pflege- und Gesundheitsdienstleistungen. Dadurch kommt es zu einer Tertiärisierung der Wirtschaftsstruktur. Die sich stark gegenüber internationaler Konkurrenz abschottende Europäische Union repräsentiert kein fruchtbares Umfeld für multinationale Produktionsbetriebe, welche auch vermehrt abwandern und damit das Wirtschaftswachstum Europas im Jahr 2030 stark beschneiden. Die kostspielige Aufrechterhaltung des Sozialstaates funktioniert in Anbetracht der schwächelnden Wirtschaft und sinkenden Immigrationsströme nur durch eine stark ausgeprägte Solidarität in der europäischen Gesellschaft. Mit dieser einher geht auch ein wachsendes Umweltbewusstsein in der Bevölkerung, welches zusammen mit der sich stark zugunsten des Dienstleistungssektors verändernden Wirtschaftsstruktur zu einem Sinken der Treibhausgasemissionen in Europa – im Gegensatz zu der global stark steigenden Tendenz – führt.

Völlig andere Rahmenbedingungen für die europäische Zukunft als das SRES-Szenario A1 des Intergovernmental Panel on Climate Change bietet die SRES-Szenarienfamilie A2. In dieser Modellgeschichte nimmt Europa im Jahre 2030 seinen Platz in einer sehr heterogenen Welt ein, in welcher der Autarkie von Regionen und der Bewahrung der lokalen Identität primär Beachtung geschenkt wird. Dies manifestiert sich nicht nur im Konnex von Mensch und Politik, sondern auch in einem stark regional ausgerichteten Wirtschaftssystem mit geringem Grad an Internationalisierung. Das weltweite Pro-Kopf-Wirtschaftswachstum ist langsamer als in allen anderen IPCC-Szenarien und darüber hinaus sehr ungleichmäßig auf die Weltbevölkerung verteilt. Dies führt zu einem zunehmenden Arm-Reich-Gefälle, was die weitere Abschottung der Regionen und Nationalstaaten vorantreibt und die Faktormobilität stark einschränkt. Ebenfalls bietet die A2-Modellgeschichte wenig Raum für technologischen Wandel und die Anreize für Forschung und Entwicklung in einer solchen Welt sind als eher gering einzustufen. Wie sich Europa in eine derartige Zukunftsprojektion eingliedert, wird im Anschluss wiederum anhand der drei Dimensionen der Szenarienentwicklung abgehandelt.

3.2.1   Der Mensch in Szenario 2

Eine konträre demografische Entwicklung als im europäischen Zukunftsszenario *Triumph der globalen Märkte* spielt sich in der Modellgeschichte *Kulturerbe Europa* ab. Europa repräsentiert im Jahr 2030 eine stark abgeschottete Region mit einer äußerst restriktiven Migrationspolitik und sich weniger positiv entwickelnder Fertilitätsrate und Lebenserwartung.

- Aufgrund einer äußerst restriktiven Migrationspolitik ist die Bevölkerungsentwicklung im Rahmeszenario *Kulturerbe Europa* weit weniger dynamisch als in den anderen beiden Szenarien (European Spatial Planning Observation Network [Sz3]). Eurostat (2000) geht in seinem „low population" Szenario davon aus, dass jährlich nur etwa 300.000 Migranten – nur rund ein Drittel der im Szenario *Triumph der globalen Märkte* prognostizierten Anzahl – in die westlichen EU-Staaten einwandern werden.

- Auch das Directorate General for Employment and Social Affairs der Europäischen Kommission ([Sz11]) präsentiert in seinem „Low Migration" Szenario mit einem langfristigen Immigrationspotential in die EU-15 Staaten von etwa zwei Millionen Menschen eine weitaus geringere Migrantenzahl als im für das Szenario *Triumph der globalen Märkte* als Referenz dienenden Zukunftsbild „High Migration".

- Die schlechte Wirtschaftslage in den meisten Ländern Europas, die – wie auch in weiten Teilen der Welt – stagniert und die vor allem in den mittel- und osteuropäischen Ländern zu hoher struktureller Arbeitslosigkeit führt, macht das Central European Forum for Migration Research ([Sz10]) hauptverantwortlich für eine restriktive Migrationspolitik der wenigen prosperierenden Länder. Durch diese sinkende legale Migration bleiben die großen Lohndisparitäten zwischen den europäischen Regionen weiterhin bestehen.

- Einen weiteren Grund für das unterdurchschnittliche Bevölkerungswachstum in Europa sieht Eurostat (2000) in der Entwicklung der endogenen Bestimmungsfaktoren der Demographie – der Fertilitätsrate und der Lebenserwartung. Während die Lebenserwartung – zwar nicht so stark wie in den anderen Szenarien – für Männer auf 76 Jahre und Frauen auf 80,5 Jahre ansteigt, sinkt gleichzeitig die Fertilitätsrate um 0,2 Punkte und stagniert bis 2050 auf niedrigem Niveau zwischen 1,22 und 1,62 Kindern pro Frau. Dies führt zu einer Überalterung in der Bevölkerung, welche, wie sich später noch zeigen wird, wiederum Auswirkungen auf die Wirtschaftsstruktur und das Sozialsystem Europas hat. Demgegenüber steht allerdings ein globaler Trend zu einem sehr raschen Bevölkerungswachstum. Dieser ist darauf zurückzuführen, dass sich die regionalen Fertilitätsmuster kaum annähern und z.B. Entwicklungsländer ein sehr rasches Anwachsen ihrer Bevölkerung verzeichnen (IPCC [Sz17]).

Auch auf den Arbeitsmarkt und das Bildungswesen schlagen sich die eben erwähnten Bevölkerungsentwicklungstendenzen nieder. Es kommt zu Engpässen im Arbeitskräfteangebot und die steigende Nachfrage nach Pflegedienstleistungen aufgrund der Überalterung der Gesellschaft erzwingt eine Bildungsoffensive im tertiären Sektor.

- Da weiterhin nur die Hälfte aller 55- bis 64-Jährigen erwerbstätig ist (das durchschnittliche Erwerbsaustrittsalter in Europa konnte lediglich auf 61,5 Jahre angehoben werden) und die restriktive Migrationspolitik Zuwanderung weitgehend unterbindet, nimmt das Arbeitskräfteangebot bis 2030 jährlich um durchschnittlich 0,5 Prozent ab; die Beschäftigungsquote schrumpft ebenfalls um 0,5 Prozent jährlich (Lejour 2003, S. 37). Aufgrund der unterschiedlichen Bevölkerungsentwicklung zwischen west- und osteuropäischen Ländern ist die Entwicklung von Beschäftigung und Arbeitskräfteangebot in den einzelnen Regionen Europas allerdings sehr heterogen.

- Diese Schätzungen berücksichtigen jedoch nicht die Dynamik am informellen Arbeitsmarkt, der in diesem Szenario stark an Bedeutung zunimmt. Da die Solidarität unter den Bürgern sehr hoch ist, engagieren sich viele sozial und gehen informeller Arbeit nach, um ein Netz von sozialer Absicherung auch bei stagnierendem Wirtschaftswachstum aufrecht zu erhalten (European Commission Forward Studies Unit [Sz1]). Die Nichtberücksichtigung der im informellen Sektor tätigen Personen hat auch zur Folge, dass die Arbeitslosenquote und die Nichterwerbstätigenquote im Vergleich zu den anderen beiden Szenarien deutlich überschätzt werden. Insgesamt kann am

Arbeitsmarkt eine Verschiebung des Arbeitskräfteangebots in Richtung Dienstleistungen – zurückzuführen auch auf die stark steigende Nachfrage im Tourismus sowie im Pflegebereich und diesem verwandten Branchen – beobachtet werden.

- Diese Tertiärisierung der Wirtschaft wird auch beeinflusst durch Veränderungen im Bildungswesen. Aufgrund von geringen Innovationsanstrengungen und niedrigen Forschungs- und Entwicklungsausgaben im Technologiebereich sinkt der Bedarf an Hochschulabgängern und auch die Motivation junger Menschen, eine akademische Ausbildung in Anspruch zu nehmen, mindert zusätzlich das Wachstum im Technologiesektor. Demgegenüber steht die steigende Nachfrage nach Personen mit Ausbildung im Tourismus und im Pflegebereich (European Environment Agency [Sz2]; Policy Research in Engineering, Science and Technology [Sz8]; Ringland [Sz9]).

Innerhalb der Bevölkerung des Zukunftsmodells *Kulturerbe Europa* ist der soziale Gedanke viel stärker ausgeprägt als in der Zukunftsprojektion *Triumph der globalen Märkte* und auch ein stärkeres Umweltbewusstsein charakterisiert diese Gesellschaft. Allerdings besteht eine Skepsis gegenüber einer fortschreitenden Erweiterung der Europäischen Union.

- Aus der Szenarienmodellierung der European Commission Forward Studies Group ([Sz1]) lässt sich ableiten, dass die Aufrechterhaltung des Sozialstaates eines der obersten Ziele der nationalen Politiken ist, da der Solidaritätsgedanke in Europa weiterhin sehr stark ausgeprägt sein wird. Aufgabe der nationalen wie europäischen Politik ist es daher, Armut zu verhindern und wirtschaftliches Wachstum in Einklang mit sozialen Zielsetzungen zu verfolgen. Die Bürger fordern darüber hinaus die Aufstockung der Sozialausgaben, um die Einkommen schlechter Qualifizierter mit Kombilohnmodellen zu stützen. Die Finanzierung des Sozialstaates kann trotz der Auswirkungen der veränderten Altersstruktur dadurch gesichert werden, dass der Großteil der europäischen Bevölkerung kostenlos in gemeinnützigen und sozialen Einrichtungen tätig ist, wodurch viele öffentliche Leistungen ohne großen finanziellen Aufwand bestehen können. Zudem wird die Nachbarschaftshilfe intensiviert, wovon vor allem die ältere Bevölkerung profitiert.

- Das Institut für Zukunftsstudien und Technologiebewertung ([Sz16]) geht in seinem Referenzszenario davon aus, dass das Bewusstsein über die Auswirkungen des Klimawandels und Befürchtungen bezüglich einer drohenden Energieknappheit langsam zu einem Anstieg des Umweltbewusstseins bei Bürgern und Politikern führt.

- Die Europäische Kommission setzt Erweiterungsrunden bis an die Grenzen des geographischen Europa aus, um Befürchtungen, die EU könnte sich durch die Aufnahme weiterer Länder finanziell und administrativ übernehmen, vorzubeugen. Um die Funktionsfähigkeit des europäischen Administrationsapparates innerhalb der Europäischen Union zu gewährleisten, ist ein anhaltender Dezentralisierungsprozess zu beobachten – das Mitbestimmungsrecht der Regionen und Bürger wird beständig ausgedehnt. Wichtiges Ziel neben der Aufrechterhaltung der wirtschaftlichen Prosperität ist der soziale Zusammenhalt zwischen den EU-Mitgliedsstaaten, weshalb der Förderung strukturell schwacher Regionen in der Peripherie große Aufmerksamkeit geschenkt wird (Centrum für angewandte Politikforschung [Sz18]; National Intelligence Council [Sz19]).

3.2.2 Die Wirtschaft in Szenario 2

Die wirtschaftliche Entwicklung Europas im Zukunftsbild *Kulturerbe Europa* schreitet im Jahr 2030 auf einem eher niedrigen Niveau voran. Die im internationalen Vergleich stagnierende Wirtschaft resultiert aus Wettbewerbsnachteilen im Hochtechnologiebereich, dem abgeschotteten europäischen Markt und der sich – ausgelöst durch die Überalterung der Gesellschaft – verändernden Wirtschaftsstruktur.

- Die *European Forward Studies Unit* ([Sz1]) geht in einem heterogenen Referenzszenario für das europäische Zukunftsbild *Kulturerbe Europa* von Wettbewerbsnachteilen Europas gegenüber den USA und Asien vor allem im Hochtechnologiebereich aus. Ausgelöst wird diese Tendenz durch die geringe Innovationsdynamik in Europa, welche wiederum auf das bereits betrachtete Phänomen der Überalterung und das damit verbundene Arbeitskräftedefizit an Absolventen technischer Studienrichtungen zurückzuführen ist (Lejour 2003). Aufgrund dieser innovationshemmenden Rahmenbedingungen, welche noch zusätzlich durch einen mangelhaften Zugang zu Risikokapital verschärft werden, ziehen immer mehr multinationale Konzerne ihre Produktions-, aber auch ihre Forschungseinrichtungen aus Europa ab.

- Die European Environment Agency ([Sz2]) nimmt an, dass sich in einer heterogenen Welt mit starker Überalterungstendenz in Europa die Wirtschaftsstruktur auf die neuen Nachfragegewohnheiten der alternden Gesellschaft anpassen wird. Konkret bedeutet dies eine starke Ausdehnung des tertiären Sektors – vor allem Dienstleistungen im Tourismus und der Pflegesparte – und damit verbundene Einbußen im primären und sekundären Sektor. Alle drei in diesem Absatz zitierten Studien gehen somit davon aus, dass die lokale Stärke Europas in diesem Szenario im Angebot von Dienstleistungen in Nischenbereichen und speziellen Dienstleistungen für den steigenden Anteil älterer Bevölkerungsgruppen liegt. Lejour (2003) kommt darüber hinaus zu dem Ergebnis, dass in einer Zukunft mit sinkender Erwerbsquote älterer Personen (siehe Blickwinkel Mensch), stagnierenden Forschungs- und Entwicklungsausgaben sowie einer unterdurchschnittlichen Entwicklung der Arbeitsproduktivität das Wirtschaftswachstum sehr moderat ausfällt.

Die Entwicklung des Welthandels gerät im europäischen Rahmenszenario *Kulturerbe Europa* ins Stocken und der Globalisierung wird generell eher skeptisch begegnet. Der europäische Binnenmarkt hingegen wird gestärkt und es kommt zum Abschluss zahlreicher bilateraler Abkommen. Durch die Tertiärisierung der Wirtschaft und die Abnahme von internationalen Handelsbeziehungen sinkt auch der Energieverbrauch der europäischen Wirtschaft bis ins Jahr 2030.

- In dem von Lejour (2003) entwickelten europäischen Zukunftsszenario „regional communities" wird davon ausgegangen, dass die Liberalisierung des Welthandels scheitert. Der Wert der weltweit gehandelten Güter im Szenario *Triumph der globalen Märkte* im Jahr 2040 ist um den Faktor 3 höher ist als in der Modellgeschichte *Kulturerbe Europa*. Trotzdem wird sich der Wert der gehandelten Güter im Vergleich zu 2008 erhöhen, was vor allem auf die steigende Anzahl und die zunehmende Bedeutung der bilateralen Handelsbeziehungen innerhalb der EU-25 zurückzuführen ist.

- Modellierungsprojekte der European Environment Agency ([Sz2]) sowie der European Commission Forward Studies Unit ([Sz1]) ergänzen dieses Zukunftsbild *Kulturerbe Europa* mit der Annahme, dass aufgrund bis ins Jahr 2030 nicht abgebauter Handelsbarrieren zu Asien und zu den USA die Exporte und Importe auf einem niedrigem Niveau stagnieren und durch die überalternde Gesellschaft mehr heimische Dienstleistungen, aber weniger Importe aus Asien nachgefragt werden.

- Zum Themengebiet Energieverbrauch in der Wirtschaft ist anzumerken, dass durch die Umstrukturierung des Wirtschaftssystems – ein Abwandern des Industriebereiches und die Entwicklung hin zu einer dienstleistungsorientierten Gesellschaft aufgrund der zunehmenden Überalterung – dieser eine starke Abnahme erfährt (European Environment Agency [Sz12]).

- Politikwissenschaftliche Szenarienentwicklungen bringen weiters den Aspekt einer Vielzahl an lediglich lokal gültigen Abkommen in die Entwicklung eines heterogenen Zukunftsbildes ein. Diese Tatsache wiederum erschwert die Implementierung weltweiter Standards – vor allem im Umweltbereich (Centrum für angewandte Politikforschung [Sz18]; National Intelligence Council [Sz19]).

3.2.3 Die Umwelt in Szenario 2

Das europäische Rahmenszenario *Kulturerbe Europa* zeichnet sich durch ein langsam anwachsendes Umweltbewusstsein seitens der Bevölkerung aus. Das Streben nach nachhaltiger Entwicklung stellt ein vorrangiges Ziel der Wirtschaftspolitik dar, allerdings erfolgt die konkrete Umsetzung einer nachhaltigen Umweltpolitik schleppend. Einzig auf dem Gebiet der Mobilität können in Europa einige Maßnahmen umgesetzt werden. Die Entwicklung der Treibhausgasemissionen liegt deutlich unter dem internationalen Durchschnitt, was auf die schlechte Verfassung und die strukturelle Veränderung der europäischen Wirtschaft zurückzuführen ist.

- Das erwachende Umweltbewusstsein ist laut dem Institut für Zukunftsstudien und Technologiebewertung ([SZ16]) vorwiegend auf die aufflammende Besorgnis über die Auswirkungen des Klimawandels in der europäischen Gesellschaft zurückzuführen. Der Grund für die schleppende Umsetzung einer Umwelt- und Klimapolitik liegt vor allem in dem bereits im Abschnitt Wirtschaft erwähnten Mangel an internationalen Abkommen und internationaler Zusammenarbeit. Die Europäische Union fühlt sich in diesem Szenario bis 2030 nicht dazu im Stande eine wirksame Umweltpolitik im Alleingang umzusetzen, da sie um ihre ohnehin schon angeschlagene Wettbewerbsfähigkeit fürchtet. Außerdem mangelt es auch innerhalb der Bevölkerung und der Industrie – trotz sich verstärkenden Umweltbewusstseins – aufgrund von kurzfristigen Kostenüberlegungen an einer konkreten Umsetzung einer nachhaltigen Entwicklung. (European Environment Agency [Sz2])

- Dass der Energieverbrauch in allen Staaten Europas bis in das Jahr 2030 trotz der sich nur langsam vollziehenden Implementierung nachhaltiger und effizienter Technologien langsamer ansteigt als im Szenario *Triumph der globalen Märkte*, liegt laut European Environment Agency ([Sz12]) vor allem in der sich verändernden Wirtschaftsstruktur. Der Anteil des energieintensiven Produktionssektors im europäischen Wirtschaftssystem sinkt nämlich durch dessen sukzessive Abwanderung vor allem nach Asien und

gleichzeitig gewinnt der Dienstleistungssektor, welcher einen weit geringeren Energieeinsatz erfordert als die industrielle Produktion, immer mehr an Bedeutung.

- Im Vergleich mit dem europäischen Zukunftsbild *Nachhaltigkeitsstandort Europa* – welches durch nahezu idente Wachstumsraten im Energieverbrauch in den Bereichen Industrie, Haushalt und Transport wie das Szenario *Kulturerbe Europa* charakterisiert wird – sind grundlegend konträre demografische, wirtschaftliche und umweltpolitische Rahmenbedingungen zu beachten. Während in der Modellgeschichte *Kulturerbe Europa* die Verlangsamung des Energieverbrauchswachstums hauptsächlich durch die stagnierende Wirtschaft, das langfristig negative Bevölkerungswachstum und die geringer werdenden Transportdistanzen durch den relativ stark zunehmenden EU-Binnenhandel erreicht wird, basieren die ähnlichen Energieverbrauchsminderungen im nachhaltigen Zukunftsmodell im Jahr 2030 vorwiegend auf Effizienzsteigerungen und der Implementierung einer umfangreichen Umwelt- und Klimapolitik bei trotzdem sehr zufrieden stellendem Wirtschaftswachstum. (Institut für Zukunftsstudien und Technologiebewertung [Sz16]).

- Der einzige Aspekt einer nachhaltigen Umweltpolitik, der auch in der Projektion *Kulturerbe Europa* gut umgesetzt werden kann, betrifft den Bereich Infrastruktur und Verkehr. Da in diesem Szenario regionale Solidarität und somit eine Unterstützung von strukturell vernachlässigten Regionen im Zentrum der europäischen Sozialpolitik steht, wird die Realisierung eines möglichst flächendeckenden öffentlichen Verkehrsnetzes stärker forciert. Die durch die demografische Entwicklung verursachte Siedlungskonzentration in städtischen Agglomerationszentren – die ältere Bevölkerung kann in urbanen Strukturen effizienter mit den notwendigen Pflegedienstleistungen versorgt werden – erleichtert das Vorhaben, auch die noch verbleibenden peripheren Gebiete an das öffentliche Verkehrsnetz anzubinden. Durch die zunehmend wichtiger werdende Rolle des EU-Binnenhandels werden auch die Transportdistanzen kürzer, was wiederum eine Verlagerung des Transitverkehrs von der Straße auf das bis ins Jahr 2030 hochgradig ausgebaute Hochleistungsstreckennetz der Bahn ermöglicht. (European Forward Studies Unit [Sz1]; European Environment Agency [Sz2]; Institut für Zukunftsstudien und Technologiebewertung [Sz16]; Lejour 2003).

Abbildung 25:   Szenarien für die globalen Treibhausgasemissionen (2)

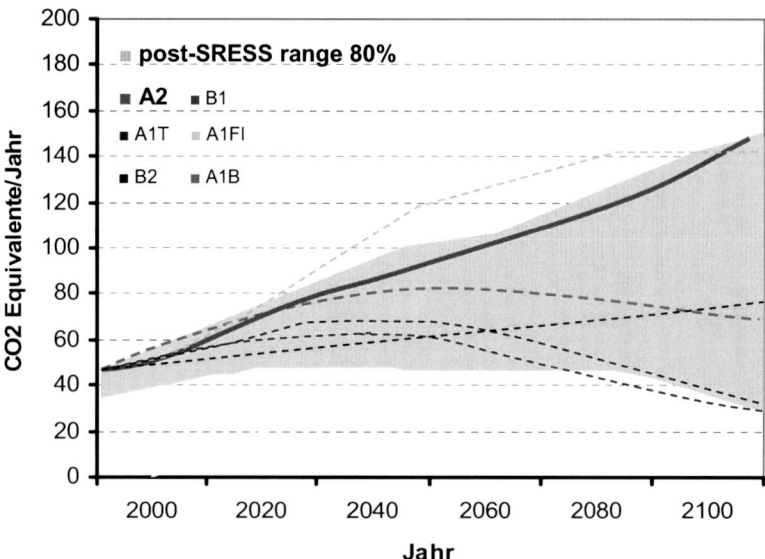

Quelle: IPCC (2000), eigene Darstellung JR-InTeReg.

- Die Verknüpfung dieser demografischen, wirtschaftlichen und umweltpolitischen Entwicklungstendenzen lässt eine Schlussfolgerung zum Treibhausgasausstoß in dieser heterogenen Welt zu. Während im globalen Referenzszenario A2 des IPCC die Treibhausgasemissionen rasant ansteigen (vgl. Abbildung 25) – was laut IPCC ([Sz17]) durch das starke Bevölkerungswachstum, die schleppenden Effizienzsteigerungen sowie das weitere Beharren auf einem fossilen Energieregime zu erklären ist –, nehmen die Emissionen in Europa aufgrund der schwachen wirtschaftlichen Performance, der Tertiärisierung des Wirtschaftssystems sowie der Infrastrukturpolitik bis ins Jahr 2030 sukzessive ab. Diese Abnahme könnte allerdings durch die Abkehr von der exzessiven Nutzung fossiler Energieträger, durch Effizienzsteigerungen im Energieerzeugungs- und Anwendungsbereich sowie durch die generelle Einführung einer nachhaltigen Energie- und Klimapolitik weiter deutlich verstärkt werden. Eine solche Entwicklung wird sich im nun folgenden dritten europäischen Rahmenszenario *Nachhaltigkeitsstandort Europa* durchsetzen und somit die Erreichung der Göteborg Ziele – eine Entkoppelung des Energieverbrauchs vom Wirtschaftswachstum – ermöglichen.

Abbildung 26: Karten IPCC Klimaszenario A1B

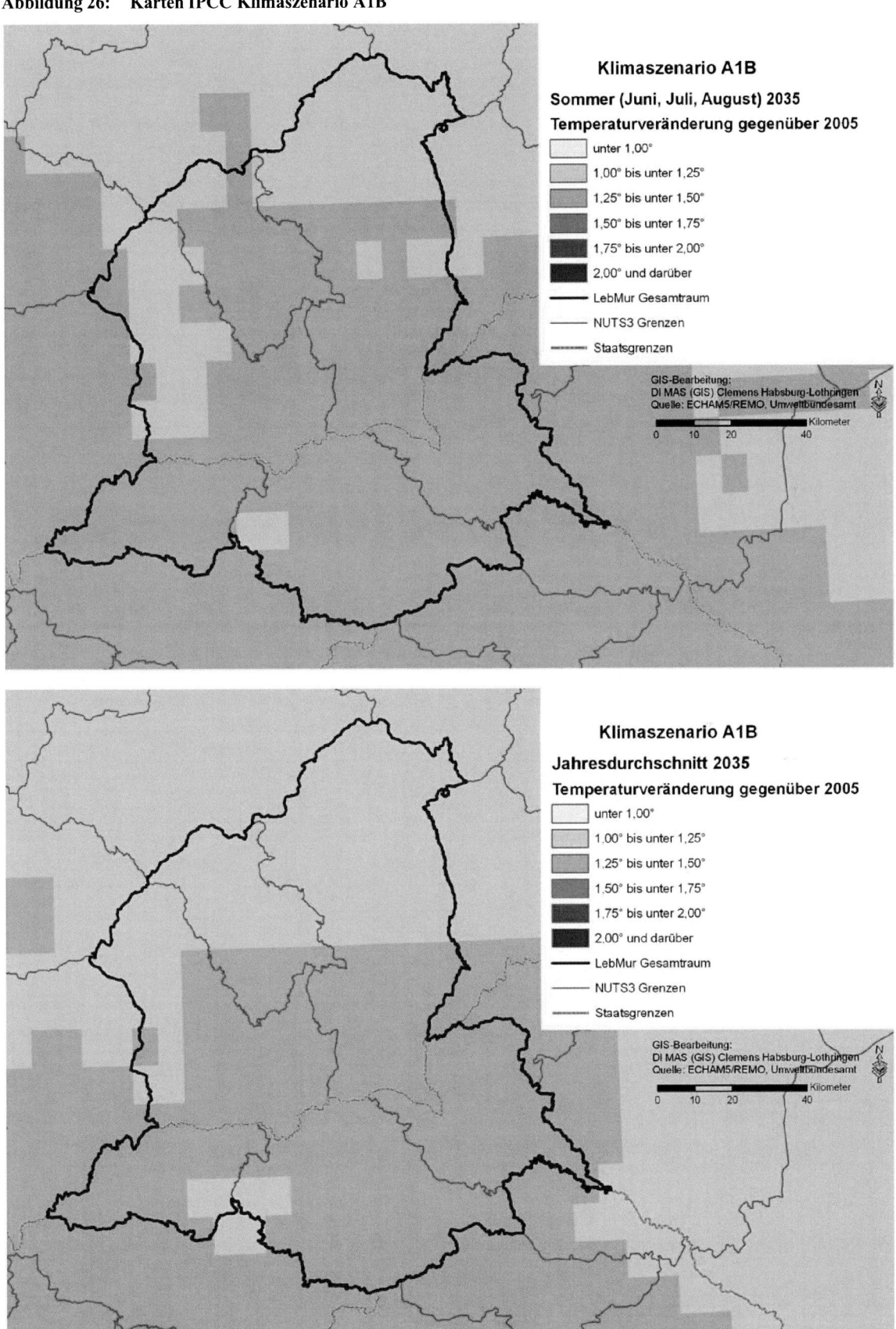

weiter folgende Seite

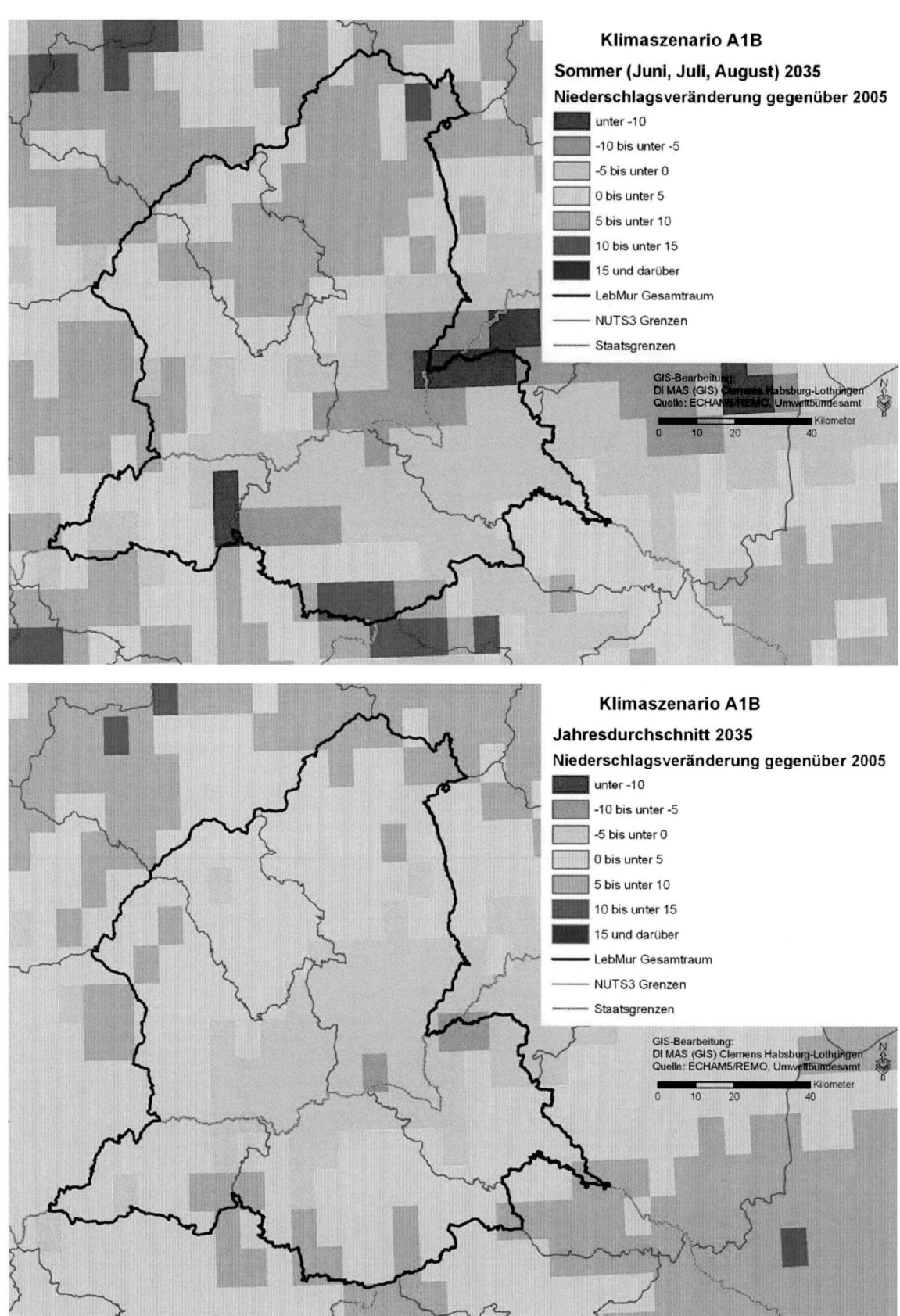

Quelle: REMO, eigene Darstellung – JR IntoReg.

3.3. RAHMENSZENARIO 3: NACHHALTIGKEITSSTANDORT EUROPA

Das europäische Rahmenszenario Nachhaltigkeitsstandort Europa ist maßgeblich durch die Entkoppelung des Ressourcenverbrauchs vom Wirtschaftswachstum in Verbindung mit der sozialen Kohäsion der Gesellschaft geprägt. Erreicht kann dies durch eine intensive Nutzung erneuerbarer Energieträger, den Einsatz energieeffizienter Technologien und aufgrund einer starken Nachhaltigkeitsorientierung der Werthaltungen seitens der Gesellschaft werden. Das Wirtschaftswachstum fällt etwas geringer aus als im Szenario Triumph der globalen Märkte, da in Europa eine starke Umwelt- und Klimapolitik betrieben wird, welche z.B. durch die Einführung von Emissionssteuern eine Internalisierung der externen Umwelteffekte der Wirtschaft vorantreibt. Die Europäische Union strebt die Technologieführerschaft in der Umwelttechnikbranche an, was durch die Fokussierung der Forschungs- und Entwicklungsausgaben auf den Umwelttechnologiebereich sowie die Bildungsoffensive im technischen Hochschulsektor verdeutlicht wird.

Die globale Struktur, in welche sich das europäische Rahmenszenario *Nachhaltigkeitsstandort Europa* im Jahre 2030 einbettet, wird schwerpunktmäßig durch die SRES-Szenariofamilie B1 charakterisiert. Hauptbestandteil dieses globalen Zukunftsbildes bildet eine sich rasch verändernde Welt hin zu einer Informations- und Dienstleistungsgesellschaft mit dem Schwergewicht auf Lösungen für soziale, wirtschaftliche und umweltgerechte Nachhaltigkeit. Ein wesentliches Kriterium für die Wahl der SRES-Modellgeschichte B1 als globales Rahmenszenario für das nachhaltige europäische Rahmenszenario, bildet die globale Ausrichtung dieses Zukunftsbildes, welche das Szenario *Nachhaltigkeitsstandort Europa* deutlich vom regionalen, abgeschotteten Rahmenszenario Kulturerbe Europa unterscheidet. Somit findet sich Europa auch in einer sich näher kommenden Welt mit in der Mitte des 21. Jahrhunderts kulminierenden Weltbevölkerung – jeweils mit ähnlichen Entwicklungstendenzen wie im europäischen Zukunftsbild *Triumph der globalen Märkte* – wieder. Anschließend wird nun auch für dieses dritte Rahmenszenario dessen Entwicklung in den drei Dimensionen Mensch, Wirtschaft und Umwelt genauer erläutert.

3.3.1 Der Mensch in Szenario 3

Im europäischen Rahmenszenario *Nachhaltigkeitsstandort Europa*, entwickelt sich die globale Bevölkerung sehr ähnlich wie im SRES-Szenario A1. Diese Entwicklungstendenz lässt sich auch auf europäischer Ebene nachvollziehen, zumindest in diesen Bereichen:

- Eurostat (2000) prognostiziert für das Zukunftsbild *Nachhaltigkeitsstandort Europa* ein starkes Bevölkerungswachstum für Europa, welches einerseits auf einer offenen Migrationspolitik und andererseits auf den vor allem in mittel- und osteuropäischen Mitgliedsländern steigenden Fertilitätsraten beruht. Beruhend auf Schätzungen (Eurostat, 2000) wird die gesamteuropäische Fertilitätsrate im Jahr 2050 bei Werten zwischen 1,4 und 1,8 Kindern liegen – ein etwas niedrigeres Niveau als in der Projektion *Triumph der globalen Märkte*. Tendenziell niedriger werden zudem die Zuwächse an Migranten nach Europa ausfallen, wobei bis ins Jahr 2030 immer noch 15 Millionen Menschen in die um die Türkei erweiterte Union einwandern werden.

- Im Szenariengebilde des Central Europe Forum for Migration Research ([Sz10]) kann als Referenzszenario für die Modellgeschichte *Nachhaltigkeitsstandort Europa* das „Baseline Scenario" herangezogen werden. Auch in diesem Zukunftsmodell findet sich

eine zunehmende Mobilität innerhalb Europas – hauptsächlich von Ost- nach Westeuropa – sowie eine steigende Zuwanderung aus Nordafrika und Asien. Diese Tendenzen werden gerade durch die relativ offene Migrationspolitik verstärkt. Das Directorate General for Employment and Social Affairs der europäischen Kommission ([Sz11]) kommt in seinem „Baseline Scenario" zu einer etwas geringeren Immigrantenzahl – 2,3 Millionen Menschen werden demnach in die EU-15 Staaten einwandern.

Auch auf dem Arbeitsmarkt zeichnet sich für das europäische Zukunftsbild *Nachhaltigkeitsstandort Europa* eine dem Zukunftsbild *Triumph der globalen Märkte* ähnelnde Entwicklungstendenz ab. Allerdings wird die Nachfrage nach Arbeitskräften im Umwelttechnologiebereich im nachhaltigen Zukunftsbild weit stärker ansteigen, da der Umwelt- und Klimaproblematik generell mehr Aufmerksamkeit geschenkt wird als im wirtschaftsliberalen Rahmenszenario.

- Bis 2030 kann das Arbeitskräfteangebot aufgrund der offenen Migrationspolitik konstant gehalten werden, das Beschäftigungswachstum beträgt rund 0,1 Prozent pro Jahr (Lejour 2003, S. 37). Die Erwerbsquote der 20- bis 65-Jährigen kann vor allem durch Anhebung des Pensionsantrittsalters gesteigert werden. So steigt die Erwerbsquote der 20- bis 65-Jährigen von 76,6 Prozent im Jahr 2005 auf 79,8 Prozent im Jahr 2040 (Lejour 2003, S. 35). Die härteren Auflagen für den Bezug von Arbeitslosengeld führen dazu, dass die Arbeitslosigkeit in Europa sinkt. Erste Erfolge dieser stärker effizienzorientierten Arbeitsmarktpolitik machen sich bereits bis 2020 bemerkbar, da die Arbeitslosigkeit in den westlichen EU-Mitgliedsländern im Vergleich zu 2005 um 0,8 Prozentpunkte gesenkt werden kann. Bis 2040 sinkt die Arbeitslosenrate[1] schließlich auf 5,8 Prozent. Nicht ganz so erfolgreich verläuft die Arbeitsmarktpolitik in den mittel- und osteuropäischen Ländern, wo die Arbeitslosigkeit nur langsam sinkt aber 2040 immer noch 8,4 Prozent beträgt (Lejour 2003, S. 36).

- Das *Institute for Prospective Studies* ([Sz4]) geht im Szenario „The New New Economy" davon aus, dass es zu einer Substitution und Optimierung von Mobilität und Transport am Arbeitsmarkt kommt. Dies drückt sich durch einen vermehrten Einsatz von Telearbeit aus und hat darüber hinaus den positiven Effekt, dass das Ungleichgewicht bei den Beschäftigungsmöglichkeiten zwischen Ballungszentren und Peripherie deutlich reduziert wird.

Durch die generelle Ausrichtung der europäischen Gesellschaft und des Wirtschaftssystems hin zu einer nachhaltigen Entwicklung ist auch das Bildungswesen geprägt von einer hohen Nachfrage nach Akademikern im Umwelttechnik-Bereich.

- Im Szenario „Sustainable Times" des Institute for Prospective Technological Studies der europäischen Kommission ([Sz7]), welches dem europäischen Zukunftsbild *Nachhaltigkeitsstandort Europa* als Referenz dient, wird davon ausgegangen, dass sich Europa von einer Produktionsgesellschaft zu einer wissensintensiven Dienstleistungsgesellschaft entwickelt. Der Schwerpunkt liegt hierbei auf einer nachhaltigen Innovationspolitik, basierend auf einem gut funktionierenden Bildungssystem, das hochqualifizierte Techniker hervorbringt. Der Teil der Nachfrage

---

[1] Berechnet laut Mikrozensus nach EUROSTAT.

nach Hochqualifizierten, welcher nicht vom europäischen Akademikermarkt bedient werden kann, wird durch eine offene Einwanderungspolitik gedeckt.

Die steigende Besorgnis der europäischen Bevölkerung bezüglich der negativen Folgen des Klimawandels und der unsicheren Versorgung mit fossilen Rohstoffen führt zu einem Anstieg des Umweltbewusstseins seitens der Politik und der Bürger, aber auch seitens der Unternehmen. Damit einhergehend steigt auch der soziale Zusammenhalt innerhalb der Europäischen Union, welche eine ständige aber dennoch nachhaltige Erweiterung und Vertiefung erfährt.

- Die European Commission Forward Studies Unit ([Sz1]) geht im Referenzszenario „Shared Responsibilities" davon aus, dass neben dem steigenden Umweltbewusstsein der Bevölkerung auch die Unternehmen ihre soziale und ökologische Verpflichtung gegenüber der Gesellschaft wahrnehmen. Das steigende Umweltbewusstsein seitens der Bevölkerung wird laut Zukunftsszenario „Evolved Society" der European Environment Agency ([Sz2]) auf die zunehmend eintretenden Folgen des Klimawandels sowie die sehr intensiv geführte Diskussion bezüglich Energieknappheit zurückgeführt.

- Laut dem Szenario „Change of Paradigm" aus der Szenarienforschung des Instituts für Zukunftsstudien und Technologiebewertung ([Sz16]) sowie dem Zukunftsmodell „Lettuce Surprise U" der European Environment Agency ([Sz2]) findet aufgrund der umweltbewusster werdenden Bevölkerung auch ein Umstieg auf ein nachhaltiges Konsumverhalten statt. Dies führt zu einem breiten Angebot an fair gehandelten und biologisch produzierten Gütern und Dienstleistungen. Die Bevölkerung versucht auch immer mehr auf regionale Produkte auszuweichen und wendet sich in ihrem Reiseverhalten auch immer stärker von ineffizienten Flugreisen ab.

- Es kommt zu einer erfolgreichen Reform des öffentlichen Sektors und damit etabliert sich in der nachhaltigen europäischen Zukunftsprojektion ein gut funktionierender Sozialstaat (European Commission Forward Studies Unit [Sz1]). Neben den ökologischen Anliegen ist der Bevölkerung auch der soziale Zusammenhalt innerhalb Europas, aber auch auf globaler Ebene wichtig. Somit kommt es ganz im Sinne der Szenarienfamillie B1 ([Sz17]) zu einer Kohäsion auf globaler, aber auch auf europäischer Ebene. Es wird demnach eine stärkere gleichheitsorientierte Verteilung des Einkommens und der Ressourcen zwischen den einzelnen Weltregionen angestrebt.

- Der durch die Überalterung der Bevölkerung entstehende Druck auf die Finanzierbarkeit des Pensionssystems wird bewusst wahrgenommen und so steht die Bevölkerung Reformmaßnahmen, welche das Pensionssystem effizienter und leistbarer gestalten, positiv gegenüber – auch wenn das Pensionsantrittsalter angehoben wird. Auch wird in Europa ein höheres Maß an zusätzlicher Eigenvorsorge implementiert, wodurch die Finanzierung des Gesundheits- und Pensionssystems über 2030 hinaus gewährleistet werden kann. (European Commission Forward Studies Unit [Sz1])

- Das Central European Forum for Migration Research ([Sz10]), die European Commission Forward Studies Unit ([Sz1]) sowie das Centrum für angewandte Politikforschung ([Sz18]) versprechen sich in ihren Referenz-Zukunftsbildern für das europäische Rahmenszenario *Nachhaltigkeitsstandort Europa* für die Erweiterung und die Vertiefung der Europäischen Union eine äußerst fruchtbare Umgebung. Durch die Reform der EU-Institutionen gelingt es, dieses Unterfangen der gleichzeitigen

Erweiterung und Vertiefung der Union zu bewältigen. Die zwischenstaatliche Zusammenarbeit wird in der EU stark erhöht und es werden gemeinsame über national-staatliche Interessen gestellt. Insgesamt wird der europäischen Ebene eine höhere Problemlösungsfähigkeit zugeschrieben als den Nationalstaaten. Durch dieses gemeinsame Auftreten der Mitgliedsländer auf globaler Ebene werden sowohl das wirtschaftliche als auch das politische Gewicht der Europäischen Union auf der internationalen Bühne gestärkt.

3.3.2   Die Wirtschaft in Szenario 3

Die wirtschaftliche Entwicklung im Szenario *Nachhaltigkeitsstandort Europa* ist hauptsächlich durch die Erreichung des in Göteborg formulierten Ziels der Entkoppelung des Wirtschaftswachstums vom Ressourcenverbrauch geprägt. Das stetige, wenn auch nicht ganz so hohe Wirtschaftswachstum wie im europäischen Rahmenszenario *Triumph der globalen Märkte* basiert vor allem auf einem Wandel in der Wirtschaftsstruktur und nachhaltigen Forschungs- und Entwicklungsanstrengungen.

- Das Institute for Prospective Studies ([Sz6]) geht in dessen Modellgeschichte „Sustainable Times" davon aus, dass in Europa die Loslösung des Zusammenhangs von Wirtschaftswachstum und Ressourcenverbrauch einerseits durch den Einsatz effizienterer Technologien sowie andererseits durch die vermehrte Auslagerung energieintensiver Produktion in Drittstaaten gelingt.

- Der Einsatz effizienter Produktionstechnologien geschieht einerseits aufgrund des Druckes nichtstaatlicher Organisationen für aktiven Umwelt- und Klimaschutz, durch den Unternehmen gezwungen sind in nachhaltige Produktionsweisen zu investieren (International Centre for Integrative Studies [Sz5]). Andererseits geht etwa die European Commission Forward Studies Unit ([Sz1]) in ihrem Referenzszenario „Shared Responsibilities" davon aus, dass Unternehmen von selbst aus – nicht zuletzt aufgrund von PR-Strategien – vermehrt ihre sozialen und ökologischen Verpflichtungen gegenüber der Bevölkerung wahrnehmen und somit durch Investitionen in energiesparende Produktionstechnologien zu einer nachhaltigen Entwicklung beitragen. Ein weiterer Grund für den effizienteren Energieeinsatz sowie steigende F&E-Ausgaben im Bereich nachhaltige Technologien in der Produktion liefert die stärkere Internationalisierung von negativen externen Effekten der Produktion auf die Umwelt (Institute for Prospective Studies [Sz6]).

- Laut den Ergebnissen der Modellierungsgruppe des Institutes for Prospective Technological Studies der European Commission ([Sz7]) kommt es bereits bis zum Jahr 2020 zu einem Strukturwandel im europäischen Wirtschaftssystem: Europa entwickelt sich von einer Produktionsgesellschaft zu einer wissensintensiven Dienstleistungsgesellschaft. Eine intensive Innovationspolitik wird die Diffusion nachhaltiger Technologien vorantreiben. Die Wirtschaft boomt durch den Export nachhaltiger Technologien und die Umwelttechnikbranche entwickelt sich zum Leitbereich der europäischen Wirtschaft, da die Nachfrage nach nachhaltig produzierten Gütern mit langen Lebenszyklen weltweit ansteigt.

- Durch die bereits angesprochenen notwendigen steuerlichen Anreize zur Internalisierung der negativen externen Effekte des Produktionsprozesses auf die Umwelt (Institute for Prospective Studies [Sz6]) liegt das Wirtschaftswachstum des

europäischen Rahmenszenarios *Nachhaltigkeitsstandort Europa* unter dem Wachstum des Zukunftsbildes *Triumph der globalen Märkte*. Trotzdem ist Europa eine wirtschaftlich prosperierende Region, was vor allem auf die gestiegene Arbeitsproduktivität durch den vermehrten Einsatz effizienzsteigernder Informations- und Kommunikationstechnologien sowie die angestrebte und teilweise bereits realisierte Technologieführerschaft Europas auf zahlreichen Gebieten der Umwelttechnik zurückzuführen ist.

Im Europa des Zukunftsszenarios *Nachhaltigkeitsstandort Europa* kommt es zu einer Annäherung des Pro-Kopf-Einkommens und zu einer rasch voranschreitenden Globalisierung. Die Internationalisierung des physischen Handels konzentriert sich vorwiegend auf die Etablierung eines starken europäischen Binnenhandels, da aus Umweltschutzgründen versucht wird, weite Transportwege zu vermeiden.

- Sowohl das Central Europe Forum for Migration Research ([Sz10]) als auch das Directorate General for Employment and Social Affairs der European Commission ([Sz11]) gehen davon aus, dass in Europa auf der Basis stabiler sozioökonomischer Rahmenbedingungen eine hohe Konvergenz der Pro-Kopf-Einkommen erreicht wird. Diese beruht auch auf einem raschen Catching-Up-Prozess der mittel- und osteuropäischen EU-Mitgliedsländer gegenüber den westlichen Mitgliedsstaaten bis 2030 (Lejour, 2003).

- Tarifäre und nicht-tarifäre Handelsbeschränkungen werden bis 2030 weitestgehend abgeschafft. Aufgrund der hohen Transportkosten – ausgelöst durch die Berücksichtigung der externen Effekte des Transports auf die Umwelt – bestehen jedoch natürliche Rentabilitätsgrenzen für den Handel mit ungünstigem Verhältnis von Wert zu Transportgewicht. Zudem wachsen die Importe aufgrund der ökologischen Werthaltung der europäischen Bevölkerung deutlich langsamer an als im Szenario *Triumph der globalen Märkte* – wenn möglich greifen die europäischen Kunden zu lokalen Produkten, welche geringe Kosten für den Transport zwischen Hersteller und Konsument hervorrufen (European Environment Agency [Sz2]; Institute for Prospective Studies [Sz6]; Institute for Prospective Technological Studies [Sz7]).

- Das Institute for Prospective Studies ([Sz6]) kommt im Zukunftsmodell „Sustainable Times", welches eine ansprechende Referenz für das europäische Rahmenszenario *Nachhaltigkeitsstandort Europa* bildet, zu dem Ergebnis, dass der Handel innerhalb Europas vertieft und intensiviert wird und damit der europäische Binnenmarkt eine starke Aufwertung erfährt. Das Know-how europäischer Nachhaltigkeitstechnologien wird in die gesamte Welt exportiert, da Europa seine starken Wettbewerbsvorteile in diesem Bereich weiter ausbauen kann.

3.3.3 Die Umwelt in Senazio 3

Eine umweltbewusste Welt mit rascher Einführung effizienter Technologien sowie eine rasche Umstrukturierung der Wirtschaftsstrukturen, wie sie das globale Rahmenszenario B1 des IPCC (2000 [Sz17]) beschreibt, bildet die Grundlage für eine nachhaltige Entwicklung auch auf europäischer Ebene. Dies führt neben dem vom Wirtschaftswachstum abgekoppelten Energieverbrauch zu sinkenden Treibhausgasemissionen bis 2030 verbunden mit einer tief greifenden Veränderung des Primärenergiemixes.

- Laut dem „Starken Nachhaltigkeitsszenario" des Sustainable European Research Institute ([Sz14]) kann die EU den Ressourcenverbrauch bis 2020 um 30-40 % senken. Dies ist hauptsächlich auf die Einführung einer Energiesteuer auf fossile Brennstoffe zurückzuführen, welche den Anteil an alternativen Technologien und Rohstoffen erhöht und damit die Ära eines nachhaltigen sowie effizienten Energiesystems einleitet. Einen weiteren nicht unbedeutenden Beitrag zu dieser Energiewende leisten die signifikanten Preissteigerungen bei nicht erneuerbaren Energien.

- Dass im europäischen Rahmenszenario *Nachhaltigkeitsstandort Europa* der Preis für Kohlendioxid-Emissionen die zukünftige Entwicklung des Energiesystems bestimmt, lässt sich aus einer Szenarienmodellierung der European Environment Agency ([Sz12]) ableiten. Da die Preise pro Tonne CO_2 bis ins Jahr 2030 stark ansteigen werden, sinkt die Nachfrage nach fossilen Energieträgern dementsprechend stark und die CO_2 Emissionen können bis dahin auf 11 % unter dem Wert von 1990 stabilisiert werden. Auch diese Zukunftsprojektion geht von einem deutlich niedrigeren Energieverbrauch aus (im Vergleich zu dem „Baseline Szenario"), welcher vermehrt durch erneuerbare Energieträger gedeckt wird.

- Die zurückgehende Nachfrage nach Energie – bedingt durch einen wirtschaftlichen Strukturwandel, Energieeffizienzsteigerungen ausgelöst durch eine hohe Energiesteuer und die Einführung eines globalen Emissionshandelssystems – wird im Jahr 2030 vermehrt durch erneuerbare Energien gedeckt. Der Anteil fossiler Energien sinkt auf knapp über 30 % und der Einsatz von Atomenergie wird aufgrund großer Bedenken seitens der Bevölkerung und der Politik gestoppt (E^3M Lab [Sz13]).

- Weltweit betrachtet liegen die Emissionswerte für CO_2 jedoch weit niedriger als in den anderen Szenarien, da dem Szenario *Nachhaltigkeitsstandort Europa* die Annahme der Szenarienfamilie B1 des IPCC ([Sz17]) zugrunde liegt, dass sich nicht nur in Europa, sondern allmählich auf der ganzen Welt eine nachhaltige Wirtschaftspolitik durchsetzt. Aus diesem Grund können die CO_2-Emissionswerte bereits bis 2030 in vielen Teilen der Welt auf das Niveau von 1990 gesenkt werden. In vollem Ausmaß macht sich die nachhaltige Wirtschaftsweise jedoch erst nach 2030 bezahlt, wie wiederum Abbildung 26 zeigt. Bis 2100 ist es nach Berechnungen des IPCC möglich, durch Implementierung einer nachhaltigen Wirtschaftspolitik die Emissionswerte gegenüber 1990 zu halbieren und demnach eine vollkommene Entkoppelung des Wirtschaftswachstums vom Ressourcenverbrauch fossiler Brennstoffe zu erreichen. Das Szenario *Nachhaltigkeitsstandort Europa* ist das einzige, in dem ab Mitte des 21. Jahrhunderts eine Trendumkehr beim CO_2-Ausstoß erfolgt. Im Jahr 2100 liegen die Werte sogar 60 Prozent unter jenen von 1990 und damit sieben Mal niedriger als im fossilenergieintensiven Szenario A1FI (siehe dazu IPCC 2000, S. 18).

Abbildung 27:   Szenarien für die globalen Treibhausgasemissionen (3)

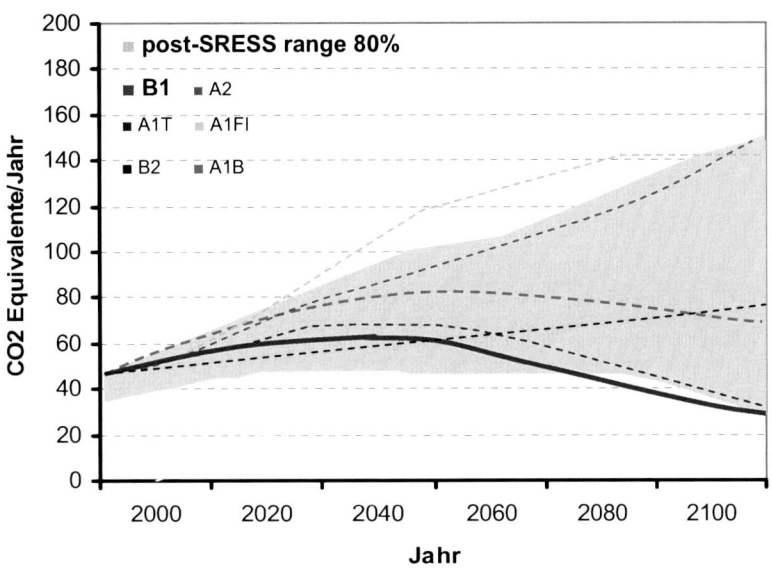

Quelle: IPCC (2000), eigene Darstellung JR-InTeReg.

Auch im Bereich Mobilität spiegelt sich im europäischen Rahmenszenario *Nachhaltigkeitsstandort Europa* das umweltbewusste Denken und Handeln seitens der europäischen Bevölkerung und der Politik wider. Es kommt zu einem zunehmenden Ausbau öffentlicher Verkehrsmittel – auch im ländlichen Raum – in Verbindung mit einem simultan verlaufenden Rückgang des Individualverkehrs.

- Das E^3M Lab ([Sz13]) prognostiziert in seinem Zukunftsbild „Extended Policy Options" eine auf nachhaltige Entwicklung ausgerichtete Transportpolitik. Langfristig wird die öffentliche Infrastruktur stark ausgebaut, um den Individualverkehr zu senken und auch den Gütertransport vermehrt auf die Schiene zu verlagern. Ebenso wird massiv in eine Infrastruktur zur flächendeckenden Versorgung mit Biotreibstoffen investiert.

- Das Institute for Prospective Studies ([Sz4]) sowie das Institute for Policy Research in Engineering, Science and Technology ([Sz8]) gehen in ihren Referenz-Zukunftsmodellierungen für das europäische Rahmenszenario *Nachhaltigkeitsstandort Europa* von einem grundlegenden Umdenken im Mobilitätsbereich aus. Die Tertiärisierung des europäischen Wirtschaftssystems macht physische Mobilität und Transport von Gütern mehr oder weniger obsolet. Diese Vorgänge werden durch moderne elektronische Interaktion substituiert. Verstärkt werden diese Tendenzen durch steigende Erdölpreise und die Internalisierung der durch Emissionen erzeugten externen Effekte des Individualverkehrs auf die Umwelt.

- Diese Entwicklungstendenzen – weg vom Individualverkehr und hin zu einer intensiveren Nutzung des öffentlichen Verkehrs – sind in diesem nachhaltigen Zukunftsbild nicht nur auf der Betriebsebene, sondern durch das wachsende Umweltbewusstsein der Bevölkerung auch auf individueller Ebene präsent (European Commission Forward Studies Unit [Sz1]). Die Bevölkerung greift nicht nur bei

Kurzstrecken vermehrt auf den durch den Ausbau intermodularer Transportmöglichkeiten attraktivierten öffentlichen Verkehr zurück, sondern substituiert auch Flugreisen – falls nicht komplett auf solche Fernreisen verzichtet wird – immer stärker mit Zug- oder Schiffsreisen.

- Das europäischen Rahmenszenario *Nachhaltigkeitsstandort Europa* ist darüber hinaus durch eine verstärkte Entwicklung des ländlichen Raumes charakterisiert. Aufgrund stark vorhandener Naturverbundenheit in der Bevölkerung bevorzugen es immer mehr Menschen in der Peripherie zu leben. Um dadurch nicht eine Intensivierung des Individualverkehrs herbeizuführen, investieren die Nationalstaaten die Einnahmen des flächendeckend und für jede Art des motorisierten Individualverkehrs geltenden Roadpricings sowie der stark erhöhten Mineralölsteuer auch in den Ausbau der öffentlichen Infrastruktur im ländlichen Raum, um die lokale Erreichbarkeit in ganz Europa zu erhöhen. Damit soll auch Siedlungs- und Verkehrsproblemen in den Agglomerationszentren, die durch die sonst noch weiter abnehmende Attraktivität der Peripherie für Arbeitgeber und Arbeitnehmer verstärkt werden, entgegengesteuert werden (European Environment Agency [Sz2]).

4 Literatur und Tabellenanhang Teil B4

Tabelle 11: Szenario zur sozioökonomischen Entwicklung Europas

Auftrag-geber	Titel	Deskriptor	Szenario	Zeit
European Commission, Forward Studies Unit (1999)	[Sz1] [20]Scenarios for 2010, Five Possible Futures for Europe.	Arbeitsmarkt Asien EU-Institutionen Globalisierung Politik und Administration Sozialpolitik mittel- und osteuropäische Länder Russland Technologie USA Werte	**[Sz1a]: Triumphant markets:** Europa übernimmt das US-Wirtschaftsmodell, dennoch behält die USA ihre Vorreiterrolle im Hochtechnologiesektor. Der Abbau des Sozialstaates und die damit einsetzende zunehmende Privatisierung von Dienstleistungen führen zu einer Dualisierung der Gesellschaft und infolgedessen zu einem Anstieg der Verbrechensraten. Die sich rasch erweiternde EU entwickelt sich immer mehr zu einer Freihandelszone. Der Umweltschutz wird vernachlässigt. **[Sz1b]: The Hundred Flowers:** Neue Technologien können sich in Europa aufgrund des Widerstands in der Bevölkerung nicht entfalten – das Wirtschaftswachstum stagniert daher. Die Solidarität unter den Bürgern ist sehr hoch, viele engagieren sich sozial und gehen informeller Arbeit nach. Die EU hat aufgrund gescheiterter Reformen an Handlungsfähigkeit und Legitimität verloren. EU-Erweiterung aufgrund der zunehmenden politischen und ökonomischen Instabilität gestoppt. **[Sz1c]: Shared Responsibilities:** Unternehmen nehmen ihre sozialen und ökologischen Verpflichtungen gegenüber der Gesellschaft wahr. Neue Technologien tragen zu nachhaltiger Entwicklung bei und sind benutzerfreundlich. Der öffentliche Sektor wurde erfolgreich reformiert. Durch die Reform der EU-Institutionen gelingt es, sowohl den Erweiterungs- als auch den Vertiefungsprozess gut zu bewältigen. **[Sz1d]: Creative Societies:** Neue Technologien breiten sich nur langsam aus. Unternehmen produzieren aufgrund der Energiesteuer sowie der Einbeziehung negativer externer Effekte in der Rechnungslegung nachhaltig. Die Politik fördert die Verwendung nachhaltiger Technologien. Bürger engagieren sich in wohltätigen Vereinen und in der Umweltpolitik. Die Reformen des Arbeitsmarktes und des Sozialstaates waren erfolgreich. **[Sz1e]: Turbulent Neighbourhoods:** Europa hat vor allem im Hochtechnologiesektor Wettbewerbsnachteile gegenüber den USA und Asien. Aufgrund der hohen Kriminalität wird die Immigrationspolitik restriktiver und rechte Parteien gewinnen an Einfluss. Weder die Reform des öffentlichen Sektors noch jene der EU-Institutionen waren erfolgreich.	2010

Quelle: Bertrand G., Michalski A., Pench L. R. (1999), eigene Darstellung JR-InTeReg.

---

[20] Die Codierung [Sz1..] ist eine LEBMUR-interne durchlaufende Nummerierung der europäischen/internationalen Szenarienprojekte und deren Einzelszenarien, um Querverweise der LEBMUR-Szenarien zu den entsprechenden europäischen Rahmenszenarien zu erleichtern.

Tabelle 12: Sozioökonomische Szenarien unter Berücksichtigung der Land- und Raumnutzung

Auftraggeber	Titel	Deskriptor	Szenario	Zeit
European Environment Agency (2006)	[Sz2] Land use scenarios for Europe – modelling at the European scale. PRELUDE scenarios	Agrarpolitik Biodiversität Demographie Klimawandel Landnutzung Luftqualität Nachhaltige Entwicklung Raumplanung Wasser	**[Sz2a]: Great Escape:** Durch die Zunahme des internationalen Handels und der Globalisierung sinkt die Einflussnahme der Nationalstaaten. Durch den Abbau des Wohlfahrtsstaates sind die Unterschiede zwischen Armen und Reichen immer größer. In den urbanen Zentren leben vorwiegend arme Immigranten, wo die Lebensqualität tendenziell sehr niedrig ist. **[Sz2b]: Evolved Society:** Klimawandel und Energieknappheit führen zu einem Anstieg des Umweltbewusstseins bei Bürgern und Politik. Die Entwicklung des ländlichen Raums wird gestärkt - die Bevölkerung zieht daher vermehrt ins Umland. **[Sz2c]: Clustered Networks:** Gesellschaft stellt sich auf wachsende Nachfrage der alternden Gesellschaft ein. Primärer Sektor nur noch marginal, neue Städte mit Dienstleistungszentren werden erschaffen, effiziente Transportlösungen gefunden. **[Sz2d]: Lettuce Surprise U:** Die Nachfrage nach ökologisch produzierten Nahrungsmitteln steigt stark an; technologische Innovationen erleichtern umweltfreundlichen Anbau. Politische Entscheidungen werden meist dezentral getroffen. **[Sz2e]: Big Crisis:** Ökologische Krisen führen zu einer Neuausrichtung der Wirtschaftspolitik und zu einer höheren Solidarität der Bürger. Nachhaltige regionale Kohäsion wird ebenso angestrebt wie der Ausbau des öffentlichen Verkehrs.	2035
European Spatial Planning Observation Network (2006)	[Sz3] Scenarios for European Spatial Development.	Demographie Energie Entwicklung des ländlichen Raums EU-Erweiterung Klimawandel Migration sozio-kulturelle Entwicklung Transport Wirtschaft	**[Sz3a]: Baseline:** Aufgrund der Überalterung der Gesellschaft wird eine offenere Immigrationspolitik betrieben. Die größten Probleme bestehen in der drohenden Dualisierung der Gesellschaft und der Überlastung der Verkehrsknotenpunkte. Konstante Emissionswerte und der steigende Anteil erneuerbarer Energien begrenzen den Temperaturanstieg bei +1 Grad. Extreme Wetterereignisse, gegen die es kaum Versicherungsmöglichkeiten gibt, nehmen zu. Die grenzüberschreitende Zusammenarbeit zwischen den Regionen wird intensiviert und Balkanstaaten sowie die Türkei in die EU aufgenommen. Durch die Liberalisierung des Agrarmarktes wird das Budget der EU-Agrarpolitik gesenkt. **[Sz3b]: Kohäsion:** Die Immigrationspolitik ist äußerst restriktiv, da Sorge um die regionale und europäische Identität besteht. Daher wurden auch EU-Erweiterungsrunden ausgesetzt. Das Pensionsantrittsalter wird flexibler gestaltet, die Vereinbarkeit von Familie und Beruf verbessert. Energie- und Emissionssteuern dienen als Anreize für einen vermehrten Einsatz erneuerbarer Energien (vorwiegend durch dezentrale Kapazitäten). Gegen extreme Wetterereignisse sind Versicherungen verfügbar. Die Kohäsion der regionalen Entwicklung wird durch Investitionen in die bessere Erschließung des ländlichen Raums vorangetrieben. **[Sz3c]: Wettbewerb:** Bei der Immigration von Nicht-Europäern wird sehr selektiv vorgegangen. Nach Liberalisierungen und Privatisierungen liegt die Hauptaufgabe des Staates in der Sicherung der Wettbewerbsfähigkeit durch hohe F&E-Quoten sowie Bildungs- und Infrastrukturausgaben in den Metropolen. Das Rentenalter wurde erhöht, die Familienpolitik soll der Überalterung der Gesellschaft entgegenwirken. Die Begrenzung von Emissionen erfolgt durch Stimulierung des Einsatzes von alternativen Technologien. Die Entwicklung des ländlichen Raums wird vernachlässigt. Der Balkan und die Türkei sind Vollmitglieder der EU; die Zusammenarbeit mit Russland wird verstärkt.	2030

Quelle: European Environment Agency (2006), European Spatial Planning Observation Network (2006), eigene Darstellung JR-InTeReg.

Tabelle 13: Szenarien zur ökonomischen Entwicklung unter Berücksichtigung der Konsequenzen für die Umwelt

Institute for Prospective Studies, European Commission DG Joint Research Centre (2003)	[Sz4] Scenarios for the impacts of ICT on transport and mobility.	Europäische Institutionen Globale Einflussfaktoren IKT Industrie Kohäsion Mobilitätsverhalten Technikakzeptanz Transport Umwelt Werte	**[Sz4a]: The New New Economy:** Durch Open Source-Technologien werden Mobilität und Transport weitgehend durch elektronische Interaktion optimiert und substituiert. Es entstehen neue Möglichkeiten der internationalen Arbeitsteilung und der Individualisierung von Produktion und Dienstleistungen. CO_2-Emissionen werden erheblich gesenkt. Durch den Ausbau intermodularer Transportmöglichkeiten steigt die Attraktivität des öffentlichen Verkehrs an. **[Sz4b]: Big Business as Usual:** Europa übernimmt US-amerikanische Werte wie Gewinnmaximierung und Liberalisierung. Da es kaum intermodulare Transportmöglichkeiten gibt, bleiben Auto und Flugzeug die wichtigsten Transportmittel. Die damit verbundenen Umweltprobleme werden ebenso ignoriert wie die durch Auslagerung der Produktion entstehenden externen Effekte von langen Transportwegen. Das Potential virtueller Mobilität kann durch unterschiedliche Standards und hohe Preise der IKT-Applikationen nicht ausgeschöpft werden. **[Sz4c]: Smart Social Policies:** Adaptive IKT sind für den Großteil der Bevölkerung leistbar, wenn auch teuer. Der Einsatz der IKT zur Optimierung der Produktion beschränkt sich auf Nischenprodukte und lokale Märkte und die Kommunikation innerhalb von Clustern. Mobilität und Transport können durch IKT nicht ersetzt werden. Bei öffentlichen Transportsystemen besteht aufgrund des hohen Verkehrsaufkommens und der mangelnden Intermodalität Handlungsbedarf.	2010 – 2015
International Centre for Integrative Studies (2003)	[Sz5] European Scenarios: From Visions to MedAction.	Immigration Klimawandel Landschaftsnutzung Multinationale Konzerne Natürliche Ressourcen Regierung Nichtstaatliche Organisationen Sozioökonomische Entwicklung Stabilität	**[Sz5a]: Knowledge is King:** In den wirtschaftlich stagnierenden südeuropäischen Ländern ist die strukturelle Arbeitslosigkeit auch aufgrund der mangelnden Infrastruktur hoch, nur der Tourismus floriert. Die Divergenz zu den nördlichen, wissensintensiven und innovationsstarken Volkswirtschaften ist groß. Trotz voranschreitender Devastierung und Ausdehnung wüstenähnlicher Landschaften im Süden wird den Auswirkungen des Klimawandels noch immer wenig Aufmerksamkeit zuteil. Traditionelle Industrien wandern von West- nach Osteuropa, während gut Ausgebildete aufgrund des Lohngefälles von Mittel- und Osteuropa nach Westen ziehen. **[Sz5b]: Big is Beautiful?** Da in den ärmeren Gebieten die Wasserversorgung nicht kontinuierlich gewährleistet werden kann und die Infrastruktur mangelhaft ist, nehmen die Auseinandersetzungen zwischen Arm und Reich an Härte zu. Das Kyoto-Protokoll scheitert – die Umweltverschmutzung nimmt zu. Die Erderwärmung führt zu heftigen Überflutungen im Norden und zu Waldbränden im Süden Europas. Europa verliert als Urlaubsdestination massiv an Attraktivität. Die vollkommene Marktliberalisierung des Agrarmarktes führt zu Landflucht aus den nicht wettbewerbsfähigen Gebieten. Multinationale Unternehmen dominieren die Wirtschaft. **[Sz5c]: Convulsive Change:** Obwohl durch die Einhaltung des Kyoto-Protokolls sowie seiner Nachfolge-Protokolle den Folgen des Klimawandels gegengesteuert wird, verzeichnet man in Europa eine Zunahme an Hochwassern und Dürreperioden. Diese Bedrohungen bewirken ein großes Zusammenhaltsgefühl zwischen Arm und Reich. Obwohl die EU finanzielle Unterstützung für die vom Klimawandel besonders betroffenen Regionen bereitstellt, ist die Abwanderungsrate aus diesen Regionen sehr hoch. Aufgrund des Drucks nichtstaatlicher Organisationen sind Unternehmen gezwungen, in nachhaltige Produktionsweisen zu investieren.	2050

Quelle: Kok K., Rothman D. et al. (2003), Wagner P., Banister D. et al. (2003), eigene Darstellung JR-InTeReg.

Tabelle 14: *Szenarien für die verarbeitende Industrie*

Auftrag-geber	Titel	Deskriptor	Szenario	Zeit
Institute for Prospective Studies (2003)	[Sz6] The challenge of sustainable manufact-uring – four scenarios 2015 – 2020.	Globale Faktoren Nachfrageverhalten der Konsumenten Regulierung Sozioökonomischer Wandel technologischer Fortschritt Umweltschutz Wertewandel	**[Sz6a]: Global Economy:** Die Herstellung und die Lieferketten von Produkten werden durch Steigerung der Ressourcen- und Energieeffizienz optimiert. Die Produktion richtet sich stärker nach den Kundenbedürfnissen aus – Produkte und deren Designs werden individueller gestaltet. Die Nachfrage nach ökologisch produzierten Gütern steigt. Es bestehen jedoch keine Anreize, in langfristig ausgerichtete Forschungsprojekte zu investieren. **[Sz6b]: Local Standard:** Die lokale Stärke Europas liegt im Angebot von Dienstleistungen und nachhaltigen Produkten in Nischenbereichen. Die Produktions- und Angebotsinfrastruktur wird regionalisiert und individualisiert - Kleinstunternehmen mit hoher sozialer Verantwortung dominieren die Wirtschaft. **[Sz6c]: Sustainable Times:** In der Produktion werden vorwiegend adaptionsfähige Güter mit optimierten Lebenszyklen hergestellt. Die Loslösung des Zusammenhangs zwischen Wirtschaftswachstum und Ressourcenverbrauch gelingt auch durch die vermehrte Auslagerung energieintensiver Produktion. Der tertiäre Sektor boomt durch den Export nachhaltiger Technologien. In der Rechnungslegung werden negative externe Effekte der Produktion auf die Umwelt internalisiert, wodurch die Emissionswerte in Europa signifikant zurückgehen. **[Sz6d]: Focus Europe:** Die Produktion erfolgt energie- und ressourceneffizient durch Abfallminimierung, Produktrecycling, Null-Emissionsprozesse, den Einsatz erneuerbarer Energien, Prozessoptimierung und Umweltmonitoring. Die Nachfrage der Konsumenten nach neuen Produkten und Dienstleistungen ist marginal, weshalb eher Verbesserungen der Effizienz bereits bestehender Technologien vorgenommen werden als in die Erfindung radikaler Technologien zu investieren.	2015 – 2020
Institute for Prospective Technolo-gical Studies, European Commission. (2003)	[Sz7] The Future of Manu-facturing in Europe 2015 – 2020, The Challenge for Sustain-ability.	Arbeitsmarkt Bildungssystem EU-Integration Globale Faktoren Konsum Nachhaltigkeit Regulierung Sozioökonomischer Wandel technologischer Fortschritt Transport Umweltschutz Wertewandel	**[Sz7a]: Global Economy:** Die Energie- und Transportmärkte werden liberalisiert, die Aufgaben des Sozialstaates eingeschränkt. Durch das Streben nach Individualismus stellt die zunehmende Dualisierung der Gesellschaft ein großes Problem dar. Das Kyoto-Protokoll ist gescheitert; aufgrund der niedrigen Energiepreise ist der Anteil erneuerbarer Energieträger gering. EU-Integrationsschritte sind ins Stocken geraten. Die Wettbewerbsfähigkeit kann nur durch hohe F&E-Ausgaben und durch an der Marktnachfrage orientierte Innovationspolitik erreicht werden. **[Sz7b]: Local Standard:** Durch einen neuen regionalen Protektionismus ist der Einfluss der Regionen in der EU gewachsen; die regionalen Innovationssysteme wurden gestärkt. Regionale Einkommensunterschiede bestehen trotz Förderprogrammen. **[Sz7c]: Sustainable Times:** Europa entwickelt sich von einer Produktionsgesellschaft zu einer wissensintensiven Dienstleistungsgesellschaft. Die Innovationspolitik soll die Verbreitung nachhaltiger Technologien vorantreiben. Arbeitsmarkt-, Immigrations- und Sozialpolitik werden auf EU-Ebene koordiniert, um die Wettbewerbsfähigkeit Europas zu sichern. **[Sz7d]: Focus Europe:** Der Einfluss der Welthandelsorganisation ist hoch, aber auch der politische Einfluss der EU auf die internationale Politik steigt. Die strategische Zielsetzung in der Innovationspolitik besteht in der Fokussierung auf einige wenige Sektoren. Aufgrund niedriger Energiekosten bestehen kaum Anreize für die Erforschung nachhaltiger Technologien.	2015 – 2020

Quelle: Geyer A. (2003), Geyer A., Scapolo F. et al. (2003), eigene Darstellung JR-InTeReg.

Tabelle 15:   *Szenarien zum technologischen Fortschritt*

Auftrag-geber	Titel	Deskriptor	Szenario	Zeit
Policy Research in Engineering, Science and Technology (2004)	[Sz8] Applying IST to developing and deploying alternative scenarios.	Demographie Freizeitverhalten Kulturelle Diversität Mobilität Sicherheit Soziale und familiäre Beziehungen Transport	**[Sz8a]: US or them?** Europa ist eine dynamische und prosperierende Wissensgesellschaft, in der durch hohe F&E-Quoten die Einführung radikaler Technologien gefördert wird. Innerhalb der europäischen Bevölkerung kommt es zu einer Polarisierung zwischen den (meist schlecht oder falsch qualifizierten) Armen und den Reichen, da nur Letztere vom Boom der Informations- und Kommunikationstechnologien profitieren. Der Grad an Technikakzeptanz in der Bevölkerung ist hoch, weshalb durch Telekommunikationslösungen Dienstreisen immer öfter ersetzt werden können. **[Sz8b]: Catching-up:** Aufgrund des raschen Catching-up-Prozesses der mittel- und osteuropäischen Länder haben die Divergenzen innerhalb der EU stark abgenommen. Die rasche Verbreitung von IST in allen Bevölkerungsschichten hat maßgeblich zur Kohäsion beigetragen. Innovationen zielen vorrangig auf die Verbesserung der Benutzerfreundlichkeit von IST ab. Die Binnenmigration hoch Qualifizierter hat deutlich zugenommen. **[Sz8c]: Business as usual:** Durch die langsame und ungleiche Ausweitung bei der Verwendung von IST werden Wirtschaftswachstum und Innovationen gehemmt. Die F&E-Ausgaben konzentrieren sich auf einige wenige Sektoren; die Dynamik der Wirtschaft insgesamt stagniert. Ungelöste Sicherheitsprobleme und mangelnde Technikakzeptanz der Bevölkerung verhindern die Masseneinführung radikaler Technologien. **[Sz8d]: Sustainable Social Market Economy:** Nach einem rapiden Anstieg der Erdölpreise sowie einer Internalisierung der durch Emissionen erzeugten externen Effekte wird Mobilität so teuer, dass mit Hilfe von IST rasch Substitutionsmöglichkeiten für Transporte entwickelt werden. Die Einkommensschere geht aufgrund der hohen strukturellen Arbeitslosigkeit bei schlecht Qualifizierten immer weiter auseinander. Die Mehrheit der Bevölkerung kann sich nur Basiskommunikationsmittel leisten. Lediglich ein kleiner Anteil der Bürger verfügt über die neuesten IST.	k. A.
Ringland G. (2004)	[Sz9] New Technology Wave – Scenarios for Europe in 2020.	Ausbildung Energie Forschungs-infrastruktur Gesundheitssystem Handel Landwirtschaft Wirtschafts-struktur	**[Sz9a]: Competitive Europe:** Neue technologie- und wissensintensive Industriezweige tragen ebenso zur hohen Wettbewerbsfähigkeit bei wie die erfolgreiche Umstrukturierung der alten Industrien. Die Technikakzeptanz der Bevölkerung ist hoch, jedoch sollen neue Technologien vorrangig der nachhaltigen Entwicklung und den Effizienzsteigerungen in traditionellen Industrien dienen. Industrie und Universität kooperieren sehr gut. **[Sz9b]: Alternative Lifestyles:** Neue Technologien werden dazu verwendet, Dezentralisierungsprozesse (Entstehung lokaler Cluster) und eine nachhaltige Entwicklung voranzutreiben. Die Bevölkerung ist gegenüber neuen Technologien sehr skeptisch bis negativ eingestellt. Obwohl die Wirtschaftspolitik soziale Kohäsion anstrebt, wird durch die Verfügbarkeit von IKT der Unterschied zwischen Armen und Reichen größer. Der Gesundheitssektor wurde vollkommen transformiert – Eigenverantwortung und Vorsorge sind nun die Grundpfeiler des Systems. **[Sz9c]: Global Capitalism:** In der Forschung konzentriert man sich auf die Bereiche Präventivmedizin, Umwelt- und Nanotechnologie; die Anzahl der europäischen Patente im Hochtechnologiebereich steigt deshalb stark an. Die Einstellung der Bevölkerung gegenüber neuen Technologien ist positiv. Durch eine offene Immigrationspolitik werden Schlüsselkräfte angezogen. Universitäten agieren kosteneffizient und leistungsorientiert. **[Sz9d]: Regional Calm:** Forschung bei Bio-, Gen- und Medizintechnologien wird gefördert, um Lebenserwartung und Lebensqualität zu erhöhen. Neue Technologien sollen außerdem die nachhaltige Entwicklung fördern. Die Einstellung der Bevölkerung zu neuen Technologien ist positiv, diese müssen jedoch der sozialen Gerechtigkeit Rechnung tragen. Der Dienstleistungssektor und insbesondere der Tourismus boomen.	2020

Quelle: Miles I., Popper R. and Green L. (2004), Ringland G. (2004), eigene Darstellung JR-InTeReg.

Tabelle 16: Migrationsszenarien

Auftraggeber	Titel	Deskriptor	Szenario	Zeit
Central European Forum for Migration Research (2004)	[Sz10] International migration scenarios for 27 European countries, 2002 – 2052.	Anzahl bewaffneter Konflikte Anzahl an Umweltkatastrophen Arbeitslosenrate Immigrationspolitik Lohnunterschiede Minderheitenrecht Politische Instabilität Soziale Sicherheit	**[Sz10a]: Baseline Scenario:** In Europa herrschen stabile sozioökonomische Rahmenbedingungen. Das Wirtschaftswachstum ist hoch und nachhaltig. Eine hohe Konvergenz der Pro-Kopf-Einkommen wurde erreicht. Die Mobilität von Ost- nach Westeuropa hat zugenommen, ist aber weiterhin auf moderatem Niveau. Die Zuwanderung aus Nordafrika und Asien steigt aufgrund der offenen europäischen Immigrationspolitik jedoch stark an. Die zwischenstaatliche Zusammenarbeit wird in der stark erweiterten EU vertieft. **[Sz10b]: Low Scenario:** Europas Wirtschaft - wie auch die Wirtschaft in weiten Teilen der Welt - stagniert, was vor allem in den mittel- und osteuropäischen Ländern zu hoher struktureller Arbeitslosigkeit führt. Der Immigrationsdruck auf die wenigen prosperierenden Länder steigt; diese reagieren mit äußerst restriktiver Immigrationspolitik. Aufgrund der sinkenden legalen Migration bestehen die hohen Lohndisparitäten zwischen den europäischen Regionen weiterhin. **[Sz10c]: High Scenario:** Hohes Wirtschaftswachstum führt zu einem raschen Konvergenzprozess innerhalb Europas. Die Push-Faktoren für Migration wurden deutlich reduziert. Überproportional viele hoch Gebildete emigrieren auf der Suche nach neuen Beschäftigungsmöglichkeiten. Die Arbeitsnachfrage nach Schlüsselkräften ist so hoch, dass man auf Zuwanderung aus anderen Teilen der Welt angewiesen ist. Die Immigrationspolitik ist daher sehr liberal.	2052
European Commission, DG Employment and Social Affairs (2003)	[Sz11] Potential Migration from Central and Eastern Europe into the EU-15.	Arbeitslosenrate Arbeitsnachfrage Einkommens-differenzen Politische Stabilität Sprachbarriere Wirtschaft	**[Sz11a]: Baseline Scenario:** Ca. 2,3 Millionen Menschen werden immigrieren. Die Konvergenz der Pro-Kopf-Einkommen beträgt jährlich zwei Prozent, die Arbeitslosenraten entwickeln sich in den untersuchten Ländern wie in den vergangenen 15 Jahren. **[Sz11b]: High Migration Scenario:** Ca. 2,8 Millionen immigrieren bis 2020. Kurzfristig ist die Migration sogar doppelt so hoch wie im Baseline Scenario. Die Konvergenz des Pro-Kopf-Einkommens beträgt ein Prozent. Die Arbeitslosenrate in den EU-15 sinkt um ein Drittel, während die Arbeitslosenrate in den neuen mittel- und osteuropäischen Ländern um ein Drittel ansteigt. **[Sz11c]: Low Migration Scenario:** Die Konvergenzrate in der EU beträgt drei Prozent. Die Arbeitslosenrate in den EU-15 steigt um ein Drittel, während sie in den östlichen Ländern um ein Drittel sinkt. Das langfristige Immigrationspotential beträgt ca. zwei Millionen Menschen.	2020

Quelle: Alvarez-Plata P., Brücker H., Silverstovs B. (2003), Bijak J., Kupiszewski M., Kicinger A. (2004), eigene Darstellung JR-InTeReg.

Tabelle 17: *Szenarien zur Entwicklung von Emissionen und Energieverbrauch*

Auftrag- geber	Titel	Deskriptor	Szenario	Zeit
European Environment Agency (2005)	[Sz12] European Environ- mental Outlook 2005	Emissionen Energienachfrage Klimapolitik Wirtschafts- wachstum	**[Sz12a]: Baseline Scenario:** Die bisherige Umwelt- und Klimapolitik Europas wird weitergeführt. Umweltschonende Technologien werden nur schleppend in den mittel- und osteuropäischen Ländern eingeführt. Das Wirtschaftswachstum in Europa ist zwar positiv, jedoch eher schwach. Die Emissionen nehmen aufgrund des steigenden Energiekonsums und der stets steigenden Nachfrage nach fossilen Energieträgern zwischen 2010 und 2030 stetig zu und liegen 2030 um acht Prozent über den Werten von 1990. **[Sz12b]: Low Carbon Energy Pathway:** Der Preis für Kohlenstoffdioxid-Zertifikate bestimmt die weitere Entwicklung des Energiesystems. Da die Preise von 20€/tCO₂ auf 65€/tCO₂ im Jahr 2030 ansteigen, sinkt die Nachfrage nach Kohle signifikant und das Ausmaß der CO₂-Emissionen kann stark reduziert werden: Die CO₂-Emissionen sind 2030 um elf Prozent unter dem Wert von 1990. Der Energieverbrauch liegt um 40 Prozent niedriger als im Baseline Scenario. Während der Verbrauch von Kohle und Erdöl stark abnimmt, ist der Anteil erneuerbarer Energien um 42 Prozent höher als im Baseline Scenario. **a) Renewable Expanded:** Europa verfolgt eine nachhaltige Wirtschaftspolitik, um die langfristigen Folgen des Klimawandels zu bekämpfen. Der Anteil erneuerbarer Energie am Gesamtenergiekonsum beträgt 2030 bereits 20 Prozent. CO₂-Emissionen werden bis 2030 um 21 Prozent reduziert. **b) Nuclear Accelerated:** Neue Nukleartechnologien sind ab 2010 verfügbar, weshalb der Anteil fossiler Energieträger abnimmt. CO₂-Emissionen nehmen bis 2030 um 14 Prozent ab. **c) Nuclear phase-out:** Bestehende Atomkraftwerke werden stillgelegt und keine weiteren Investitionen in Errichtung von Atomkraftwerken getätigt. CO₂-Emissionen konnten um 8,4 Prozent gesenkt werden.	2030
E³M Lab, Institute of Communi- cation and Computer Sciences (2005)	[Sz13] Long-term scenarios for strategic energy policy of the EU.	Emissionen Energieangebot und -nachfrage Energieverbrauch Importabhängigkeit von Energie	**[Sz13a]: Baseline Scenario:** Die Zielvereinbarungen des Kyoto-Protokolls wurden umgesetzt. Die Energieeffizienz in der Produktion kann stark verbessert werden, der Anteil energieintensiver Produktion nimmt ab. Der Anteil fossiler Energieträger sinkt zugunsten des Ausbaus erneuerbarer Energie auf 34,4 Prozent; Atomkraftwerke werden geschlossen. Die CO₂-Emissionen steigen gegenüber 1990 um 14 Prozent an – der größte Verursacher ist der Transportsektor. **[Sz13b]: Energy Policy Options:** Der Anteil erneuerbarer Energien konnte auf zwölf Prozent gesteigert werden. Hohe Steigerungsraten sind bei der Verwendung von Biomasse, Biotreibstoffen und der Solartechnologie zu verzeichnen. Gleichzeitig wird die Atomenergie durch die hohe Akzeptanz in der Bevölkerung ausgebaut. Die Energieeffizienz konnte in allen Industriezweigen gesteigert werden. **[Sz13c]: Extended Policy Options:** Sowohl in der Energie- als auch in der Transportpolitik wird eine nachhaltige Entwicklung unterstützt. Eine hohe Energiesteuer sowie der CO₂-Emissionshandel wurden eingeführt. Atomenergie wird abgelehnt und daher gestoppt. Die öffentliche Infrastruktur wird stark ausgebaut, um den Individualverkehr zu senken und um Frachtgut vermehrt per Bahn zuzustellen. Ebenso wird massiv in Tankstellen mit Angebot für Biotreibstoff, Erdgas und Wasserstoff investiert.	2030

Quelle: Capros P., Mantzos L. (2005), European Environment Agency (2005), eigene Darstellung JR-InTeReg.

Tabelle 18: *Szenarien zur nachhaltiger Entwicklung*

Auftrag-geber	Titel	Deskriptor	Szenario	Zeit
Sustainable European Research Institute (2004)	[Sz14] Resource use scenarios for Europe in 2020.	Biomasse Energie Fischerei fossile Brennstoffe Industrie Landwirtschaft Mineralien natürliche Ressourcen Transport Waldfläche	**[Sz14a]: Basisszenario:** Es kommt zu einer Fortschreibung der Trendentwicklung von 1980 bis 2003. Die EU implementiert keine auf nachhaltige Entwicklung ausgerichtete wirtschaftspolitische Strategie. **[Sz14b]: Schwaches Nachhaltigkeitsszenario:** Nachhaltigkeitsziele werden durch Umsetzung der Strategiepapiere der EU erreicht. Der Ressourcen- und Energieeinsatz sowie die Emissionswerte werden reduziert. Aufgrund der niedrigen Energiepreise ist der Anteil fossiler Energieträger noch immer hoch – der Anteil erneuerbarer Energieträger steigt nur leicht an. Um die Energiewende voranzutreiben, wurden Roadpricing und eine Energiesteuer eingeführt und dem Ausbau des öffentlichen Verkehrs gegenüber Straßenprojekten der Vorzug gegeben. **[Sz14c]: Starkes Nachhaltigkeitsszenario:** Die EU reduziert den Ressourcenverbrauch bis 2020 um dreißig bis vierzig Prozent. Die Loslösung des Wirtschaftswachstums vom Ressourcenverbrauch wird mit Hilfe technologischer Durchbrüche, des wachsenden Anteils alternativer Technologien sowie einer nachhaltigen Energiereform gemeistert. Einen nicht unbedeutenden Beitrag zur Energiewende haben die signifikanten Preissteigerungen bei nicht erneuerbaren Energieträgern geleistet.	2020
United Nations Environment Programme (2003)	[Sz15] Four Scenarios for Europe, based on UNEP's 3rd Global Environ-ment Outlook	Demographie Klimawandel Staatsführung technologischer Fortschritt Wertehaltung Wirtschaft Umwelt	**[Sz15a]: Markets First:** Reine Marktwirtschaft führt zu vollkommener Liberalisierung der Märkte. In der Forschung wird Entwicklung marktfähiger Produkte vorangetrieben. **[Sz15b]: Policy First:** Regierungen greifen stark in die Wirtschaft ein, um Sozial- und Umweltstandards durchzusetzen. **[Sz15c]: Security First:** Aufgrund weltweiter großer (Einkommens-)Disparitäten ist der Umweltschutz nur untergeordnetes politisches Ziel; die ungleiche Einkommensverteilung verhindert nachhaltiges Wirtschaften. **[Sz15d]: Sustainability First:** Wirtschaftspolitik erklärt nachhaltige Entwicklung als vorrangiges Ziel; die Gleichverteilung der Ressourcen zwischen den einzelnen Weltregionen wird angestrebt.	2030

Quelle: Giljum S., Hammer M., Hinterberger F. (2004) United Nations Environment Programme, National Institute of Public Health and the Environment (2003), eigene Darstellung JR-InTeReg.

Tabelle 19   Szenarien zum Klimawandel

Auftrag-geber	Titel	Deskriptor	Szenario	Zeit
Institut für Zukunfts-studien und Technologie bewertung (2006)	[Sz16] EurEnDel Scenarios, Europe's Energy System by 2030.	Einstellung zu Klimawandel Erneuerbare Energie Energieabhängigkeit und -effizienz Ölpreis Sozio-ökologische Entwicklung Wirtschaftspolitik	**[Sz16a]: Change of Paradigm:** Besorgnis über die Auswirkungen des Klimawandels führt zu nachhaltiger Wirtschaftspolitik, erhöhter Energieeffizienz und dem erhöhten Einsatz erneuerbarer Energieträger. Umweltbewusstes Konsumverhalten führt zu einem breiten Angebot an nachhaltig produzierten Gütern und Dienstleistungen. **[Sz16b]: Fuel wars:** Die möglichen Auswirkungen des Klimawandels werden unterschätzt. Der Anteil erneuerbarer Energieträger sowie die Nachfrage nach ökologisch produzierten Gütern stagniert. Effizienzsteigerungen in der Produktion sind marginal. Es herrscht Krieg um verbliebene Ressourcen. Regierungen investieren in Atomkraft. **[Sz16c]: Muddling Through:** Das Streben nach nachhaltiger Entwicklung stellt ein vorrangiges Ziel der Wirtschaftspolitik dar – Investitionen in nachhaltige Infrastruktur erfolgen dennoch schleppend. Der Anteil des Erdölverbrauchs geht zurück, jener von Gas steigt an. Durch neue Technologien in der Produktion können Energie- und Materialeinsatz signifikant gesenkt werden.	2030
Intergovern mental Panel on Climate Change (2000)	[Sz17] Special Report Emissions Scenarios	Klimawandel Emissionen Wachstum Demographie Treibhausgase Technologischer Wandel Umweltpolitik Ressourcen Energienachfrage	**[Sz17a]: A1:** Das Weltwirtschaftswachstum ist hoch, die Einkommensunterschiede sinken stark. Die Markteinführung neuer, effizienter Technologien erfolgt rasch, dennoch ist die Produktion weiterhin sehr energieintensiv. 2050 leben 8,7 Milliarden Menschen auf der Welt, 2100 nur noch sieben Milliarden. **[Sz17b]: A1FI:** Das Energiesystem basiert noch stark auf fossilen Energieträgern. Der CO_2-Ausstoß verdreifacht sich im Vergleich zu 1990. **[Sz17c]: A1T:** Das Energiesystem basiert bereits stark auf erneuerbarer Energie, wodurch der CO_2-Ausstoß langfristig unter das Niveau von 1990 sinkt. **[Sz17d]: A1B:** Das Energiesystem besteht aus einer Kombination fossiler und erneuerbarer Energieträger. Der Wandel zu einer nachhaltigen Gesellschaft ist langsamer als in A1T. Der CO_2-Ausstoß liegt leicht über dem Niveau von 1990. **[Sz17e]: A2:** Das Weltwirtschaftswachstum ist sehr heterogen. Der internationale Handel stagniert, während der intraregionale Handel deutlich wächst. Das Bevölkerungswachstum ist positiv, da die Fertilitätsraten in der Dritten Welt nur langsam zurückgehen. Der technologische Wandel ist deutlich geringer als in den anderen Szenarien. Die CO_2-Emissionen verdreifachen sich bis 2100. **[Sz17f]: B1:** Wachstum von Weltwirtschaft und Bevölkerung verläuft wie in Szenario A1. Die Wirtschaftsstrukturen verändern sich schnell, die Tertiarisierung schreitet rasch voran. Die Energie- und Ressourcenintensität nimmt ab, die CO2-Emissionen sinken stärker als in den anderen Szenarien. **[Sz17g]: B2:** Es werden vorwiegend regionale Lösungen für soziale, wirtschaftliche und ökologische Probleme gesucht. Die Bevölkerung wächst etwas langsamer als in Szenario A2 und wird 2100 rund zehn Milliarden betragen. Das Wirtschaftswachstum ist positiv, jedoch niedrig, da der technologische Wandel langsamer als in den Szenarien A1 oder B1 verläuft. Die CO_2-Emissionen liegen leicht über den Werten von 1990.	2100

Quelle: Intergovernmental Panel on Climate Change (2000), Velte D., López de Araguas J. P., Nielsen O., Jörß W. (2006), eigene Darstellung JR-InTeReg.

Tabelle 20: Szenarien zur politischen Zukunft Europas

Auftrag-geber	Titel	Deskriptor	Szenario	Zeit
Centrum für angewandte Politikforschung (2003)	[Sz18] Europas Zukunft. Fünf EU-Szenarien.	Handlungsfähigkeit und Akzeptanz des politischen Systems der Europäischen Union Integrationstiefe der Europäischen Union Integrationsweite der Europäischen Union weltpolitischer Einfluss der EU Zahl der Mitgliedsstaaten	**[Sz18a]: Titanic:** Erweiterung der EU gefährdet weitere europäische Integration massiv. Interessenskonflikte zwischen den einzelnen Nationalstaaten nehmen zu - die EU steckt in einer Legitimationskrise. Notwendige Reformen der EU-Institutionen sind gescheitert - die Handlungsfähigkeit der EU ist stark eingeschränkt. Die USA sind sowohl politisch als auch wirtschaftlich in der Vorreiterrolle. **[Sz18b]: Geschlossenes Kerneuropa:** Realisierung einer politischen Union ist aufgrund der Größe der EU und der kritischen Haltung der Bevölkerung nicht realisierbar. Funktion der EU wird auf eine große Freihandelszone reduziert. Lediglich Kernstaaten intensivieren Zusammenarbeit in außen- und sicherheitspolitischen Belangen. Erweiterung der EU wird jedoch fortgesetzt. **[Sz18c]: Methode Monnet:** EU wird Herausforderungen im Zusammenhang mit dem Erweiterungsprozess und dem wachsenden Einfluss der asiatischen Länder auf die internationale Wirtschaft nur teilweise gerecht. Reformen der EU scheitern aufgrund von Interessensdivergenzen und Verteilungskonflikten innerhalb der EU. Der Türkei wird die EU-Mitgliedschaft verwehrt. **[Sz18d]: Offener Gravitationsraum:** Die Mehrheit der EU-Mitgliedsländer hat den Wunsch nach Errichtung einer politischen Union, um die Wettbewerbsfähigkeit gegenüber den USA und Asien zu stärken. Reformen sind nur bedingt erfolgreich abgeschlossen, da diese von einigen wenigen Staaten blockiert werden. Die Zusammenarbeit mit Nicht-EU-Mitgliedsländern wurde intensiviert. **[Sz18e]: Supermacht Europa:** Europa ist sowohl politisch als auch wirtschaftlich eine Weltmacht mit hoher Wettbewerbsfähigkeit und militärischem Potential. Reformerfolge und das starke Europabewusstsein der Bevölkerung erleichtern Integrationsschritte wie etwa die Schaffung einer Sicherheits- und Verteidigungsunion. EU nimmt Türkei auf und strebt danach, auch nicht-europäische Länder wie Israel und Marokko zu EU-Mitgliedsstaaten zu machen.	k. A.
National Intelligence Council (2004)	[Sz19] Four Scenarios for Europe 2020	Einstellung der Bevölkerung zur EU Reform der EU-Institutionen Wirtschafts-wachstum	**[Sz19a]: From stagnation to decline:** In Europa herrscht Nullwachstum. Die Einkommensdivergenz zwischen den Mitgliedsländern ist weiterhin hoch. Die trotz hohen Arbeitslosenraten offene Immigrationspolitik führt vor allem in den östlichen Mitgliedsländern zu Konflikten mit Rechtsnationalismus. Durch den Reformstau bestehen Probleme bei der Energie- und Wasserversorgung. Einige Länder treten aus der EU aus. Die politische Union wird nicht realisiert. **[Sz19b]: Multi-speed Europe:** In Kerneuropa beträgt das Wirtschaftswachstum ein bis zwei Prozent. Die mittel- und osteuropäischen Länder wachsen aufgrund des anhaltenden Catching-up-Prozesses etwas rascher. Die EU wurde um die Länder Türkei und Ukraine erweitert. Dieser Erweiterungsprozess verlangsamt jedoch gleichzeitig die Vertiefung der EU. **[Sz19c]: Reforms to economic growth:** Die EU bewältigte schwerwiegende politische und wirtschaftliche Krisen mit Hilfe nachhaltiger Reformen etwa im Sozial- und Pensionssystem. Diese Reformen hatten ebenso wie die offene Immigrationspolitik positive Impulse auf das Wirtschaftswachstum. **[Sz19d]: A rift between US and Europe:** Die Kluft zwischen der EU und den USA wächst aufgrund unterschiedlicher militärischer und sicherheitspolitischer Vorstellungen (Stichwort: Bekämpfung des Terrorismus) immer weiter an. Diese Kluft bewirkt entweder eine innere Spaltung der EU oder führt dazu, dass die Mitgliedsländer stärker zusammenarbeiten.	2020

Quelle: Algieri F., Emmanouilidis J., Maruhn R. (2003), National Intelligence Council (2004), eigene Darstellung JR-InTeReg.

Bibliographie

Acar W. (1983): Toward a Theory of Problem Formulation and the Planning of Change: Causal Mapping and Dialectical Debate in Situation Formulation Ann Arbor, Michigan: U.M.

Algieri F., Emmanouilidis J., Maruhn R. (2003): Europas Zukunft. Fünf EU-Szenarien, Centrum für angewandte Politikforschung, Working Paper, München.

Alvarez-Plata P., Brücker H., Silverstovs B. (2003): Potential Migration from Central and Eastern Europe into the EU-15 - An Update. Report for the European Commission, DG Employment and Social Affairs, Berlin und Brüssel.

Bertrand G., Michalski A., Pench L. R. (1999): Scenarios Europe 2010, Five Possible Futures for Europe, European Commission, Forward Studies Unit, Working Paper, Brussels.

Bijak J., Kupiszewski M., Kicinger A. (2004), International migration scenarios for 27 European countries, 2002 – 2052, Central European Forum for Migration Research, CEFRM Working Paper 4/2004, Warschau.

Capros P., Mantzos L. (2005): Long-term scenarios for strategic energy policy of the EU, E3Lab, Institute of Communication and Computer Sciences, Athen.

European Environment Agency (2006): Land use scenarios for Europe – modelling at the European scale, a PRELUDE report, Copenhagen.

European Environment Agency (2005): European Environmental Outlook 2005, Copenhagen.

European Spatial Planning Observation Network (2006): Scenarios for European Spatial Development.

Eurostat (2000): Eurostat New National Baseline Population Scenarios, Luxembourg.

Geyer A. (2003): The challenge of sustainable manufacturing – four scenarios 2015 – 2020, Institute for Prospective Studies, Sevilla.

Geyer A., Scapolo F., Boden M., Döry T., Ducatel K. (2003): The Future of Manufacturing in Europe 2015 – 2020. The Challenge for Sustainability, Scenario report, Institute for Prospective Technological Studies, Sevilla.

Giljum S., Hammer M., Hinterberger F. (2004): Resource use scenarios for Europe in 2020, SERI studies, Wien.

Institute for Prospective Technological Studies, European Commission. (2003): The Future of Manufacturing in Europe 2015 – 2020, The Challenge for Sustainability, Sevilla.

International Labour Organisation (2001): Economically Active Population, 1950 – 2010, Rome.

Intergovernmental Panel on Climate Change (2000): Emissions Scenarios. A Special Report of IPCC Working Group III. Summary for Policy Makers.

Intergovernmental Panel on Climate Change (2007): IPCC Fourth Assessment Report 2007: Climate Change, Cambridge: Cambridge University Press.

Kok K., Rothman D. *et al.* **(2003):** European Scenarios: From Visions to MedAction, International Centre for Integrative Studies, Maastricht.

Lejour A. M. (2003): Quantifying Four Scenarios for Europe, CPB Document, No. 38, Oktober, 2003, The Hague.

Lejour A. M., Van Leeuwen N. (2002): Population Size and Participation Rates in WorldScan, CPB Memorandum, Nr. IV/2002/08, The Hague.

Miles I., Popper R. and Green L. (2004): Applying IST to European goals – developing and deploying alternative scenarios, Sevilla.

National Intelligence Council (2004): Four Scenarios for Europe 2020.

Ringland G. (2004): New Technology Wave – Scenarios for Europe in 2020, Brussels.

Stiller S., Wyszýnski R. (2006): Arbeitskräftemobilität in der erweiterten EU – Migrationsmotive und -potentiale, in: Kropp S., Gomèz R. (Hrsg.), Sozialraum Europa, Sozialpolitik in der erweiterten Europäischen Union, Gesellschaft für Programmforschung, Werkstattsbericht, Band 7, S. 99 – 122.

Stern, N. (2007): The Economics of Climate Change - The Stern Review, Cambridge University Press.

United Nations (2004): Population Division, World Population Prospects, The 2004 Revision and World Urbanization Prospects: The 2003 Revision, Department of Economic and Social Affairs, New York.

United Nations Environment Programme, National Institute of Public Health and the Environment (2003): Four Scenarios for Europe, based on UNEP's third Global Environment Outlook, Nairobi.

Velte D., López de Aroguas J. P. *et al.* **(2006):** EurEnDel Scenarios, Europe's Energy System by 2030, Institut für Zukunftsstudien und Technologiebewertung, Berlin.

Wagner P., Banister D. *et al.* **(2003):** Scenarios for the impact of ICT on transport and mobility, Institute for Prospective Studies, Sevilla.

Teil B

ANHANG

English Abstracts

PART B1, KIRSCHNER, E., PRETTENTHALER, F. (2007), A FRAMEWORK FOR COMMON DEVELOPEMENT

The political, legal, economic and structural framework for the development of common strategies concerning the cross-border "Agglomeration Graz-Maribor" (LebMur) changed dramatically within the last decade. The aim of this paper is to illustrate this institutional framework on the basis of an analysis of planning-documents, studies and political documents.

The influence of the European Union widely increased, especially since the European Spatial Development Perspective (ESDP) was released in Mai 1999. Furthermore the Lisbon process, the Strategy of Lisbon 2000 as well as the implementation of the Stockholm, Barcelona (2001) and Goteborg (2002) targets, but also its relaunch by focusing on growth and jobs (2005), strengthened the European dimension on all levels. Regional development as well as spatial planning on all levels – on the national as well as on the regional level – has to take into account the superior objectives of the European Union. The regions themselves have to contribute "their" share in order to achieve the European objectives concerning growth and jobs.

In that context, the dimensions of spatial development change their focus by strengthening the agglomeration perspective and by concentrating on economic and technology areas. On the other hand, the stimulation of the development of cross-border agglomerations becomes more and more important.

PART B2, HÖHENBERGER, N., PRETTENTHALER, F. (2007), BASIS AND METHODS OF „REGIONAL FORESIGHT"

This paper gives a comprehensive overview on the main features, the procedure and the instruments of the „Regional Foresight"-Processes. As future economic, social and ecological development opportunities of the region Graz-Maribor are analysed by using scenario techniques, the demonstration of this system-analytical approach is mostly relevant.

PART B3, ZUMBUSCH, K. (2005), REGIONAL FORESIGHT-PROCESSES IN CROSS-BORDER REGIONS

In the formulation of long-run regional development strategies, economic, social and cultural involvements with other regions have to be considered. This paper illustrates and exemplifies that Regional Foresight is adequate for the development of cross-border visions. Foresight favours the formation of networks, the deepening of cooperation as well as the identification of synergy potentials. The paper focuses on specific requirements of the cross-border Foresight-Process as well as on difficulties concerning institutional, cultural and language barriers. Moreover, the particular requirements for agents involved in the Foresight-Process are considered. For the Greater Region of Saarlorluxreihn, the individual agents along with their decision competences as well as the prevailing structures and the different forms of cooperation are presented. Afterwards, a detailed description of the development and aims of the "Vision of the Future 2020" is given. Moreover, the activities with respect to the formulation of cross-border cooperative development strategies in the Öresund Region are pointed out.

PART B4: PRETTENTHALER, F., SCHINKO, T. (2007), EUROPEAN SZENARIOS

The paper gives an overview on the recent European scenario literature developing the following three scenarios for the year 2030. In the scenario "Triumphant Markets", the contributions of the welfare state are considerably reduced and the liberalization of markets is pushed. Due to good competitiveness in high tech, Europe exhibits robust economic growth rates, whereby sustainability in production is strongly neglected and ecological problems are growing.

In the szenario "Cultural Heritage Europe" economic policy is mainly focused on the maintenance of the welfare state and the advancement of social cohesion within Europe. The economy reacts to changing age and demand structure through a specialization in cultural, medical and leisure services. Broad sectors of production are outsourcing abroad, in particular in Asia, whereby the numbers in the service sector are increasing.

In the scenario "Sustainable Times", the utilization of renewable energy sources as well as biological raw material is promoted, for example, through the rise in prices of fossil energy sources based on emission taxes. R&D efforts and expenditures are concentrated in the field of environmental technology – which leads to economic growth decoupled from energy consumption.

Slovenski abstrakti

DEL B1, KIRSCHNER, E., PRETTENTHALER, F. (2007), OKVIRNI POGOJI ZA SKUPNI RAZVOJ

Politični, pravni, gospodarski in strukturalni okvirni pogoji za razovj skupne strategije v prekomejnem aglomeracijskem območju Graz-Maribor (LebMur) so bili podvrženi ogromnim spremembam v zadnjem desetletju.

Paper obširno obravnava te okvirne pogoje na osnovi dokumentov načrtovanja, raziskav in dokumentov o političnih namerah.

Vpliv Evropske unije je stalno naraščal, posebej odkar je bil sklenjen evropski koncept prostorskega razvoja maja 1999. Mejniki razvoja so bili Lisabonska strategija (2000), njeno izpopoljnevanje v Stockholmu in Göteborgu (2001) in Barceloni (2002) ter končno ponoven začetek strategije v okviru partnerstva na področju razvoja in zaposlovanja (2005).

Regionalna razvojna politika - od državne do regionalne ravne - se je zavezala upoštevati nadrejene cilje Evropske unije, Lisabonsko strategijo ter njene dopolnitve.

Regije morajo obvezno prispevati k izpolnitvi evropskih ciljev glede zaposlovanja in razvoja.

To je po eni strani povezano s povišanjem pomembnosti centralno-prostorske perspektive in s koncentracijo na gospodarske in tehnološke prostore, po drugi strani pa velja to tudi za področja, ki prispevajo k prekomejnemu aglomeracijskemu razvoju in pospešujejo integracijo sosednih regij.

DEL B2, HÖHENBERGER, N., PRETTENTHALER, F., (2007), OSNOVA IN METODE OD „REGIONAL FORESIGHT"

To delo daje pregled glavnih značilnosti, poteka in instrumentov v procesih „Regional Foresight". Sistemsko-analitična metoda predstavlja pomembno podlago za analizo bodočih možnosti razvoja regije Graz-Maribor s pomočjo tehnike scenarij.

DEL B3, ZUMBUSCH, K., (2005), REGIONAL FORESIGHT V PREKOMEJNIH REGIJAH

Pri formulaciji dolgoročne strategije za regionalni razvoj je treba upoštevati gospodarske, socialne in kulturne povezave z drugimi regijami.

To delo prikaže teoretično in na podlagi primerov, da je Regional Foresight za razvoj prekomejne vizije zelo primeren: Foresight je ugoden za nastajanje mrež in poglobitev kooperacij ter za identifikacijo sinergijskih učinkov. Delo obravnava zahteve specifičnih prekomejnih Foresight procesov in tudi težave, ki so povezane z institucijonalnimi, kulturnimi in jezikovnimi barierami.

Poleg tega obravnava delo tudi posebne zahteve akterjev, ki so vključeni v Foresight proces.

Za regijo Saarlorluxrhein so prikazani posamezni akterji ter njihove pristojnosti za odločitve, obstoječe strukture ter različne oblike kooperacij. Sledi detajlirani opis razvoja in ciljev glede „slike bodočnosti 2020". Nato delo obširno obravnava dejavnosti v okviru formulacije prekomejne kooperativne strategije razvoja Öresund-regije.

DEL B4, PRETTENTHALER, F., SCHINKO T. (2007), EVROPSKI OKVIRNI SCENARIJI

Delo daje pregled najnovejše evropske literature o scenarijih in izdeluje sledeče tri scenarije za leto 2030.

V okviru scenarija „triumf globalnih trgev" se znižajo storitve socialne države in se nadaljno pospešuje liberalizacija trgov. Evropa prikaže zaradi močne konkurenčnosti na področju visoke tehnologije močno gospodarsko rast, vendar je trajnost v produkciji močno zanemarjena, kar povzroča ekološke probleme.

Na osnovi „kulturne dediščine Evrope" polaga gospodarska politika glavno pozornost na vzdrževanje državne blaginje in na pospeševanje socialne kohezije v Evropi. Gospodarstvo reagira na spremembo strukture starosti in povpraševanja s specializacijo na kulturne in medicinske storitve ter storitve prostega časa.

Velik delež proizvodnje odhaja v druge države – posebno v Azijo, medtem ko zaposlenost v storitvenem sektorju narašča.

V »dobi trajnosti« se forsira uporabo obnovljivih energetskih virov ter bioloških surovin, na primer preko močne podražitve fosilne energije zaradi visokih davkov na emisije.

Preko močnejšega poudarka raziskovalnih izdatkov na področju tehnologije uspe razvoj tehnologij, s katerimi je možna odcepitev gospodarske rasti od porabe energije.

INDEX

Z

Franz PRETTENTHALER – Andreas GOBIET (Hg.)

Heizen und Kühlen im Klimawandel
Teil 1

Erste Ergebnisse zu den künftigen Änderungen des Energiebedarfs für die Gebäudetemperierung

2008, 142 Seiten, broschiert, zahlreiche Farbabbildungen, 26,7x18,9 cm, Studien zum Klimawandel in Österreich Band 2
EUR 19,–
ISBN 978-3-7001-4001-6

Franz PRETTENTHALER ist Leiter des Instituts für Technologie- und Regional-politik von Joanneum Research, Graz

Andreas GOBIET ist Leiter der Forschungs-gruppe ReLoClim (Regionale und Lokale Klimamodellierung und -analyse) am Wegener Zentrum der Universität Graz

Der Klimawandel hat für Österreich deutliche Änderungen im Bereich des Energiebedarfs zur Herstellung angenehmer Raumtemperaturen in Gebäuden zur Folge, die auch deutliche Auswirkungen auf eine klimaschonende Bereitstellung dieser Energiedienstleistungen hat. Dem Rückgang des Brennstoffbedarfes im Winter steht ein gesteigerter Strombedarf zur Raumkühlung im Sommer gegenüber.

Auf Basis einer räumlich und zeitlich hoch aufgelösten Klimatologie des Alpenraums und eines hoch aufgelösten Klimaänderungsszenarios für die Periode 2041–2050 wurde, ausgehend von der Basisperiode 1981-90, die zu erwartende Änderung der Heiz- und Kühlgradtage österreichweit flächendeckend berechnet. Diese Änderung wurde mit Daten zum österreichischen Gebäudebestand und dessen Heizenergiebedarf kombiniert und der Nutz- und Endenergiebedarf sowohl auf regionaler Ebene als auch für ganz Österreich berechnet. Unter der Herausgeberschaft eines Ökonomen und eines Klimatologen versammelt der interdisziplinär orientierte Band weitere Expertenbeiträge zu den bauphysikalischen Herausforderungen durch den Klimawandel, sowie den Optionen, den steigenden Kühlbedarf durch passive und solare Konzepte klimafreundlich zu decken.

Das Buch wird mit seinen durchgängig farbigen Illustrationen und Karten sowie den detaillierten Tabellen mit den Werten auf Bezirksebene Fachleute ebenso begeistern wie interessierte Laien und Praktiker der Baubranche.

Autoren: Brian Cody, Heinz J. Ferk, Andreas Gobiet, Clemens Habsburg-Lothringen, Reinhard Padinger, Johannes Peitler, Erich Podesser, Franz Prettenthaler, Hermann Schranzhofer, Stefan Thürschweller, Christoph Töglhofer, Heimo Truhetz, Andreas Türk, Narko Zeiler

Verlag der Österreichischen Akademie der Wissenschaften
Austrian Academy of Sciences Press

A-1011 Wien
Postfach 471
Postgasse 7/4

Tel. +43-1-515 81/ DW 3402-3406,
Tel. +43-1-512 9050,
Fax +43-1-515 81/ DW 3400; e-mail: verlag@oeaw.ac.at
http://verlag.oeaw.ac.at

Verlag der Österreichischen Akademie der Wissenschaften

ÖAW

Franz PRETTENTHALER – Andreas GOBIET (Hg.)

Heizen und Kühlen im Klimawandel
Teil 1

Erste Ergebnisse zu den künftigen Änderungen
des Energiebedarfs für die Gebäudetemperierung

EUR 19,–
ISBN 978-3-7001-4001-6

Send or fax to your local bookseller or to:

Verlag der Österreichischen Akademie der Wissenschaften
Austrian Academy of Sciences Press

A-1011 Wien, Postfach/P.O.Box 471, Postg. 7, Tel. +43-1-515 81/DW 3402-3406, +43-1-512 9050,
Fax +43-1-515 81/DW 3400, e-mail: verlag@oeaw.ac.at
UID-Nr.: ATU 16251605, FN 71839x Handelsgericht Wien, DVR: 0096385

Bitte senden Sie mir   **Ex. des Buches ISBN** 978-3-7001-4001-6
Please send me   **copy(ies) of the book overleaf**

NAME

ADRESSE/ADDRESS

ORT/CITY

LAND/COUNTRY

ZAHLUNGSMETHODE/METHOD OF PAYMENT
☐ Visa   ☐ Euro/Master   ☐ American Express

Nr.:   I I I I I   I I I I I   I I I I I   I I I I I
Ablaufdatum/*Expiry date:* _____
☐ I will send a cheque
☐ Senden Sie mir Ihre Vorausrechnung/Send me a proforma invoice

DATUM, UNTERSCHRIFT/DATE, SIGNATURE

Bankverbindung: Bank Austria Creditanstalt, Wien (IBAN AT04 1100 0006 2280 0100,
BIC BKAUATWW, BLZ 11000), Konto-Nr. 0062-28001/00, Bawag/Österreichisches Postsparkasse, Wien
(IBAN AT976000000002365011, BIC OPSKATWW, BLZ 60000), Konto-Nr. 2365.011, Deutsche Bank München
(IBAN DE16 7007 0024 0238 8270 00, BIC DEUTDEDBMUC, BLZ 70070010), Konto-Nr. 2388270

Verlag der
Österreichischen Akademie
der Wissenschaften

ÖAW

Franz PRETTENTHALER - Andreas DALLA-VIA (Hg.)

Wasser & Wirtschaft im Klimawandel

Konkrete Ergebnisse am Beispiel der sensiblen Region Oststeiermark

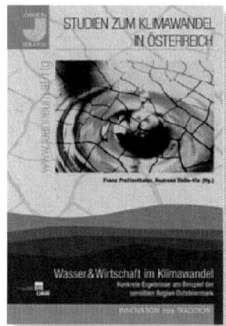

2007, 200 Seiten,
broschiert, zahlreiche
Farbabbildungen,
26,7x18,9cm, Studien zum
Klimawandel in Österreich
ISBN 978-3-7001-3892-1
EUR 29,--

Franz Prettenthaler
ist Leiter des Standorts
Graz des Instituts
für Technologie- und
Regionalpolitik von
Joanneum Research

Andreas Dalla-Via
ist wissenschaftlicher
Mitarbeiter am Institut für
Wasserressourcenman-
agement von Joanneum
Research

Auch wenn der Wasserreichtum Österreichs von seinen Bewohnern nahezu als Teil der eigenen nationalen Identität begriffen wird und etwa nur rund 3% des Wasserdargebotes genutzt werden: Es gibt starke regionale Unterschiede im Hinblick auf die Verwundbarkeit der lokalen Wasserversorgung durch Schwankungen in der Niederschlagsmenge und durch andere, dem globalen Klimawandel unterworfene Parameter. So fehlen etwa Teilen Niederösterreichs, des Burgenlandes sowie der Oststeiermark jene mächtigen quartären Kiesablagerungen der großen fluvioglazialen Tallandschaften (Murtal, Drautal, Donautal), die als hervorragende Grundwasserleiter bekannt sind. Einige dieser Gebiete weisen zudem im langjährigen Mittel kaum einen Überschuss des Niederschlags gegenüber der Verdunstung auf und sind als „wasserarme Gebiete" zu kennzeichnen. Wenn sich in solchen Gebieten dann intensive wirtschaftliche Wachstumsprozesse speziell in wasserintensiven Branchen abspielen, steht die Wasserversorgung vor ernsthaften Herausforderungen und der prognostizierte Klimawandel muss als konkrete Bedrohung der weiteren sozio-ökonomischen Entwicklung einer Region und seiner Bewohner begriffen werden: Das vorliegende Buch untersucht diese Problematik anhand einer konkreten Region. Die Oststeiermark mit ihren rund 300.000 Einwohnerinnen und Einwohnern, einem boomenden Thermentourismus und insgesamt hoher wirtschaftlicher Dynamik kann als Paradefall für die ökonomische Bedeutung des Klimawandels dienen: Unsere Gesellschaft braucht neben entschiedenen Maßnahmen gegen die Klimaerwärmung auch eine vorausschauende Politik der Anpassung an die sich deutlich abzeichnenden Veränderungen. Der Bewertung unterschiedlicher Möglichkeiten, die Ressource Wasser als Grundlage für Leben und Wirtschaft in der Oststeiermark zu sichern, ist dieses Buch gewidmet.

To order a copy of this book

Verlag der
Österreichischen
Akademie der
Wissenschaften
Austrian Academy
of Sciences Press

A-1011 Wien
Postfach 471
Postgasse 7/4

Tel. +43-1-515 81/
DW 3402-3406,
Tel. +43-1-512 9050,
Fax +43-1-515 81/
DW 3400; e-mail:
verlag@oeaw.ac.at

Verlag der
Österreichischen Akademie
der Wissenschaften

OAW

Franz PRETTENTHALER -
Andreas DALLA-VIA (Hg.)
Wasser & Wirtschaft im Klimawandel
Konkrete Ergebnisse am Beispiel
der sensiblen Region Oststeiermark
ISBN 978-3-7001-3892-1
EUR 29,--

Send or fax to your local bookseller or to:

Verlag der Österreichischen Akademie der Wissenschaften
Austrian Academy of Sciences Press

A-1011 Wien, Postfach/P.O.Box 471, Postg. 7, Tel. +43-1-515 81/DW 3402-3406, +43-1-512 9050,
Fax +43-1-515 81/DW 3400, e-mail: verlag@oeaw.ac.at
UID-Nr.: ATU 16251605, FN 71839x Handelsgericht Wien, DVR: 0096385

Bitte senden Sie mir   **Ex. des auf der Vorderseite angegebenen Buches**
Please send me   **copy(ies) of the book overleaf**

NAME

ADRESSE/ADDRESS

ORT/CITY

LAND/COUNTRY

ZAHLUNGSMETHODE/METHOD OF PAYMENT

☐ Visa   ☐ Euro/Master   ☐ American Express

Nr.: | | | | | | | | | | | | | | | | | | | |

Ablaufdatum/*Expiry date:* _____

☐ I will send a cheque

☐ Senden Sie mir Ihre Vorausrechnung/Send me a proforma invoice

----
DATUM, UNTERSCHRIFT/DATE, SIGNATURE

Bankverbindung: Bank Austria Creditanstalt, Wien (IBAN AT04 1100 0006 2280 0100, BIC BKAUATWW, BLZ 11000),
Konto-Nr. 0062-28001/00, Bawag/Österreichisches Postsparkasse, Wien
(IBAN AT976000000002365011, BIC OPSKATWW, BLZ 60000), Konto-Nr. 2365.011, Deutsche Bank München
(IBAN DE16 7007 0024 0238 8270 00, BIC DEUTDEDBMUC, BLZ 70070010), Konto-Nr. 2388270

Verlag der
Österreichischen Akademie
der Wissenschaften

ÖAW